Kleines Abkürzungsbuch

Heinz Koblischke

Kleines Abkürzungsbuch

VEB Bibliographisches Institut Leipzig

Koblischke, Heinz:
Kleines Abkürzungsbuch / Heinz
Koblischke. – 6., durchges. Aufl. –
Leipzig: Bibliographisches
Institut, 1990. – 144 S.
          ISBN 3-323-00035-8

ISBN 3-323-00035-8

6., durchgesehene Auflage
© VEB Bibliographisches Institut Leipzig, 1990
Verlagslizenz-Nr. 433-130/105/90
Printed in the German Democratic Republic
Lichtsatz: INTERDRUCK Graphischer Großbetrieb Leipzig – III/18/97
Druck und Einband: Druckhaus Aufwärts, Leipzig III/18/20
Lektor: Dieter Baer
Technischer Redakteur: Ingrid Weniger
Einbandgestaltung: Rolf Kunze, Großpösna b. Leipzig
LSV 0817
Best.-Nr. 577 029 5
00650 3,50

Vorwort

Abkürzungen sind nützlich und sinnvoll, solange sie ohne weiteres verständlich bleiben. Dies wird jedoch immer schwieriger angesichts der zunehmenden Flut neuer, oft unnötiger Kürzungen verschiedener Art im Gefolge der Entwicklung aller Lebensbereiche und der Entstehung neuer Begriffe.
Das Kleine Abkürzungsbuch will dem Benutzer dafür ein erstes Orientierungsmittel sein. Es bringt etwa 6 500 Abkürzungen und Kurzwörter aus Wissenschaft und Technik, aus Wirtschaft, Politik und Kultur. Dieser Umfang bedingte eine sorgfältige Auswahl der wesentlichsten Abkürzungen und ihre Darstellung in einer knappen und doch verständlichen Form. Daher wurde auf veraltete Abbreviaturen, besonders bei den technisch-physikalischen Einheiten (qcm, kbm), auf Formelzeichen und eine nähere Erläuterung der Begriffe (Jahreszahlen u. dgl.) meist verzichtet; eine Abkürzungsform enthält teilweise mehrere Begriffe, wobei gleichlautende Elemente weggelassen wurden, wenn Mißverständnisse ausgeschlossen sind (a. A., ABl., AIC, HSA) usw.
Dadurch konnte die handliche Form des Buches gewahrt und gleichzeitig doch eine möglichst große Anzahl der wichtigsten Abkürzungen aufgenommen werden, die uns im täglichen Leben auf Schritt und Tritt begegnen und denen wir oftmals, weil wir sie nicht zu deuten wissen, hilflos gegenüberstehen.
Der Auswahl liegt das Material meines Taschenbuchs der Abkürzungen zugrunde. Sein Wortbestand wurde aktualisiert und noch stärker auf den praktischen Alltagsbedarf zugeschnitten. Interessierten sei das Große Abkürzungsbuch empfohlen, das mit etwa 35 000 Abkürzungen, Kurzwörtern, Zeichen und Symbolen eine natürlich wesentlich breitere Basis für das Verständnis der großen Fülle der Abbreviaturen von gestern und heute bieten kann.

Dr. Heinz Koblischke

Verzeichnis der verwendeten Abkürzungen

ar	arabisch	*Kfzk*	Internationales Kraftfahrzeug-Kennzeichen
B	BRD		
bask	baskisch	*l*	lateinisch
bzw., *bzw.*	beziehungsweise	*n*	niederländisch
č	tschechisch	*neofaschist*	neofaschistisch
chin	chinesisch	*no*	norwegisch
d	dänisch	*Ö*	Österreich
D	Deutschland bis etwa 1945; die rein faschistischen Begriffe werden mit *faschist* bezeichnet	*od.*, *od*	oder
		p	polnisch
		Plur	Plural
		pt	portugiesisch
d. h.	das heißt	*r*	russisch
e	englisch	*rum*	rumänisch
ehem	ehemalig, ehemals	*s*	schwedisch
Esp	Esperanto	*S*	Schweiz
f	französisch	*sk*	serbokroatisch
faschist	faschistisch	*sp*	spanisch
fi	finnisch	*Swa*	Swahili
g	griechisch	*türk*	türkisch
GB	Großbritannien	*u*	ungarisch
i	italienisch	*urspr*	ursprünglich
j	japanisch		

Abkürzungsverzeichnis

A

a *l* annus = Jahr, anno = im Jahre; Anode; Ar (1 a = 100 m²); Atto... (= 10^{-18}; vor Maßeinheiten ein Trillionstel dieser Einheit, z. B. 1 am = 10^{-18} m)

à *f* je, für [je], zu [je]

a. alt; am; an, an der; *l* annus = Jahr, anno = im Jahre; anonym; asymmetrisch; auch; auf; aus; außen

ä. ähnlich; äußerlich

A Absperrorgan (Gas-, Wasserleitung); Aggregat; Ampere (SI-Einheit der elektrischen Stromstärke und der magnetischen Spannung); Amplitude; Amt; Anfänger; Anode; Antenne; apothekenpflichtig; Archiv; Aufgabe; Ausgabe; Ausgang; außen, Außen...; äußerlich; Ausschuß; *Kfzk l* Austria = Österreich; Autobahn; *Uhr f* avance = Beschleunigung, d. h. schneller

A- Atom...

A. Abteilung; Akkusativ; Akt; Alt[stimme]; Amt; *l* annus = Jahr, anno = im Jahre

a. a. *l* ad acta = zu den Akten, erledigt

a. A. alter Art; anderer Ansicht; auf Abruf, Anforderung, Anfrage, Anordnung, Antrag, Anweisung

AA *f* Agence d'Athènes (griechische Nachrichtenagentur); *türk* Anadolu Ajansi/*f* Agence Anatolie (türkische Nachrichtenagentur); Amtsanwalt[schaft]; Arbeitsamt, -ausschuß; Armee-, Ausbildungsabteilung; Ausführungsanweisung[en]; Ausgleichsamt *B*; Auslandsabteilung; Auswärtiges Amt *B*

AAA *e* Allied Artists of America = Amerikanischer Künstlerverband

AAAA *e* Amateur Athletic Association of America = Amerikanischer Amateur-Leichtathletikverband

AAAS *e* American Association for the Advancement of Science = Amerikanische Gesellschaft zur Förderung der Wissenschaften

AAB Allgemeine Ausführungsbestimmung[en]

AACC *e* All Africa Conference of Churches = Gesamtafrikanische Kirchenkonferenz

a. a. Chr. *l* anno ante Christum = im Jahre ... vor Christus

a. a. Chr. n. *l* anno ante Christum natum = im Jahre ... vor Christi Geburt

AAD Arbeiter-Athletenbund Deutschlands (1906–33)

AAFCE *e* Allied Air Forces, Central Europe = Alliierte Luftstreitkräfte Mitteleuropa (der NATO)

AAFNE *e* Allied Air Forces, Northern Europe = Alliierte Luftstreitkräfte Nordeuropa (der NATO)

AAFSE *e* Allied Air Forces, Southern Europe = Alliierte Luftstreitkräfte Südeuropa (der NATO)

AAFU *e* All-African Farmers' Union = Allafrikanischer Bauernbund
AAFWE *e* Allied Air Forces, Western Europe = Alliierte Luftstreitkräfte Westeuropa (der NATO)
a. a. O. am angeführten, angegebenen Ort[e]; an anderen Orten
AAO Ausführungsanordnung[en]
AAP Apothekenabgabepreis; *e* Australian Associated Press (australische Nachrichtenagentur)
AAPS *e* American Association for the Promotion of Science = Amerikanische Gesellschaft zur Förderung der Wissenschaften
AAPSC *e* Afro-Asian Peoples' Solidarity Council = Solidaritätsrat der afro-asiatischen Völker
AAPSO *e* Afro-Asian Peoples' Solidarity Organization = Organisation für afro-asiatische Völkersolidarität
AARRO *e* Afro-Asian Rural Reconstruction Organization = Afro-asiatische Organisation für landwirtschaftliche Rekonstruktion od. Sanierung
a. a. S. auf angeführter, angegebener Seite
AASK Afro-asiatisches Solidaritätskomitee der DDR
a. B. auf Befehl, Bestellung; außer Betrieb
AB Anodenbatterie; armierter Beton; Arzneibuch [der DDR]; Ausführungsbestimmung[en]; Außenhandelsbank *B*
ABA *e* American Bankers' Association = Amerikanische Bankenvereinigung
ABAO Arbeitsschutz- und Brandschutzanordnung[en]
Abb. Abbildung
ABC *e* Allied Bank Commission = Alliierte Bankkommission (1948—52); *e* American Broadcasting Company (Rundfunk-und-Fernseh-Gesellschaft der USA); atomar, biologisch, chemisch (ABC-Waffen); Argentinien, Brasilien, Chile (ABC-Staaten)
Abdr. Abdruck
abds. abends
Abf. Abfahrt; Abfertigung; Abfindung; Abflug; Abfüllung (Wein)
ABF Arbeiter-und-Bauern-Fakultät (1949—64)
abg. abgeändert; abgefahren; abgefertigt; abgegangen; abgegeben; abgekürzt; abgesagt; abgesandt; abgeschlossen; abgesetzt; abgestempelt
Abg. Abgaben; Abgang; Abgeordnete[r]; Abguß
ABGB Allgemeines Bürgerliches Gesetzbuch *Ö*
abgedr. abgedruckt
abgek. abgekürzt
abgel. abgelaufen; abgeleitet; abgeliefert; abgelichtet
abh. abhängig
Abh *Post* Abholer, Abhol...
Abh. Abhandlung
ABH Allgemeine Bedingungen für Haftpflichtversicherung
ABI Arbeiter-und-Bauern-Inspektion
Abk. Abkommen; Abkürzung
ABK Autobahnbaukombinat
ÄBK Ärzteberatungskommission
Abl. Ablage; Ablativ; Ablauf; Ablaut; Ableitung; Ablieferung; Ablösung; Auswahlblatt
ABl. Amts-, Anwaltsblatt
ABL Allgemeine Bedingungen für die Ausführung von Leistungen
Abn. Abnahme, Abnehmer; Abnutzung
Abo Abonnement
ABO Absatz- und Bezugsorganisation; Allgemeine Bauordnung; Apotheken-Betriebsordnung
Abr. Abrechnung; Abriß

ABR Amtliches Bayerisches
Reisebüro *B* [des RGW
AB/RGW Allgemeine Bedingungen
AbrPA Abrechnungspostamt
abs. abseits; absolut; absolviert
Abs. Absatz; Absender; Absolvent[in]; Absonderung; Absorption
ABS *e* American Broadcasting System (Rundfunk-und-Fernseh-Gesellschaft der USA)
abschl. abschlägig; abschließend
Abschn. Abschnitt
Abschr. Abschreibung, Abschrift
Abst. Abstand; Abstimmung
abstr. abstrakt
Abt. Abtei; Abteil[ung]
ABU Allgemeine Bedingungen für Unfallversicherung; *e* Asian Broadcasting Union = Asiatischer Rundfunkverein
ABUS Volkseigene Betriebe zur Ausrüstung von Bergbau und Schwerindustrie
ABV Abschnittsbevollmächtigter der VP
abw. abwärts; abwechselnd; abweichend; abwesend
Abw. Abwehr; Abweichung; Abwicklung
abz. abzüglich, abzugsfähig
Abz. Abzahlung; Abzeichen; Abzug
ABz Amtsbezirk
abzgl. abzüglich
Abzw. Abzweig[ung], Abzweig...
ac., a/c *i* a conto = auf Konto, auf Rechnung [von]
a.C. *l* ante Christum = vor Christus
Ac *Element* Actinium, Aktinium
ACA, ACAG *e* Allied Control Authority [for Germany] = Alliierte Kontrollbehörde [für Deutschland] (1945—48)
ACAT *sp* Asociación Continental Americana de los Trabajadores = Kontinentalamerikanischer Gewerkschaftsbund

ACC, ACCG *e* Allied Control Council [for Germany] = Alliierter Kontrollrat [für Deutschland] (1945—48)
ACE *f* Alliance cinématographique européenne = Europäische Film-Allianz; *e* Allied Command, Europe = Alliiertes Kommando Europa (der NATO)
ACF Azetatfaser
a. Chr. *l* ante Christum = vor Christus
a. Chr. n. *l* ante Christum natum = vor Christi Geburt
ACLANT *e* Allied Command, Atlantic = Alliiertes Kommando Atlantik (der NATO)
ACM *f* Association catholique mondiale = Katholische Welt-Union
a. C. n. *l* ante Christum natum = vor Christi Geburt
ACS Azetatseide
ACTH adrenokortikotropes Hormon
ACUB Agrochemischer Untersuchungs- und Beratungsdienst
ACZ agrochemisches Zentrum
a. d. an dem, an der; auf dem, auf der; aus dem, aus der
a. D. *l* anno Domini = im Jahr[e] des Herrn; auf Dienstleistung; außer Dienst
A. D. *l* Anno Domini = im Jahr[e] des Herrn; Außendurchmesser
ADA Allgemeine Dienstanweisung; allgemeines Dienstalter; Amtsdienstalter
ADAC Allgemeiner Deutscher Automobil-Club *B*
ADB Allgemeine Deutsche Binnentransport-Versicherungsbedingungen
ADCA Allgemeine Deutsche Credit-Anstalt *D/B*
a. d. D. an der Donau; an diesem Datum; auf dem Dienstweg[e]
Add. Addendum/Addenda (Zusatz/Zusätze, Nachtrag/Nachträge)

a. d. E. an der Elbe
ADF Aktion Demokratischer Fortschritt *B*
a. d. G. auf, aus dem Gebiet
ADGB Allgemeiner Deutscher Gewerkschaftsbund (1919–33)
a. d. H. aus dem Hause
A. d. H. Anmerkung des Herausgebers
ADHGB Allgemeines Deutsches Handelsgesetzbuch (von 1861)
ADIG Allgemeine Deutsche Investment-Gesellschaft *B*
a. d. J. aus dem Jahre
Adj. Adjektiv; Adjunkt; Adjutant
AdK Akademie der Künste der DDR
ADK Arbeitsgemeinschaft Demokratischer Kreise *B*; Autodrehkran
AdL Akademie der Landwirtschaftswissenschaften der DDR
Adm. Administration; Administrator; Admiral[ität]
ADMV Allgemeiner Deutscher Motorsport-Verband der DDR
ADN Allgemeiner Deutscher Nachrichtendienst
a. d. O. an der Oberfläche; an der Oder
ADO Allgemeine Dienstordnung
AdöR Anstalt des öffentlichen Rechts
Adr. Adressat; Adresse
a. d. S. an der Saale; an der See
ADS Aktion Demokratischer Studenten *B*; Arbeitsgemeinschaft Demokratischer Sozialisten *B*; Arbeitsgemeinschaft Deutscher Studentenschaften *B*
ADSp Allgemeine Deutsche Spediteurbedingungen
ADSVB Allgemeine Deutsche Seeversicherungsbedingungen
Adv. Advent; Adverb; Advokat
ADV allgemeine od. automatische Datenverarbeitung; Allgemeine Durchführungsverordnung

AdW Akademie der Wissenschaften der DDR
a. E. als Ersatz; am Ende
AE Antitoxin-Einheit; Arbeitseinheit; astronomische Einheit (1 AE = 149,6 Mio km); Aureomyzin-Einheit
AEA *e* Association of European Airlines = Vereinigung Europäischer Fluggesellschaften
AEC *f* Association européenne pour la coopération = Europäische Gesellschaft für Zusammenarbeit
AEDE *f* Association européenne des enseignants = Europäischer Erzieherbund
AEG Allgemeine Elektricitäts-Gesellschaft *D/B*; Allgemeines Eisenbahngesetz
AEP Allgemeiner Europäischer Pressedienst *B*
AEST Allgemeiner Europäischer Stückguttarif
AETU *e* All-Ethiopia Trade Union = [Gesamt-]Äthiopischer Gewerkschaftsbund
a. F. alte Fassung, Folge, Form
AF Ackerfläche; *f* Air France (französische Luftverkehrsgesellschaft); angewandte Forschung; Atemfrequenz
AFA *e* American Finance Association = Amerikanische Finanzvereinigung; Antifaschistische Arbeitsgemeinschaft *B*; Arbeitsgemeinschaft Freier Angestelltenverbände *B*
AfÄF Akademie für Ärztliche Fortbildung der DDR
AFB Allgemeine Feuerversicherungsbedingungen; Amtliches Fernsprechbuch; Ausführungsbestimmung[en]
AFC *e* automatic frequency control = automatische Frequenzkontrolle od. -regelung
AFCENT *e* Allied Forces, Central

Europe = Alliierte Streitkräfte Mitteleuropa (der NATO)
AfD Amt für Datenverarbeitung
AFeB Amtliches Fernsprechbuch
AfEP Amt für Erfindungs- und Patentwesen, *kurz* Patentamt
AFL *r* Aeroflot (Luftverkehrsgesellschaft der UdSSR)
AFL-CIO *e* American Federation of Labor and Congress of Industrial Organizations (Gewerkschaftszentrale der USA)
AFMED *e* Allied Forces, Mediterranean = Alliierte Streitkräfte Mittelmeerraum (der NATO)
AFN *e* American Forces Network (Militärsender der USA)
AFNORTH, AFNE *e* Allied Forces, Northern Europe = Alliierte Streitkräfte Nordeuropa (der NATO)
AfP Amt für Preise
AFP *f* Agence France Presse (französische Nachrichtenagentur)
AFPU *e* African Postal Union = Afrikanischer Postverein
AFRASEC *e* Afro-Asian Organization for Economic Co-operation = Afro-asiatische Organisation für wirtschaftliche Zusammenarbeit
AFRO *e* African Regional Organization = Afrikanische Regionalorganisation (des IBFG)
AfS Amt für Standardisierung (1973 mit dem DAMW zum ASMW vereinigt)
AFS automatisierte Fertigungssteuerung (der EDV)
AFSOUTH, AFSE *e* Allied Forces, Southern Europe = Alliierte Streitkräfte Südeuropa (der NATO)
AfW Amt für Wasserwirtschaft
AFWE *e* Allied Forces, Western Europe = Alliierte Streitkräfte Westeuropa (der NATO)
ag Attogramm (1 ag = 10^{-18} g)
a. g. anderweitig genannt
a. G. als Gast; auf Gegenseitigkeit

Ag *Element l* Argentum = Silber
AG Aktiengesellschaft; Aktionsgemeinschaft; Amtsgehilfe, -gericht; Anwalts-, Appellations-, Arbeitsgericht; Arbeitsgemeinschaft, -gruppe; Autonomes Gebiet; Ausführungsgesetz
ÄG Änderungsgesetz
AGARD *e* Advisory Group for Aeronautical [*heute* for Aerospace] Research and Development = Beratergruppe für Luft- [und Raum]fahrt[forschung und -entwicklung] (der NATO)
AGB Allgemeine Geschäftsbedingungen; Amtsgerichtsbezirk; Arbeitsgesetzbuch
AGBGB Ausführungsgesetz zum Bürgerlichen Gesetzbuch
AGBz Amtsgerichtsbezirk
AGer Amtsgericht
Agerpres *rum* Agenţia Română de Presă (rumänische Nachrichtenagentur)
Agfa Aktiengesellschaft für Anilin-, *heute* Photofabrikation *B*
AGG Abteilungsgewerkschaftsgruppe
Agitprop Agitation und Propaganda (mit den Mitteln der Kunst)
AGL Abteilungsgewerkschaftsleitung
a. gl. O. am gleichen Ort[e]
AGO Abteilungsgewerkschaftsorganisation
AGP *f* Agence guinéenne de presse = Nachrichtenagentur Guineas; Arbeitsgemeinschaft der Produktionsgenossenschaften [des Handwerks]
agr. agrarisch; agronomisch
agra ⟨*l* agraria⟩ Landwirtschaftsausstellung der DDR in Markkleeberg bei Leipzig
Agr.-Ök. Agrarökonom
AGStPO Ausführungsgesetz zur Strafprozeßordnung

AGZPO Ausführungsgesetz zur Zivilprozeßordnung
Ah Amperestunde (1 Ah = 3 600 As)
Ah. Anhang, Anhänger
AHB Allgemeine Haftpflicht-, Haushalts-, Hausratsversicherungsbedingungen; Außenhandelsbank *B*; Außenhandelsbetrieb
AHC, AHCG *e* Allied High Commission [for Germany] = **AHK** Alliierte Hohe Kommission [für Deutschland] (*B* 1949—55)
ahd. althochdeutsch
AHG Außenhandelsgesellschaft, -gesetz
AHK Außenhandelskontor
AHO Außenhandelsorganisation
AHU Außenhandelsunternehmen
a. i. *l* ad interim = vorübergehend, einst-, zeitweilig
AIAP *f* Association internationale des arts plastiques = Internationale Vereinigung der bildenden Künste
AIBA *f* Association internationale de boxe amateur = Internationale Amateur-Box-Assoziation
AIC *f* Association internationale de cybernétique *bzw.* de la couleur = Internationale Vereinigung für Kybernetik *bzw.* für die Farbe
AICA *f* Association internationale des critiques d'art = Internationale Arbeitsgemeinschaft der Kunstkritiker
AICB *f* Association internationale contre le bruit = Internationale Vereinigung gegen den Lärm
AICS *f* Association internationale du cinéma scientifique = Internationale Vereinigung für den wissenschaftlichen Film
AID *f* Association internationale des documentalistes et techniciens de l'information = Internationale Vereinigung der Dokumentalisten und Informationstechniker
AIDC *e* Asian Industrial Development Council = Asiatischer Rat für industrielle Entwicklung
AIDOS Automatisiertes Informations- und Dokumentationssystem
AIDS *e* acquired immunodeficiency syndrome = erworbenes Immunschwächesyndrom
AIF Amt für industrielle Formgestaltung
AIGG *f* Association internationale de géodésie et de géophysique = Internationale Vereinigung für Geodäsie und Geophysik
AIJD *f* Association internationale des juristes démocrates = Internationale Vereinigung Demokratischer Juristen
AIK Agrar-Industrie-Komplex
AIM *f* Association internationale de la mutualité = Internationale Vereinigung für gegenseitige Hilfe
aind. altindisch
AIOSP *f* Association internationale d'orientation scolaire et professionnelle = Internationale Vereinigung für Berufsberatung
AIPPI *f* Association internationale pour la protection de la propriété industrielle = Internationale Vereinigung für gewerblichen Rechtsschutz
AIPS *f* Association internationale de la presse sportive *bzw.* pour le progrès social = Internationaler Sportpresse-Verband *bzw.* Internationale Vereinigung für sozialen Fortschritt
AIRCENT *e* Allied Air Forces, Central Europe = Alliierte Luftstreitkräfte Mitteleuropa (der NATO)
AIRNORTH *e* Allied Air Forces, Northern Europe = Alliierte Luftstreitkräfte Nordeuropa (der NATO)
AIRSOUTH *e* Allied Air Forces, Southern Europe = Alliierte Luftstreitkräfte Südeuropa (der NATO)
AISE *f* Association internationale des sciences économiques = In-

ternationale Vereinigung für Wirtschaftswissenschaften

AISP *f* Association internationale de science politique = Internationale Vereinigung für politische Wissenschaft[en]

AISSA *f* Association internationale de sauvetage et de premiers secours en cas d'accidents = Internationale Vereinigung für Rettungswesen und Erste Hilfe bei Unfällen

AIST Arbeitsgemeinschaft zur Förderung und Entwicklung des internationalen Straßenverkehrs in der DDR

AIT *f* Alliance internationale de tourisme = Internationale Vereinigung für Tourismus

AITA *f* Association internationale du théâtre d'amateurs = Internationale Amateur-Theater-Vereinigung

AIU *f* Association internationale des urbanistes = Internationale Gesellschaft der Stadt- und Regionalplaner

AIV Agrar-Industrie-Vereinigung; Alters- und Invalidenversicherung; automatisierte Informationsverarbeitung

AIZ Arbeiter-Illustrierte-Zeitung (1925—37)   [strale

AJAM Amur-Jakutsk-Auto-Magi-

ak. akademisch; akustisch; akut

a. K. auf Kommission[sbasis], Kredit; außer Konkurrenz, Kraft

AK Aktienkapital; Aktuelle Kamera; Altersklasse; Amtskasse; Arbeitskraft[einheit]; Arbeitskreis; Armeekorps

Akad. Akademie; Akademiker[in]

AKB Allgemeine Kraftfahr-, Kraftverkehrsversicherungs-, Kundendienstbedingungen

AKEL *g* Anorthōtikon Komma Ergazomenōn Laou = Fortschrittspartei des werktätigen Volkes (Zypern)

AKh Arbeitskraftstunde

Akk. Akkord[arbeit]; Akkusativ

AKK Amt für Kernforschung und Kerntechnik

Akku Akkumulator

AKLVO Verordnung zur Verbesserung der Arbeitskräftelenkung und Berufsberatung

AkM Akademiemitglied

AKP-Länder afrikanische, karibische und pazifische Länder

akt. aktiv; aktuell

Akt. Aktionär; Aktiva; Aktiv[um]; Aktivist[in]; Aktivität[en]

AKV Allgemeine Krankenversicherungsbedingungen

AKW Atomkraftwerk

ä. L. ältere[r] Linie

Al *Element* Aluminium

AL *Kfzk* Albanien

Ala. Alabama (Staat der USA)

ALADI *sp* Asociación Latinoamericana de Integración = Lateinamerikanischer Integrationsverband

ALAI *f* Association littéraire et artistique internationale = Internationale Vereinigung für Literatur und Kunst

ALALC *sp* Asociación Latinoamericana de Libre Comercio = Lateinamerikanische Freihandelszone (*seit* 1980 ALADI)

Alas. Alaska (Staat der USA)

ALB Allgemeine Lebensversicherungsbedingungen; Allgemeine Leistungsbedingungen

ALGOL *e* Algorithmic Language = algorithmische Sprache, d. h. Programmiersprache vorwiegend für wissenschaftlich-technische Zwecke

ALK Aufkauf- und Lieferkombinat

all. alleinig; alliiert

allerh. allerhand; allerheiligst; allerhöchst

allg., allgem., allgm. allgemein

allj. alljährlich

allm. allmählich

alph. alphabetisch
Alu... Aluminium...
am Attometer (1 am = 10^{-18} m)
am. amerikanisch; amorph
a. m. *l* anno mundi = im Jahre ... der Welt; *l* ante meridiem = vormittags, d. h. zwischen 0 und 24 Uhr
a. M. als Mitglied; am Main; amtliche Mitteilung; anderer Meinung
Am *Element* Americium, Amerizium
A/m Ampere je Meter
AMAIR *e* American Airlines (Luftverkehrsgesellschaft der USA)
amb. ambulant
AMB Allgemeine Montagebedingungen (des RGW)
AMF *e* Allied Mobile Force = Alliierte Mobile Streitmacht (der NATO)
AMG Arzneimittelgesetz
Amp. Ampulle
Am-Sup-Ka Ammoniaksuperphosphatkali (Mischdünger)
amt. amtierend
amtl. amtlich
an. analog; anomal, anormal
An Aktinon; Anode
AN Arbeitsnorm; Auftragnehmer
anal. analog; analytisch
ANC *e* African National Congress = Afrikanischer Nationalkongreß
and. andauernd; andere, anders
Änd. Änderung
anerk. anerkannt
Anf. Anfang, Anfänger[in]; Anforderung
ANFCE *e* Allied Naval Forces, Central Europe = Alliierte Seestreitkräfte Mitteleuropa (der NATO)
ang. angeblich; angeboten; angekündigt; angemeldet; angestellt; angewandt; angular
an. g. anderweitig genannt
a. n. g. anderweitig nicht genannt
Ang. Angabe[n]; Angebot; Angehörige[r]; Angestellte[r]
angef. angefangen; angefordert; angeführt
Angeh., Angh. Angehörige[r]
AngV Angestelltenversicherung
Anh. Anhang, Anhänger
Ank. Ankauf; Ankündigung; Ankunft
anl. anläßlich; anliegend
Anl. Anlage[n]; Anleihe; Anleitung; Anlieger
Anm. Anmeldung; Anmerkung[en]
ann. annonciert; annulliert
Ann. Annahme; Annalen; Annex; Annonce
an. n. g. anderweitig nicht genannt
an. n. v. anderweitig nicht vorgesehen
anon. anonym.
ANOP *pt* Agência de Noticiosas Portuguesas (portugiesische Nachrichtenagentur)
anorg. anorganisch
ANP *n* Algemeen Nederlandsch Persbureau (niederländische Nachrichtenagentur)
ANSA *i* Agenzia Nazionale Stampa Associata (italienische Nachrichtenagentur)
anschl. anschließend
Anschr. Anschrift
Anst. Anstalt; Anstellung
A. N. St. Amtliche Nachrichtenstelle *Ö*
ant. antarktisch; anteilig; antik; antiquarisch
Ant. Anteil[e]; Antenne; Antiqua; Antiquariat; Antiquitäten
Anth. Anthologie
Antw. Antwort
ANUGA Allgemeine Nahrungs- und Genußmittel-Ausstellung *B*
an. v. anderweitig vorgesehen
a. n. v. anderweitig nicht vorgesehen
anw. anwesend
Anw. Anwalt[schaft]; Anwärter; Anweisung; Anwendung
Anz. Anzahl[ung]; Anzeige[r]

ANZUK-Pakt *e* Australia-New Zealand-United Kingdom-Pact = Pakt zwischen Australien, Neuseeland[, Malaysia, Singapur] und Großbritannien (1971)
ANZUS-Pakt *e* Australia-New Zealand-United States-Pact = Pakt zwischen Australien, Neuseeland und den USA (1951)
ao. außerordentlich
a. O. alte[r] Ordnung; am angeführten, angegebenen Ort[e]
AO Abgabenordnung; Anordnung; Arbeits-, Ausfuhrordnung; Auslandsorganisation
aoGubM außerordentlicher Gesandter und bevollmächtigter Minister
AOK, AOKK Allgemeine Ortskrankenkasse *B*
ao. M. außerordentliches Mitglied
AOPU *e* Asian-Oceanic Postal Union = Postverein für Asien und Ozeanien
AöR Anstalt öffentlichen Rechts
ap. außerplanmäßig
AP Amsterdamer Pegel; *e* Associated Press (USA-Nachrichtenagentur); Ausschließungspatent
APA Austria Presse-Agentur *Ö*
APÄ Arbeiterpartei Äthiopiens
a. p. C., a. p. Chr. *l* anno post Christum = im Jahre ... nach Christus
a. p. Chr. n., a. p. C. n. *l* anno post Christum natum = im Jahre ... nach Christi Geburt
APEA *f* Agences de presse européennes associées = Vereinigte Europäische Presseagenturen
API *f* Association phonétique internationale = Internationale Phonetische Vereinigung
APIM *f* Association professionnelle internationale des médecins = Internationale Berufsvereinigung der Ärzte
apl. außerplanmäßig
APL Aktionsgemeinschaft progressiver Lehrer *B*
APN *r* Agentstwo petschati Nowosti (Nachrichtenagentur der UdSSR)
APO *ehem* Abteilungsparteiorganisation; allgemeinbildende polytechnische Oberschule; *e* Army Post Office
= Feldpostamt; *e* Asian Productivity Organization = Asiatische Organisation für Produktivität[sfragen]; *ehem* Außerparlamentarische Opposition *B* [Oberschule
APOS allgemeine polytechnische
App. Apparat[ur]; Appartement; Appendix (Anhang)
appr. appretiert; approbiert; approximativ
APR automatisches Produktions-Registriersystem
APS *f* Algérie-Presse-Service (algerische Nachrichtenagentur)
APTU *e* African Postal and Telecommunications Union = Afrikanischer Post- und Fernmeldeverein
APU *e* Arab Postal Union = Arabischer Postverein
APW Akademie der Pädagogischen Wissenschaften der DDR
aq., Aq. *l* aqua = Wasser
äqu. äquivalent (gleichwertig)
a. R. alte Regel[ung]; altes Recht; am Rennsteig; auf Rechnung
Ar *Element* Argon
AR Amts-, Archivrat; Autonome Republik
ARÄ Arabische Republik Ägypten
ARAG Allgemeine Rechtsschutz-Versicherungs-AG *B*
ARAMCO *e* Arabian-American Oil Company = Arabisch-Amerikanische Erdölgesellschaft
Arb. Arbeiter[in], Arbeits...
Arbtg. Arbeitstagung
ARC *e* American Red Cross = Amerikanisches Rotes Kreuz

arch. archaisch; archäologisch; architektonisch; archivalisch; archiviert
Arch. Archäolog[i]e; Architekt[ur]; Archiv[ar]
ARD Arbeitsgemeinschaft der öffentlich-rechtlichen Rundfunkanstalten der Bundesrepublik Deutschland
Ariz. Arizona (Staat der USA)
Ark. Arkansas (Staat der USA)
ARO *e* Asian Regional Organization = Asiatische Regionalorganisation (des IBFG)
AROS Altrohstoff
ARp apotheken- und rezeptpflichtig
Art. Artikel; Artillerie
a. R. u. G. auf Rechnung und Gefahr
ARW Auto-Reparaturwerkstatt
ARZ Automatisierungs- und Rationalisierungszentrum; Autoreisezug
as. aseptisch; asiatisch; asymmetrisch
a. S. auf Seite, *Bank* auf Sicht
As Amperesekunde; *Element* Arsen; Asbestfaser, -gewebe
ASA-Leder Leder für Arbeitsschutzartikel
ASAO Arbeitsschutzanordnung[en]
ASB Arbeitsschutzbestimmung[en]; VEB Auto-Service Berlin
ASBP Arabische Sozialistische Baath-Partei (Irak)
ASBSAO Arbeitsschutz- und Brandschutzanordnung
ASC allgemeiner Sportklub; *e* American Society of Cinematographers = Amerikanischer Filmverband
ASCOFAM *f* Association mondiale de lutte contre la faim = Weltverband zur Bekämpfung des Hungers
ASEAN *e* Association of Southeast Asian Nations = Vereinigung südostasiatischer Staaten
ASG Armeesportgemeinschaft
ASI Arbeitsschutzinspektion; *f* Association stomatologique internationale = Internationale Stomatologische Gesellschaft
ASIFA *f* Association internationale de film d'animation = Internationale Trickfilm-Vereinigung
ASK Antiimperialistisches Solidaritätskomitee *B*; Arbeitsschutzkommission; Armeesportklub
ASMW Amt für Standardisierung, Meßwesen und Warenprüfung
ASO Arbeitsschutzordnung
Asp. Aspirant[in]; Aspirantur
ASPAC *e* Asian and Pacific Council = Asiatisch-Pazifischer Rat
ASR Akademie für Staats- und Rechtswissenschaft der DDR
ass. assimilierend, assimiliert; assistierend, assistiert; assoziiert
Ass. Assekuranz (Versicherung); Assessor; Assistent[in]; Assistenz
Assofoto Internationale Wirtschaftsvereinigung (der RGW-Länder) für die Produktion von Bild- und Datenaufzeichnungsmaterialien
ASSR Autonome Sozialistische Sowjetrepublik
a. St. alter Stil, alten Stils (nach dem Julianischen Kalender)
ASt Amts-, Annahme-, Ausgabe-, Außenstelle; Ausgleichsteuer
ASTA Allgemeiner Studentenausschuß *B*
astr. astrologisch; astronomisch; astronautisch
AStVO Allgemeine Steuerverordnung; Verordnung über die Besteuerung des Arbeitseinkommens
ASU Arabische Sozialistische Union
ASV Akademische[r], Allgemeine[r] Sportverband, -verein[igung]; Arbeiter-, Athletik-Sportverband, -verein[igung]; Armeesportvereinigung
ASVO Arbeitsschutzverordnung
ASVÖ Allgemeiner Sportverband Österreichs

ASW Akademie für sozialistische Wirtschaftsführung
asym. asymmetrisch
at technische Atmosphäre (1 at = 98,0665 · 10^3 Pa)
At Antenne; *Element* Astat[in]
AT autogenes Training
A. T. Altes Testament; Arzneitaxe
ATA *f* Agence télégraphique albanaise = Albanische Telegrafen- od. Nachrichtenagentur
ATBD Arbeiter-Theater-Bund Deutschlands (1928–33)
Atl. Atlantik; Atlas
atm physikalische Atmosphäre (1 atm = 760 Torr = 101,325 · 10^3 Pa)
ATO Autotransportordnung
ATS *f* Agence télégraphique suisse = Schweizerische Depeschenagentur; automatische Telefonstation
ATSB Arbeiter-Turn-und-Sport-Bund (1919–33)
ATSV Allgemeiner Turn- und Sportverein
Att. Attaché; Attest
ATT, ATTC, AT & T *e* American Telephone and Telegraph Company = Amerikanische Telefon- und Telegrafengesellschaft
Attr. Attrappe; Attribut
ATV Akademische[r], Allgemeine[r] Turnverband, -verein[igung]; Arbeiter-, Athletik-Turnverband, -verein[igung]; Allgemeine Tarifvorschriften; Allgemeine Technische Vorschriften
ATYPI *f* Association typographique internationale = Internationale Typographische Vereinigung
ATZ automatische Telefonzentrale
a. u. *l* ab usu = wie üblich; *l* ad usum = zum Gebrauch; arbeitsunfähig
Au *Element l* Aurum = Gold
a. u. a. auch unter ander[e]n
AUA *e* Austrian Airlines = Österreichische Luftverkehrs-AG

AUB Allgemeine Unfallversicherungsbedingungen
a. u. d. T. auch unter dem Titel
Aufg. Aufgabe; Aufgang; Aufgebot; Aufgeld
Aufl. Auflage; Auflösung
Aufs. Aufsatz; Aufsicht[s...]
Aufst. Aufstellung
Auftr. Auftrag; Auftritt
Aufz. Aufzeichnung; Aufzug
AUMA Ausstellungs- und Messe-Ausschuß der Deutschen Wirtschaft
B
Ausb. Ausbau; Ausbesserung; Ausbildung
Ausf. Ausfall; Ausfertigung; Ausfuhr; Ausführung[s...]
AusfAnw Ausführungsanweisung[en]
AusfB, AusfBest Ausführungsbestimmung[en]
AusfV Ausführungsvorschrift[en]
Ausg. Ausgabe[n]; Ausgang[s...]
ausgest. ausgestattet; ausgestellt; ausgestorben
ausgew. ausgewählt; ausgewogen
ausgez. ausgezahlt; ausgezählt; ausgezeichnet
Ausl. Auslage[n]; Ausland[s...], Ausländer[in]; Auslastung; Ausleih...; Auslieferung[s...]; Auslosung
ausr. ausreichend
ausschl. ausschließlich
Ausw. Auswahl; Auswanderer; Auswanderung[s...]; Auswechs[e]lung; Ausweis; Auswertung[s...]; Auswirkung
Ausz. Auszahlung; Auszählung; Auszeichnung; Auszug
aut. autark; autogen; automatisch, automatisiert; autonom; autorisiert; autoritär, autoritativ
AUTEVO System der automatisierten technologischen Vorbereitung der Produktion
auth. authentisch

A. u. V. Annahme und Versand
a. v. anderweitig vorgesehen; arbeitsverwendungsfähig
AV Allgemeine Verfügung, Vorschrift; Alters-, Angestellten-, Arbeitslosen-, Außenversicherung; Amtsvorstand, -vorsteher; Arbeitsvertrag; Ausführungsverordnung, -vorschrift[en]
A & V An- und Verkauf
AVB Allgemeine Verfrachtungs-, Versicherungsbedingungen
AvD Automobilclub von Deutschland *B*
AVO Allgemeine Vollzugsordnung; Arbeitsvertragsordnung; Ausfallvergütungsordnung; Ausführungsverordnung
ÄVO Änderungsverordnung
a. v. u. arbeitsverwendungsunfähig
a. W. ab Werk; auf Wartegeld; auf Widerruf; auf Wunsch
ä. W. äußere Weite
AW ausgewählte Werke; Außenwirtschaft
AWA Anstalt zur Wahrung der Aufführungsrechte auf dem Gebiete der Musik
AWACS *e* Airborne Warning and Control System (Luftwarn- und Feuerleitsystem der NATO)
AWBZ Amt für Außenwirtschaftsbeziehungen der DDR
AWD Arzneimittelwerk Dresden
AWE Automobilwerke Eisenach
AWG Arbeiterwohnungsbaugenossenschaft
a. Z. auf Zeit
AZ Acker[wert]-, Alkalitätszahl; VVB Agrochemie und Zwischenprodukte; Arbeitszeit; Azetatfaser[stoffe]
AZO Allgemeine Zollordnung; Arbeitszeitordnung
AZS Azetatseide

B

b. bei[m]; bis
B Baud (1 B = 1 bit/s); Bel (1 B = 1,151 Np); *Kfzk* Belgien; Bessemerstahl; Beton; *Element* Bor; Bundesstraße *B*
B. Baß[stimme]; Beamter
Ba *Element* Barium
BA Bauabteilung, -amt; Bergakademie, -amt; Betriebsabteilung, -akademie, -amt, -anleitung, -anweisung; Bezirksamt, -ausschuß
BAE Berliner Akkumulatoren- und Elementefabrik
BAG Betriebs-, Bezirksarbeitsgemeinschaft
BAK Bezirks-Arbeitskreis
bako VEB Backwarenkombinat, Berlin
bakt. bakteriologisch
Ball. Ballade; Ballett; Ballon
BAM Baikal-Amur-Magistrale (Eisenbahnlinie) UdSSR)
BAO Brandschutzanordnung[en]
Bar. Baracke; Bariton[stimme]; Barometer[stand]; Baron
Basa Bahnselbstanschluß[anlage]
BASF Badische Anilin- & Soda-Fabrik AG *B*
BASI Bezirksarbeitsschutzinspektion
Bat. Bataillon
Batt. Batterie
BATU *e* Brotherhood of Asian Trade Unionists = Asiatische Gewerkschaftsvereinigung
Bauj. Baujahr
BAUKEMA VVB Bau-, Baustoff- und Keramikmaschinen
b. a. w. bis auf weiteres
b. a. W. bis auf Widerruf
BAZ Bauzement; Bezirksausbildungszentrum
BB VEB Bergmann-Borsig
BBA Bezirksbauamt

BBB Bagger-, Bugsier- und Bergungsreederei
BBC *e* British Broadcasting Corporation (britische Rundfunk- und-Fernseh-Gesellschaft); Brown, Bovery & Cie. (Elektrokonzern *S/B*)
Bbf Betriebsbahnhof
BBG VEB Bodenbearbeitungsgeräte Leipzig
BBK Berufsberatungskabinett
Bbl. Beiblatt; Börsenblatt für den Deutschen Buchhandel
BBS Betriebsberufsschule; Bezirksbildungsstätte
BBU Bundesverband Bürgerinitiativen Umweltschutz *B*
BBW Berliner Bremsenwerk
BBZ Berufsberatungszentrum
BC VEB Berlin-Chemie
BCG Bund Christlicher Gewerkschaften *B*; Tuberkuloseschutzimpfstoff aus Kulturen des Bazillus Calmette-Guérin
bd. bedingt
b. d. bei dem, den, der; bis dato
Bd Baud (1 Bd = 1 bit/s)
Bd. Band; Bund, Bündel
BD Bahn-, Bezirksdirektion
BdA Bund der Architekten der DDR
BDA Bundesvereinigung der Deutschen Arbeitgeberverbände *B*
BDB Börsenverein der Deutschen Buchhändler zu Leipzig
BDI Bundesverband der Deutschen Industrie *B*
BdK Bezirksdirektion für Kraftverkehr; Bund der Kriegsgegner *B*
BDK Bezirksdelegiertenkonferenz; Brüsseler Dezimalklassifikation
BdKJ Bund der Kommunisten Jugoslawiens
Bdl Bahnhofsdispatcherleitung
BDP Bezirksdirektion der Deutschen Post
Bdr. Buchdruck, -druckerei
bds. beiderseitig, -seits

BDS Betriebsdatenverarbeitungsstation; Bund Demokratischer Studenten *B*; Bund Deutscher Segler der DDR
BDVP Bezirksbehörde der Deutschen Volkspolizei
BDŽ* *b* Blgarski Drshawni Shelesnizi = Bulgarische Staatsbahnen
Be *Element* Beryllium; Beton
BE Berichterstatter[in]; Berliner Ensemble; biologische Einheit
Bed. Bedarf; Bedeutung; Bedienung; Bedingung; Bedürfnis
BEEP *f* Bureau européen de l'éducation populaire = Europäisches Büro für Erwachsenenbildung
bef. befähigt; befördert; befugt
Bef. Befähigung[s...]; Befehl; Beförderung[s...]; Befund
befr. befreit; befreundet; befriedigend; befristet
begl. beglaubigt; beglichen
Begl. Beglaubigung[s...]; Begleiter[in], Begleitung, Begleit...
begr. begraben; begrenzt; begründet
beh. behandelt; beheimatet; behelfsmäßig; behördlich
Beh. Behälter; Behandlung; Behelf[s...]; Behörde
Beih. Beiheft[e]; Beihilfe
beil. beiläufig; beiliegend
Beitr. Beitrag; Beitritt[s...]
Bek. Bekämpfung[s...]; Bekanntmachung; Bekenntnis
BEK Bund der Evangelischen Kirchen in der DDR
bel. beladen; belastet; belegt; beleuchtet; belichtet; belohnt

---

* Die Abkürzung ist in dieser Form (= bibliothekarische Transkription) im Deutschen üblich. Der Klartext hat die im Wörterbuch sonst verwendete Duden-Umschrift.

Bel. Belastung; Beleg[schaft];
Beleuchtung[s...]; Belichtung[s...]
Belga *f* Agence télégraphique
belge [de presse], Agence Belga
(belgische Nachrichtenagentur)
Bem. Bemängelung; Bemerkung
ben. benachrichtigt; benannt; benötigt; benutzt
Ben. Benachrichtigung; Benutzung
Benelux Belgien + Niederlande
+ Luxemburg
ber. berechnet; berechtigt; berichtigt; bereits; berufen
Ber. Beratende[r], Berater[in],
Beratung; Berechnung; Berechtigte[r], Berechtigung; Bereich[s...];
Bereitschaft[s...]; Bericht[igung];
Beruf[ung]
bes. besondere[r], besonderes;
besonders
Bes. Besatzung[s...]; Besitz, Besitzer[in]; Besoldung[s...]
Besch. Beschädigung; Beschäftigte[r], Beschäftigung; Bescheid;
Bescheinigung; Beschuldigte[r];
Beschluß
beschl. beschlagnahmt; beschleunigt; beschlossen
beschr. beschränkt; beschrieben;
beschriftet
best. beständig; bestätigt; bestehend
[aus]; bestellt; bestimmt
Best. Bestand[teile]; Bestätigung;
Bestellung, Bestell...; Bestimmung[s...]
Bet. Beteiligung[s...]; Beton
betr. betreffend, betreffs; betrifft
Betr. Betrag; Betreff; Betreuung;
Betrieb[s...]; Betroffene[r]
bev. bevollmächtigt; bevor
Bev. Bevölkerung; Bevollmächtigte[r]
bew. bewacht; bewaffnet; bewährt;
beweglich; bewiesen; bewilligt
Bew. Bewachung[s...]; Bewaffnung; Bewährung[s...]; Bewässerung; Bewegung[s...]; Beweis;

Bewerber[in], Bewerbung[s...];
Bewertung[s...]; Bewilligung[s...];
Bewohner[in]
bez. bezahlt; bezeichnet; beziffert;
bezogen; bezüglich
Bez. Bezahlung; Bezeichnung;
Bezieher, Bezug[s...]; Bezirk[s...]
Bf Bahnhof; Brief
BF VVB Bauelemente und Faserbaustoffe; Berufsfeuerwehr; Betriebsfläche; Brigadeführer
BFA Betriebs-, Bezirksfachausschuß; Braunkohlen-Filterasche
BFK Berufsfachkommission
BfN Betriebsbüro für die Neuererbewegung
bfr belgischer Franc
Bfrd. Bundesfreund
BfS Büro für Standardisierung
BfU Büro für Urheberrechte
BfV Bundesamt für Verfassungsschutz *B*
BG Berufsgenossenschaft; Betriebs-, Bezirksgruppe; Bezirksgericht; *Kfz* Bulgarien
Bgb. Bergbau
BGB Bürgerliches Gesetzbuch *D/B*
BGBl. Bundesgesetzblatt *B/Ö/S*
BGG Betriebsgewerkschaftsgruppe
bgl. beglaubigt; begleitet; beglichen;
berufsgenossenschaftlich; bürgerlich
BGL Betriebsgewerkschaftsleitung
Bgm. Bürgermeister[in]
BGÖ Bund der freien Gewerkschaften Österreichs
BGr. Besoldungsgruppe
BGS Bundesgrenzschutz *B*
BGSt Bezirksgeschäftsstelle
BGW Berliner Glühlampenwerk
Bh. Beiheft[e]; Buchhandlung
BH Behelfsheim; Büstenhalter
Bhf Bahnhof
BHG Bäuerliche Handelsgenossenschaft
BHI Bezirkshygieneinspektion
BHT-Koks Braunkohlenhochtemperaturkoks

BHZ Berliner Handelszentrale
Bi *Element l* Bismutum = Bismut, Wismut
BI Bibliographisches Institut
Bibl. Bibliographie; Bibliothek, Bibliothekar[in]
BIC *f* Bureau international des containers *bzw.* du cinéma = Internationales Behälter- *bzw.* Filmbüro
BICI *f* Bureau international du commerce et de l'industrie = Internationales Büro für Handel und Industrie
BIEM *f* Bureau international de l'édition mécanique = Internationales Büro für mechanische Vervielfältigungsrechte
BIG Bezirksinspektion Gesundheitsschutz
BIMCO *e* Baltic and International Maritime Conference (Reeder- und Schiffsmaklervereinigung)
BIPM *f* Bureau international des poids et mesures = Internationales Büro für Maße und Gewichte
BIRPI *f* Bureaux internationaux réunis pour la protection de la propriété intellectuelle = Vereinigte internationale Büros zum Schutze des geistigen Eigentums
bit ⟨*e* binary digit = Binärziffer, Zweierschritt⟩ (Einheit der Information)
BITEJ *f* Bureau international pour le tourisme et les échanges de la jeunesse = Internationales Büro für Jugendtouristik und Jugendaustausch   [wesen
BIV Bezirksinstitut für Veterinär-
BIZ Bank für Internationalen Zahlungsausgleich
Bj. Bau-, Betriebsjahr
BJA Bezirksjugendausschuß
BJK Bezirksjugendkommission
Bk *Element* Berkelium
BK Baukombinat; Bezirkskommission

BKA Bundeskanzler-, Bundeskartell-, Bundeskriminalamt *B*
BKD Baukombinat Dresden
BKG Bezirkskonsumgenossenschaft
BKH Bezirkskrankenhaus
BKK Betriebskrankenkasse; Bezirkskontrollkommission; Braunkohlenkombinat
BKL Baukombinat Leipzig
BKP Bulgarische Kommunistische Partei
BKTW Bezirkskomitee für Touristik und Wandern
BKV Betriebskollektivvertrag
Bkw Bahnkraftwerk
BKW Braunkohlenwerk
Bl. Blatt [Papier]; *Plur auch* **Bll.**
BL Betriebs-, Bezirks-, Bundes-, Büroleitung
BLB Bezirkslichtspielbetrieb
BLN Bank für Landwirtschaft und Nahrungsgüterwirtschaft
BLS Betriebsluftschutz
Blst Blockstelle
Bm Bahnmeisterei
Bm. Baumuster; Bistum
bme Büromaschinen-Export GmbH
BMHW VEB Berliner Metallhütten- und Halbzeugwerke
BMK Bau- und Montagekombinat
BMS Buchungsmaschinenstation
BMSR-Technik Betriebsmeß-, Steuerungs- und Regelungstechnik
BMW Bayerische Motorenwerke *B*
BN Baumuster-, Betriebs-, Buch[ungs]nummer; Betriebsnorm[en]
BND Bundesnachrichtendienst *B*
BNT Betriebskomitee Neue Technik
BNZ Bezirksneuererzentrum
b. o. bis oben, oberhalb
BO Bank-, Bau-, Benutzungs-, Betriebsordnung
Bp Bahnpost

BP Benzin- und Petroleum AG *B*; Betriebs[abgabe]preis; *e* British Petroleum Company; Bundespost *B*
BPA Bahnpostamt; Bundes-Presseamt *B*; Bundesverband der Pressedienste und Agenturen *B*
b.p.b., **BPB** Berliner Pressebüro
BPF Bezirksdirektion für das Post- und Fernmeldewesen
BPFIS *f* Bureau permanent des fédérations internationales sportives = Ständiges Büro der Internationalen Sportverbände
BPKK Bezirks-Parteikontrollkommission
BPO *ehem* Betriebsparteiorganisation
Bpw Bahnpostwagen
Bq Becquerel (SI-Einheit der Aktivität ionisierender Strahlung; 1 Bq = 1/s)
br. breit; britisch; broschiert; brutto
b.R. bitte Rücksprache!
Br *Element* Brom
Br. Branche[n...]; Breite; Brigade; Broschüre; Bruder
BR Bau-, Berg-, Bibliotheks-, Botschaftsrat; Bayerischer Rundfunk *B*; Berliner Rundfunk; Bundesrat *B/Ö/S*
BRD Bergrettungsdienst; Bergungs- und Rettungsdienst; Bundesrepublik Deutschland
BRGM Bundesrepublik-Gebrauchsmuster *B*
BRK Bezirksrevisionskommission
BRT Bruttoregistertonne
BRZ Bezirksrechenzentrum
bs. beiderseitig, -seits
BS Berufsschule; Betriebsschule, -schutz, -sektion, -system
BSASAO Brandschutz- und Arbeitsschutzanordnung
BSchG Binnenschiffahrtsgesetz
bsd. besondere[r], besonderes; besonders

BSG Betriebssportgemeinschaft
BSK Bank-, Betriebssparkasse; Berliner Stadtkontor
BSO Berliner Sinfonie-Orchester
bspw. beispielsweise
Bst Bahnstation
BSt Beschaffungs-, Bezirksstelle
Bstg. Bahnsteig
BSV Blinden- und Sehschwachen-Verband der DDR
BT Bedarfsträger; Betriebsteil
BTA Bezirkstransportausschuß; Bulgarische Telegrafen- od. Nachrichtenagentur
BTG Brennstofftechnische Gesellschaft
Btl. Beutel
btto. brutto
BTZ Bezirkstrainingszentrum
b.u. bis unten, unter[halb]
Bü Bau-, Betriebsüberwachung
BUD Bergunfalldienst
Bugra Internationale Ausstellung für Buchgewerbe und Graphik
b.u.R. bitte um Rücksprache!
BV Bau-, Besoldungsvorschrift[en]; Betriebs- und Verkehrsdienst; Betriebsvereinbarung; Bezirksverband, -verein[igung], -vorstand, -verwaltung; Bibliotheksverband der DDR; Bundesvorstand
BVB Berliner Verkehrs-Betriebe
BVK Baustoff-, Brennstoffversorgungskombinat
BVN Bund der Verfolgten des Naziregimes *B*
bvr. bevorrechtigt
b.w. bitte wenden!
Bw Baumwolle; Betriebs-, Bahnbetriebswerk; Bundeswehr *B*
BWF Berliner Werkzeugmaschinen-Fabrik
bwgl. beweglich
BWV Bach-Werke-Verzeichnis
BWVO Binnenwasserstraßen-Verkehrsordnung
Bww Betriebs-, Bahnbetriebswagenwerk

Bz. Bezeichnung; Bezirk
BZ Berliner Zeitung; Betriebszentrale
BZA Berliner Zeitung am Abend; Binnenzollamt; Biologische Zentralanstalt
bzgl. bezüglich
b. z. R. bitte zur Rücksprache!
BZSt Binnenzollstelle
BzVw Bezirksverwaltung
bzw. beziehungsweise

C

c Cent[ime] (Währung); Zenti... (= 10^{-2}; vor Maßeinheiten ein Hundertstel dieser Einheit, z. B. 1 cm = 10^{-2} m)
^{c} Neuminute ($1^c = [10^{-2}]^g$)
C *Element l* Carboneum = Kohlenstoff; Celsius; *l* centrum = Zentrum; *e* Copyright (Urheber-, Abdrucksrecht); Coulomb (SI- Einheit der Elektrizitätsmenge, der elektrischen Ladung; 1 C = 1 As)
ca. zirka
Ca *Element* Calcium, Kalzium; Karzinom (Krebsgeschwulst)
CA Chemieanlagen[bau]; (russ. Buchstaben) *r* Sowjetskaja Armija = Sowjetische Armee
CAD/CAM *e* computer-aided design/manufacturing = rechnergestützte Konstruktion und Fertigung
CAEU *e* Council of Arab Economic Unity = Rat für Arabische Wirtschaftseinheit
CAJ [Internationale] Christliche Arbeiterjugend
cal Kalorie (1 cal = 4,1868 J)
Cal., Calif. *e* California = Kalifornien (Staat der USA)
CAL Chemieanlagenbau Leipzig
CALTEX *e* California Texas Oil Corporation (US-Erdölgesellschaft)

CANCIRCO *e* Cancer International Research Co-operative = Internationaler Krebsforschungsverband
cand. *l* candidatus (Student vor der Abschlußprüfung)
CARICOM *e* Caribbean Common Market = Karibischer Gemeinsamer Markt
CBI *e* Confederation of British Industry = Britischer Industrieverband
CBS *e* Columbia Broadcasting System (Rundfunk-und-Fernseh-Gesellschaft der USA)
^{cc} Neu[e]sekunde ($1^{cc} = [10^{-2}]^c$)
CC *Kfzk f* Corps consulaire = Konsularkorps
CCC *f* Conseil de la coopération culturelle = Rat für kulturelle Zusammenarbeit
CCD *f* Conseil de coopération douanière = Europäischer Zollrat
CCE *f* Conseil des communes d'Europe = Rat der Gemeinden Europas
CCIR *f* Comité consultatif international des radiocommunications = Internationaler Beratender Ausschuß für den Funkdienst
CCITT *f* Comité consultatif international télégraphique et téléphonique = Internationaler Beratender Ausschuß für den Telegrafen- und Fernsprechdienst
CCM *Swa* Chama Cha Mapinduzi = Revolutionäre Partei Tansanias
CCOO *sp* Comisiones obreras = Arbeiterkommissionen (Spanien)
cd Candela (SI-Einheit der Lichtstärke; 1 cd = 1 lm/sr)
Cd *Element* Cadmium, Kadmium
CD *Kfzk f* Corps diplomatique = Diplomatisches Korps
CDA Christlich-Demokratische Arbeitnehmerschaft *B*
CDR *sp* Comité[s] de Defensa de la Revolución = Komitee[s] zur

CDU

Verteidigung der Revolution (Massenorganisation; Kuba)
CDU Christlich-Demokratische Union Deutschlands; Christlich-Demokratische-Union *B*
CDUCE *e* Christian-Democratic Union of Central Europe = Christlich-Demokratische Union Mitteleuropas
CDU/CSU Christlich-Demokratische Union/Christlich-Soziale Union *B*
Ce *Element* Cerium, Zer[ium]
CE *Kfzk f* Corps économique = Handels- und Wirtschaftskorps; Eiweißchemiefaser[stoffe]
CEA *f* Comité européen des assurances = Europäisches Versicherungskomitee; *f* Confédération européenne de l'agriculture = Europäischer Landwirtschaftsverband
CEAO *f* Communauté économique de l'Afrique de l'ouest = Westafrikanische Wirtschaftsgemeinschaft
CEB *f* Confédération européenne de billard = Europäische Billard-Konföderation
CEC *f* Centre européen de la culture = Europäisches Kulturzentrum; *e* Commission of the European Communities = Kommission der Europäischen Gemeinschaften od. EG-Kommission
CECA *f* Communauté européenne du charbon et de l'acier = Europäische Gemeinschaft für Kohle und Stahl, Montanunion
CECEC *f* Comité européen de coopération économique et culturelle = Europäischer Ausschuß für wirtschaftliche und kulturelle Zusammenarbeit
CECODE *f* Centre européen du commerce de détail = Zentrum des Europäischen Einzelhandels
CEDEAO *f* Communauté économique des états de l'Afrique de l'ouest = Wirtschaftsgemeinschaft der westafrikanischen Staaten
CEDI *f* Centre européen de documentation et d'information = Europäisches Dokumentations- und Informationszentrum
Čedok *č* Československá dopravní kancelář = Tschechoslowakisches Reisebüro
CEEC *e* Committee for European Economic Co-operation = Ausschuß für europäische wirtschaftliche Zusammenarbeit
CEH *f* Conférence européenne des horaires des trains de voyageurs et des services directs = Europäische Reisezug-Fahrplan- und Wagenbeistellungskonferenz
CEM *f* Conférence européenne des marchandises = Europäische Güterzug-Fahrplankonferenz
CEMT *f* Conférence européenne des ministres des transports = Europäische Verkehrsministerkonferenz
CEN *f* Comité européen de coordination des normes = Europäischer Normen-Koordinierungsausschuß
CENTAG *e* Central Army Group, Central Europe = Armeegruppe Mitte, Mitteleuropa (der NATO)
CENTO *e* Central Treaty Organization = Zentralpaktorganisation (Nahost-Pakt)
CENYC *e* Council of European National Youth Committees = Rat der Europäischen Nationalen Komitees der Jugendverbände od. Europäischer Jugendrat
CEOP *f* Communauté européenne des organisations publicitaires = Europäische Gemeinschaft der Werbewirtschaft
CEP *f* Confédération européenne d'études phytosanitaires = Europäische Vereinigung für Pflanzenschutz[forschung]

CEPAL *sp* Comisión Económica para América Latina = UNO-Wirtschaftskommission für Lateinamerika

CEPES *f* Comité européen pour le progrès économique et social = Europäische Vereinigung für wirtschaftliche und soziale Entwicklung

CEPT *f* Conférence européenne des administrations des postes et des télécommunications = Europäische Post- und Fernmeldekonferenz

CER *f* Conférence européenne de radiodiffusion = Europäische Rundfunkkonferenz

CERE *f* Comité européen pour les relations économiques = Europäischer Ausschuß für Wirtschaftsbeziehungen

CERN *f* 1. Organisation européenne pour la recherche nucléaire = Europäische Organisation für Kernforschung – 2. Centre européen de recherches nucléaires = Europäisches Kernforschungszentrum

CEV *f* Confédération européenne de volleyball = Europäische Volleyball-Konföderation

cf. *l* confer = vergleiche!; *e* confirmed = bestätigt

Cf *Element* Californium, Kalifornium

CFA *f* Conférence des femmes africaines = Afrikanische Frauenkonferenz

CFA-Franc *f* Franc de la Communauté financière africaine (Währungseinheit)

CFCE *f* Conseil des fédérations commerciales d'Europe = Rat der Europäischen Handelsverbände

CFDT *f* Confédération française démocratique du travail = Französische Demokratische Arbeiterföderation

CFG Chemiefaserkombinat Wilhelm-Pieck-Stadt Guben

CFIE *f* Conseil des fédérations industrielles d'Europe = Rat der Europäischen Industrieverbände

CFK Chemiefaserkombinat; Christliche Friedenskonferenz

CFL *e* Ceylon Federation of Labour = Gewerkschaftsbund Sri Lankas

CFR *rum* Căile Ferate Romîne = Rumänische Eisenbahnen

CFW Chemiefaserwerk

CGB Christlicher Gewerkschaftsbund Deutschlands *B*

CGIL *i* Confederazione Generale Italiana del Lavoro = Allgemeiner Italienischer Gewerkschaftsbund

CGT *f* Confédération générale du travail *bzw. sp* Confederación General del Trabajo *bzw.* de Trabajadores = Allgemeiner Gewerkschaftsbund (z. B. Frankreich bzw. Argentinien bzw. Mexiko)

CGTP *sp* Confederación General de Trabajadores del Perú = Allgemeiner Gewerkschaftsbund Perus

CH *Kfz u. a. l* Confoederatio Helvetica = Schweizerische Eidgenossenschaft [gisch

chr., chron. chronisch; chronolo-

Ch. v. D. Chef vom Dienst

Ci Curie (1 Ci = 37 · 10^9 Bq)

CIA *e* Central Intelligence Agency (US-Geheimdienstzentrale); *f* Conseil international des arts = Internationaler Kunstrat

CIAA *f* Confédération internationale des associations d'artistes = Internationale Vereinigung der Künstlerverbände

CIAC *f* Commission internationale d'arbitrage commercial = Internationale Schieds[gerichts]kommission [des Handels]

CIAS *sp* Consejo Interamericano de Seguridad = [Inter-]Amerikanischer Sicherheitsrat

CIC *e* Counter Intelligence Corps (US-Geheimdienst des Heeres)

CICC *f* Conférence internationale des charités catholiques (Internationaler Caritasverband innerhalb der katholischen Kirche)
CID *e* Criminal Investigation Department *bzw.* Division (Kriminalpolizei[behörde] Großbritanniens [Scotland Yard] *bzw.* der USA)
Cie. *f* Compagnie = Gesellschaft, Handelsgesellschaft
CIE *f* Commission internationale de l'éclairage = Internationale Beleuchtungskommission
CIEPS *f* Conseil international pour l'éducation physique et le sport = Weltrat für Sport und Körpererziehung
cif *e* cost, insurance and freight = Kosten, Versicherung und Fracht (im Preis mit eingeschlossen)
CIF *f* Confédération internationale des fonctionnaires = Internationaler Beamtenbund
CIFE *f* Centre international du film pour l'enfance et la jeunesse = Internationales Zentrum für Kinder- und Jugendfilm[e]
CIGR *f* Commission internationale du génie rural = Internationale Kommission für Technik in der Landwirtschaft
CIIA *f* Commission internationale des industries agricoles et alimentaires = Internationale Kommission der Landwirtschafts- und Nahrungsgüterindustrie
CIJ *f* Commission internationale de juristes = Internationale Juristen-Kommission; *f* Cour internationale de justice = Internationaler Gerichtshof
CIL *i* Confederazione Italiana dei Lavoratori (italienischer Gewerkschaftsverband)
CIM *f* Convention internationale concernant le transport des marchandises par chemins de fer = Internationales Übereinkommen über den Eisenbahngüterverkehr
CIMEA *f* Comité international des mouvements d'enfants et d'adolescents = Internationales Kinderbüro
CINOA *f* Confédération internationale des négociants en œuvres d'art = Internationale[r] Kunsthändler-Verein[igung]
CIOMS *e* Council for International Organizations of Medical Sciences = Rat der internationalen medizinischen Gesellschaften
CIOSTA *f* Commission internationale pour l'organisation scientifique du travail en agriculture = Internationaler Ring für Landarbeit
CIPCE *f* Centre d'information et de publicité des chemins de fer européens = Informationszentrale der europäischen Eisenbahnen
CIPM *f* Comité international des poids et mesures = Internationaler Ausschuß für Maß und Gewicht
CIPS *f* Confédération internationale de la pêche sportive = Internationale Konföderation für Sportangeln
CIPSH *f* Conseil international de la philosophie et des sciences humaines = Internationaler Rat für Philosophie und Geisteswissenschaften
CIRCCE *f* Confédération internationale de la représentation commerciale de la Communauté européenne = Internationale Vereinigung der Handelsvertretung der Europäischen Gemeinschaft
CIRF *f* Centre international d'information et de recherche sur la formation professionnelle = Internationales Informations- und Forschungszentrum für Berufsausbildung
CIRH *f* Comité international de rink hockey = Internationale Kommission für Rollhockey

CIRIEC *f* Centre international de recherches et d'information sur l'économie collective = Internationale Forschungs- und Informationsstelle für Gemeinwirtschaft

CIS *f* Centre international d'informations de sécurité et d'hygiène du travail = Internationales Informationszentrum für Arbeitsschutz und Arbeitshygiene

CISAC *f* Confédération internationale des sociétés d'auteurs et compositeurs = Internationaler Autoren- und Komponistenverband, Internationale Vereinigung der Verwertungsgesellschaften auf dem Gebiet des Urheberrechtes

CISCE *f* Comité international pour la sécurité et la coopération européennes = Internationales Komitee für europäische Sicherheit und Zusammenarbeit

CISH *f* Comité international des sciences historiques = Internationaler Ausschuß für Geschichtswissenschaft[en]

CISL *f* Confédération internationale des syndicats libres = Internationaler Bund Freier Gewerkschaften; *i* Confederazione Italiana Sindacati Lavoratori = Italienischer Gewerkschaftsbund

CISM *f* Conseil international du sport militaire = Internationaler Militärsportverband

CISS *f* Comité international des sports silencieux = Internationales Gehörlosensportkomitee

cit. *e* cited = zitiert

CIT *f* Comité international des transports par chemins de fer = Internationales Eisenbahn-Transportkomitee; *f* Comité international de télévision = Internationaler Fernsehausschuß

CITI *f* Confédération internationale des travailleurs intellectuels = Internationaler Bund der Geistesschaffenden

CIV *f* Convention internationale concernant le transport des voyageurs et des bagages par chemins de fer = Internationales Übereinkommen über den Eisenbahn-Personen- und -Gepäckverkehr

CKB Chemiekombinat Bitterfeld

cl Zentiliter ($1\,cl = 10^{-2}\,l$)

Cl *Element* Chlor

CLAT *sp* Central Latinoamericana de Trabajadores = Lateinamerikanische Gewerkschaftszentrale

CLC *e* Canadian Labour Congress = Kanadischer Arbeiterkongreß

cm Zentimeter ($1\,cm = 10^{-2}\,m$)

cm² Quadratzentimeter ($1\,cm^2 = 10^{-4}\,m^2$)

cm³ Kubikzentimeter ($1\,cm^3 = 10^{-6}\,m^3$)

Cm *Element* Curium

CMA Centrale Marketinggesellschaft der Deutschen Agrarwirtschaft *B*

CMAS *f* Confédération mondiale des activités subaquatiques = Weltföderation des Tauchsports

CMOPE *f* Confédération mondiale des organisations de la profession enseignante = Weltvereinigung der Lehrerverbände

CMR *f* Convention relative au contrat de transport international de marchandises par route = Konvention über den Beförderungsvertrag im internationalen Straßengüterverkehr

cm WS Zentimeter Wassersäule ($1\,cm\,WS = 10^{-3}\,at = 98{,}0665\,Pa$)

CNOE *f* Association des comités nationaux olympiques d'Europe = Vereinigung der Europäischen Nationalen Olympischen Komitees

CNTG *f* Confédération nationale des travailleurs de Guinée = Nationaler Gewerkschaftsbund Guineas

c/o *e* care of = zu Händen von; per Adresse, [wohnhaft] bei ...
Co *Element* Cobalt, Kobalt
Co. *f* Compagnie, *e* Company = Gesellschaft, Handelsgesellschaft
COB *sp* Central Obrera Boliviana (bolivianischer Gewerkschaftsverband)
COBOL *e* Common Business Oriented Language = Programmiersprache speziell für kommerzielle Zwecke
Cod. Codex, Kodex
Col., Colo. *e* Colorado = Kolorado (Staat der USA)
Conn. Connecticut (Staat der USA)
co-op. *e* co-operative store = Konsumgeschäft
COPUOS *e* Committee of the Peaceful Uses of Outer Space = Ausschuß für die friedliche Nutzung des Weltraums
CORE *e* Congress of Racial Equality = Kongreß für Rassengleichheit (USA)
Corp. *e* Corporation = Körperschaft, Innung; Aktiengesellschaft
Corr. *l* corrigenda = Druckfehlerverzeichnis
COSATU *e* Congress of South African Trade Unions = Kongreß der südafrikanischen Gewerkschaften
COSPAR *e* Committee on Space Research = Komitee für Weltraumforschung
CP *e* Canadian Press (kanadische Nachrichtenagentur); *e* Congress Party = Kongreßpartei (Indien)
CPM *e* Critical Path Method = Methode des kritischen Weges
CPU *f* Congrès postal universel = Weltpostkongreß
CPUSTAL *sp* Congreso Permanente de Unidad Sindical de los Trabajadores de América Latina = Ständiger Kongreß der Gewerkschaftseinheit der Werktätigen Lateinamerikas
Cr *Element* Chrom[ium]
CRET *f* Commission régionale européenne du tourisme = Europäische Regionale Fremdenverkehrs-Kommission
Cs *Element* Zäsium
CS *Kfzk* Tschechoslowakei
ČSA *č* Československé aerolinie (tschechoslowakische Luftverkehrsgesellschaft)
ČSAD *č* Československá státní automobilová doprava (tschechoslowakischer Kraftverkehr)
CSC *f* Confédération syndicale congolaise = Kongolesischer Gewerkschaftsbund
ČSD *č* Československé státní dráhy = Tschechoslowakische Staatsbahnen
CSIT *f* Comité sportif international du travail = Internationaler Arbeitersport-Verband
ČSR *č* Československá republika = Tschechoslowakische Republik
ČSSR *č* Československá socialistická republika = Tschechoslowakische Sozialistische Republik (1960–1990)
ČST *č* Československá televize = Tschechoslowakisches Fernsehen
CSU Christlich-Soziale Union *B*
c.t. *l* cum tempore = mit dem akademischen Viertel, d.h. 15 Minuten später als angegeben
CTC *sp* Central de Trabajadores de Cuba = Zentrale der Werktätigen Kubas
ČTK *č* Československá tisková kancelář (tschechoslowakische Nachrichtenagentur)
CTM *sp* Confederación de Trabajadores de México (mexikanischer Gewerkschaftsbund)
CTS Container-Transportsystem
Cu *Element l* Cuprum = Kupfer

CUT, CUTCh *sp* Central Única de Trabajadores [de Chile] = Einheitsgewerkschaftszentrale Chiles
CV *f* cheval-vapeur = Pferdestärke, PS
CVJF Christlicher Verein Junger Frauen und Mädchen
CVJM Christlicher Verein Junger Männer
CVPS Christlich-demokratische Volkspartei der Schweiz
cwt. *e* hundredweight, *eigentlich* centweight = Hundert[pfund]gewicht (1 cwt. = *GB* 50,80 kg, *USA* 45,36 kg)

D

d Deut[er]on; Dezi... (= 10^{-1}; vor Maßeinheiten ein Zehntel dieser Einheit, z. B. 1 dt = 10^{-1} t); *l* dies = Tag; *Währungen* Dinar, Dong, *ehem* Penny/Pence
D Dampfer, Dampfschiff; Debye; Deuterium; *Kfzk* BRD; Dextrose; Dezimalpotenz; Dichte; Diesel[motor]; Dimension, dimensional; Diode; Dioptrie; Drachenboot; Drachme; dringend; D-Zug; Durchmesser
D. Ehrendoktor der [protestantischen] Theologie
da Deka... (= 10; vor Maßeinheiten das Zehnfache dieser Einheit, z. B. 1 dag = 10 g); Deziar (1 da = 10^{-1} a)
d/a *l* Tag[e] pro Jahr
d. Ä. der, die Ältere
DA Demokratischer Aufbruch; Dienstanweisung, -ausweis; Drahtanschrift, -antwort
DAAD Deutscher Akademischer Austauschdienst *B*
dab. dabei
DAB Deutsches Arzneibuch *B*

DABA Deutsche Außenhandelsbank Aktiengesellschaft
DAC *e* Development Assistance Committee = Entwicklungshilfe-Komitee (der OECD)
dad. gek. dadurch gekennzeichnet
DAeC Deutscher Aero-Club *B*
dag Dekagramm (1 dag = 10 g = 10^{-2} kg)
DAG Deutsche Angestellten-Gewerkschaft *B*
dah. daheim; daher; dahinter
DAI Deutscher Architekten- und Ingenieur-Verband *B*
DAK Deutsche Angestellten-Krankenkasse *B*; Deutsche Atom-Kommission *B*
dal Dekaliter (1 dal = 10 l)
dam. damalig, damals; damit
DAMP Deutscher Ausschuß für Materialprüfwesen *B*
DAMW Deutsches Amt für Material- und Warenprüfung, *dann* für Meßwesen und Warenprüfung (1973 mit dem AfS zum ASMW vereinigt)
dan. danach; daneben
DAnw Dienst-, Durchführungsanweisung
DAO Durchführungsanordnung
DARAG Deutsche Auslands- und Rückversicherungs-AG
daro *Warenzeichen der* Datenverarbeitungs- und Büromaschinenindustrie der DDR
das. daselbst
DAS Deutscher Automobil-Schutz, Rechtsschutz-Versicherungs-AG *B*
dass. dasselbe
DAThB Deutscher Arbeiter-Theater-Bund (1908–28, *dann* ATBD)
DAV Deutscher Angler-Verband der DDR; Deutscher Arbeitnehmer-Verband *B*
DAW Deutsche Akademie der Wissenschaften zu Berlin (seit 1972 AdW); Dienstanweisung

dazw. dazwischen
dB Dezibel (1 dB = 10^{-1} B = 1 phon)
DB Deutsche Bank *B*; Deutsche Bücherei; Deutsche Bundesbahn *B*; Direktionsbereich, -bezirk; Dresdner Bank *B*; Durchführungsbestimmung[en]
DBB Deutsche Bundesbank *B*; Deutscher Beamtenbund *B*
DBD Demokratische Bauernpartei Deutschlands
DBGM Deutsches Bundes-Gebrauchsmuster *B*
DBJR Deutscher Bundesjugendring *B*
Dbl. Deck-, Dienst-, Doppelblatt; Dublette (Doppel[stück])
DBO Deutsche Bauordnung
DBP Deutsche Bundespost *B*; Deutsches Bundespatent *B*
DBR Deutsche Binnenreederei
DBSV Deutscher Billard-Sport-, Bogenschützen-Verband der DDR
DBV Deutscher Basketball-, Boxverband der DDR; Deutscher Bauernverband *B*; Deutscher Bundeswehr-Verband *B*
DC *i* Democrazia Cristiana = Christlich-Demokratische Partei (Italien)
D.C. *e* District of Columbia = Columbiadistrikt (USA)
DDB Direktion der Binnenschiffahrt
DDD Dichlordiphenyldichloräthan (Schädlingsbekämpfungsmittel)
DDK Deweys[sche] Dezimalklassifikation
DDO Dienst- und Disziplinarordnung
ddp Deutscher Depeschen-Dienst *B*
D.d.Pst. Datum des Poststempels
DDR Deutsch(Demokratische Republik, *auch* K) k
DDR-CONT DDR-Transcontainerorganisation

DDRP DDR-Patent
DDS Dienstleistungsdatenverarbeitungsstation
DDT Dichlordiphenyltrichloräthan (Schädlingsbekämpfungsmittel)
d.E. durch Eilboten [*B*
DED Deutscher Entwicklungsdienst
Def. Defekt; Definition; Defizit; Deformation, Deformierung
DEFA Deutsche Film-AG
DEG Deutsche Eisenbahner-Gewerkschaft *B*; Deutsche Entwicklungsgesellschaft *B*
DEGT Deutscher Eisenbahn-Gütertarif
DEGUSSA Deutsche Gold- und Silber-Scheideanstalt *B*
DEHOGA Deutscher Hotel- und Gaststättenverband *B*
Dek. Dekade; Dekan[at]; Dekoration
Dekl. Deklaration; Deklination
DEKRA Deutscher Kraftfahrzeug-Überwachungsverein *B*
Del. Delaware (Staat der USA); Delegat; Delegation; Delegierte[r]
DELV Deutscher Eislauf-Verband der DDR
demn. demnach, demnächst
demz., demzuf. demzufolge
den *f* denier (1 den = 0,05 g = 1 Td = $^{1}/_{9}$ tex)
Dep. Departement; Dependance (Nebengebäude); Deplacement (Wasserverdrängung); Deponent; Deportation; Deportierte[r]; Depositen; Depot; Deputat[ion]; Deputierte[r]
DEPT Deutscher Eisenbahn-Personen-, Gepäck- und Expreßguttarif
DER Deutsches Reisebüro *B*
dergl. dergleichen
ders. derselbe
des. *l* designatus = designiert (bestimmt, vorgesehen)
DES Datenerfassungsstelle; Dieselelektroschiff

desgl. desgleichen
dess. desselben
Dest. Destillat[ion]
det. detailliert; determiniert
DEU Deutsche Europa-Union *B*
DEWAG [Werbung] Deutsche Werbe- und Anzeigen-Gesellschaft
DFB Demokratischer Frauenbund *B*; Deutscher Fußball-Bund *B*
DFD Demokratischer Frauenbund Deutschlands
DFG Deutsche Forschungsgemeinschaft *B*
DFG-VK Deutsche Friedensgesellschaft — Vereinigte Kriegsdienstgegner *B*
DFP Demokratische Fortschrittspartei *Ö*; Deutsche Frauen-, Freiheits-, Friedenspartei *B*
DFU Deutsche Friedens-Union *B*
DfV Durchführungsverordnung
DFV Deutscher Faustball-, Fecht-, Federball-, Fußball-Verband der DDR; Deutscher Fernseh-, Fremdenverkehrsverband *B*
DFVLR Deutsche Forschungs- und Versuchsanstalt für Luft- und Raumfahrt *B*
dg Dezigramm (1 dg = 10^{-1} g = 10^{-4} kg); Dezilog
DGB Deutscher Gewerkschaftsbund *B*
DGD Deutsche Gesellschaft für Dokumentation *B*
DGG Deutsche Grammophon-Gesellschaft *B*
dgl. der-, desgleichen
DGLR Deutsche Gesellschaft für Luft- und Raumfahrt *B*
d. Gr. der, die Große
DGV Deutscher Generalagenten-, Genossenschafts-, Gewerbeverband *B*; Deutscher Gewichtheber-Verband der DDR
DGVN Deutsche Gesellschaft für die Vereinten Nationen *B*
d. h. das heißt

DHB Deutsche Handelsbank
DHD dringlicher Hausbesuchsdienst
DHfK Deutsche Hochschule für Körperkultur der DDR
DHI Deutsches Hydrographisches Institut *B*
DHM Deutsches Hygiene-Museum in der DDR
DHSV Deutscher Hockey-Sportverband der DDR
d. h. u. a. das heißt unter ander[e]m
DHV Deutscher Handball-Verband der DDR; Deutscher Handels- und Industrieangestellten-Verband *B*
DHW Deutsches Hydrierwerk Rodleben
DHZ Deutsche Handelszentrale (1949 bis nach 1960)
d. i. das ist
Di. Dienstag
Dia Diapositiv
DIA *e* Defense Intelligence Agency (militärischer Geheimdienst der USA)
DIB Deutsche Investitionsbank (1948—67); Deutscher Ingenieur-Bund *B*
Diff. Differential...; Differenz
DIHT Deutscher Industrie- und Handelstag *B*
DIN *urspr* Deutsche Industrie-Norm, *seit* 1975 Deutsches Institut für Normung, d. h. Symbol für normgerechte Erzeugnisse *B*
Dipl.-Agr. Diplom-Agrarwissenschaftler, Diplomlandwirt; **Dipl.-Agr.-Ök.** Diplomagrarökonom; **Dipl.-Agr.-Päd.** Diplomagrarpädagoge; **Dipl.-Arch[it].** Diplomarchitekt; **Dipl.-Astr.** Diplomastronom; **Dipl.-Berging.** Diplombergingenieur; **Dipl.-Betrw.** Diplombetriebswirt[schaftler]; **Dipl.-Bibl.** Diplombibliothekar; **Dipl.-Biol.** Diplombiologe; **Dipl.-Br.-Ing.** Diplom-Brau[erei]ingenieur; **Dipl.-Chem.** Diplomchemiker; **Dipl.-**

Dolm. Diplomdolmetscher; **Dipl.-F.-Ing.** Diplomforstingenieur; **Dipl.-Fischw.** Diplomfischwirt; **Dipl.-Forstw.** Diplomforstwirt; **Dipl. Gärtn.** Diplomgärtner; **Dipl.-Geogr.** Diplomgeograph; **Dipl.-Geol.** Diplomgeologe; **Dipl.-Geom.** Diplomgeometer; **Dipl.-Geophys.** Diplomgeophysiker; **Dipl.-Ges.-Wiss.** Diplom-Gesellschaftswissenschaftler; **Dipl.-Gwl.** Diplomgewerbelehrer; **Dipl.-Hdl.**, **-Hdlsl.**, **-Hl.** Diplomhandelslehrer; **Dipl.-Hist.** Diplomhistoriker; **Dipl.-Holzw.** Diplomholzwirt; **Dipl.-Hydrol.** Diplomhydrologe; **Dipl.-Ing.** Diplomingenieur; **Dipl.-Ing.-Agr[on].** Diplom-Landwirtschaftsingenieur, Diplom-Ingenieuragronom; **Dipl.-Ing. chem.**, **Dipl.-Chem.-Ing.** Diplomchemieingenieur; **Dipl.-Ing.-Ök.** Diplomingenieurökonom; **Dipl.-Ing.-Päd.** Diplomingenieurpädagoge; **Dipl.-Journ.** Diplomjournalist; **Dipl.-Jur.** Diplomjurist; **Dipl.-Kfm.** Diplomkaufmann; **Dipl.-Landw.**, **-Ldw.** Diplomlandwirt; **Dipl.-Leb[ensm].-Chem.** Diplom-Lebensmittelchemiker; **Dipl.-Masch.-Ing.** Diplom-Maschinenbauingenieur; **Dipl.-Math.** Diplommathematiker; **Dipl.-Med.** Diplommediziner; **Dipl.-Med.-Päd.** Diplommedizinpädagoge; **Dipl.-Met.** Diplommetallurg[e]/Diplommeteorologe; **Dipl.-Min.** Diplommineraloge; **Dipl.-Not.** Diplomnotar; **Dipl.-Ök.** Diplomökonom; **Dipl.-Opt.** Diplomoptiker; **Dipl.-Päd.** Diplompädagoge; **Dipl.-Pharm.** Diplompharmazeut; **Dipl.-Phil.** Diplomphilosoph; **Dipl.-Phys.** Diplomphysiker; **Dipl.-Pol.** Diplompolitologe; **Dipl.-Psych.** Diplompsychologe; **Dipl. rer. oec.** *l* Diplomwirtschaft[swissenschaft]ler; **Dipl. rer. pol.** *l* Diplomvolkswirt[schaftler]; **Dipl.-Soz.** Diplomsoziologe; **Dipl.-Sozw.** Diplom-Sozialwirt; **Dipl.-Tanzl.** Diplomtanzlehrer; **Dipl.-Theol.** Diplomtheologe; **Dipl.-Übers.** Diplomübersetzer; **Dipl.-Verm.-Ing.** Diplom-Vermessungsingenieur; **Dipl.-Volksw.**, **-Vw.** Diplomvolkswirt[schaftler]; **Dipl.-Wi.-Ing.** Diplom-Wirtschaftsingenieur; **Dipl.-Wirtsch.** Diplomwirtschaft[swissenschaft]ler
Dir. Direktion; Direktive; Direktor[in, -ium]; Direkt...; Dirigent
DISK *türk* Devrimci Işçileri Sendikasi Konfederasyonu = Verband der revolutionären Gewerkschaften (Türkei)
DISMA Deutsches Institut für statistische Markt- und Meinungsforschung *B*
Disp. Dispatcher; Dispens; Disponent; Disposition
Diss. Dissertation
Distr. Distrikt
div. divers (verschieden); diverse (mehrere)
Div. Dividende; Division
DIW Deutsches Institut für Wirtschaftsforschung (Westberlin)
d. J. der, die Jüngere; des[selben], dieses Jahres
DJD Deutsche Jungdemokraten *B*
DJH Deutsche Jugendherberge *B*
DJRK Deutsches Jugendrotkreuz *B*
DJU Deutsche Journalisten-Union *B*
DJV Deutscher Journalisten-Verband *B*; Deutscher Judo-Verband der DDR
DK *Kfzk* Dänemark; Dieselkraftstoff
DKB Deutscher Künstlerbund *B*
DKBD Demokratischer Kulturbund Deutschlands *B*
DKP Deutsche Kommunistische Partei *B*
dkr dänische Krone

DKSV Deutscher Kanu-Sport-Verband der DDR
DKV Deutsche Kranken-Versicherungs-AG *B*; Deutscher Kegler-Verband der DDR
DKW Dampf-Kraft-, *dann* Deutsche Kraftwagen-Werke *D*
dl Deziliter (1 dl = 10^{-1} l)
d. L. *ehem* der Landwehr; des Landtags *B*
DLA Dienstleistungsabgabe
DLB Deutsche Landwirtschaftsbank (*heute* BLN); Dienstleistungsbetrieb
DLH[-AG] Deutsche Lufthansa AG *B*
DLK Dienstleistungskombinat
DLRG Deutsche Lebensrettungs-Gesellschaft *B*
DLV Deutscher Landwirtschaftsverlag; Deutscher Lehrer-, Leichtathletik-Verband *B*
dm Dezimeter (1 dm = 10^{-1} m)
dm² Quadratdezimeter (1 dm² = 10^{-2} m²)
dm³ Kubikdezimeter (1 dm³ = 10^{-3} m³)
d. M. der Marine; des[selben], dieses Monats
DM Deutsche Mark *B*; Dieselmotor
DMG Deutsche Maschinentechnische, Meteorologische, Morgenländische Gesellschaft *B*; Deutscher Militärgeographischer Dienst *B*
DMH Dringliche medizinische Hilfe
DMK Düngemittelkombinat
DML Dieselmotorenwerk Leipzig
DMR Dieselmotorenwerk Rostock
DMV Deutscher Modelleisenbahn-Verband der DDR; Deutscher Motorradsportverband *B*
DN Deutsche Notenbank (1948–67, *dann* Stb. = Staatsbank der DDR)
DNS Desoxyribonukleinsäure
DNT Deutsches Nationaltheater (Weimar)

DNVP Deutschnationale Volkspartei (1918–33)
do. *i* dito (dasselbe, ebenfalls, gleichfalls)
d. O. der, die Obige, Obengenannte
Do. Donnerstag
DO Dienst-, Dienststraf-, Disziplinarordnung
DOB Damenoberbekleidung
Dok... Dokumentar...
Dok. Dokument[ation]
döR des öffentlichen Rechts
Dos. Dosierung
DOSAAF *r* [Wsessojusnoje] dobrowolnoje obschtschestwo sodeistwija armii, awiazii i flotu SSSR = [Allunions-]Freiwilligen-Organisation zur Unterstützung von Armee, Luftwaffe und Flotte der UdSSR
Doz. Dozent[in]; Dozentur
Dp. Doppel...
DP Deutsche Post; Deutsches Patent *B*; Dienstpaß
DPA Deutsche Presse-Agentur *B*; [Deutscher] Personalausweis; [Deutsches] Patentamt *B*
Dpf. Dampf...; *ehem* [Deutscher] Pfennig
DPG Deutsche Post-Gewerkschaft *B*
dpt, dptr, Dptr. Dioptrie (Maßeinheit der Brechkraft optischer Systeme)
DPV Deutscher Pferdesport-Verband der DDR; Deutscher Postverband *B*
DPZI Deutsches Pädagogisches Zentralinstitut (1949–70, *dann* APW)
d. R. der Reserve; des Ruhestand[e]s; die Redaktion
Dr. Doktor; Drilling[s...]
DR Demokratische Republik; Deutsche Reichsbahn
DRA Demokratische Republik Afghanistan

Dr. agr./Dr. rer. agr. *l* doctor agriculturae *bzw.* doctor agronomiae *bzw.** doctor agriculturarum/doctor rerum agrarium = Doktor der Landwirtschaftswissenschaften od. der Agronomie; **Dr. cult./Dr. rer. cult.** doctor culturae/doctor rerum culturarum = Doktor der Kulturwissenschaften; **Dr. disc. pol.** doctor disciplinae politicae = Doktor der Sozialwissenschaft; **Dr. eh., Dr. e. h.** Doktor ehrenhalber; **Dr. forest./Dr. rer. forest.** doctor forestariae/doctor rerum forestalium = Doktor der Forstwirtschaft; **Dr. ... habil.** doctor ... habilitatus = habilitierter Doktor (*z. B.* Dr. phil. habil. = doctor philosophiae habilitatus = habilitierter Doktor der Philosophie); **Dr. h. c.** doctor honoris causa = Doktor ehrenhalber, Ehrendoktor; **Dr. hort./Dr. rer. hort.** doctor horticulturae/doctor rerum hortensi[ar]um = Doktor der Landwirtschaftswissenschaften od. der Gartenkultur; **Dr.-Ing.** Doktor der Ingenieurwissenschaften, Doktoringenieur; **Dr. j. u., Dr. jur. utr.** doctor juris utriusque = Doktor beider Rechte; **Dr. jur.** doctor juris = Doktor des Rechts, der Rechtswissenschaften; **Dr. jur. et rer. pol.** doctor juris et rerum politicarum = Doktor der Rechts- und Staatswissenschaften; **Dr. jur. sc.** doctor juris scientiae = Doktor der Rechtswissenschaften; **Dr. med.** doctor medicinae = Doktor der Medizin; **Dr. med. dent.** doctor medicinae dentariae = Doktor der Zahnheilkunde; **Dr. med. vet.** doctor medicinae veterinariae = Doktor der Tierheilkunde; **Dr. mult.** doctor multiplex = viel- od. mehrfacher Doktor; **Dr. oec./Dr. rer. oec.** doctor oeconomiae *bzw.** doctor oeconomicae/doctor rerum oeconomicarum = Doktor der Wirtschaftswissenschaften; **Dr. oec. publ.** doctor oeconomiae publicae = Doktor der Staatswissenschaften; **Dr. paed.** doctor paedagogiae *bzw.** doctor paedagogicae = Doktor der Pädagogik; **Dr. pharm.** doctor pharmaciae = Doktor der Arznei[mittel]kunde; **Dr. phil.** doctor philosophiae = Doktor der Philosophie; **Dr. phil. nat.** doctor philosophiae naturalis = Doktor der Naturphilosophie od. Naturwissenschaften; **Dr. rer. camer.** doctor rerum camerarum = Doktor der Staatswirtschaftskunde; **Dr. rer. comm./Dr. rer. merc.** doctor rerum commercialium/doctor rerum mercantilium od. mercatorum = Doktor der Handelswissenschaften; **Dr. rer. mil.** doctor rerum militarium = Doktor der Militärwissenschaften; **Dr. rer. mont.** doctor rerum montensium = Doktor der Bergbauwissenschaften od. der Geologie; **Dr. rer. nat.** doctor rerum naturalium = Doktor der Naturwissenschaften; **Dr. rer. oec. publ.** doctor rerum oeconomicarum publicarum = Doktor der Staatswirtschaftswissenschaft; **Dr. rer. pol.** doctor rerum politicarum = Doktor der Staatswissenschaften; **Dr. rer. publ.** doctor rerum publicarum = Doktor der Verwaltungswissenschaft; **Dr. rer. silv.** doctor rerum silvestrium *bzw.** doctor rerum silvaticarum = Doktor der Forstwissenschaft; **Dr. rer. soc. oec.** doctor rerum socialium oeconomicarumque = Doktor der Sozial- und Wirtschaftswissenschaften; **Dr. rer. techn.** doctor rerum technicarum = Doktor der technischen Wissenschaften; **Dr. sc. ...** *siehe auch nach Dr. theol.*; **Dr. sc. nat.** doctor scientiae naturalis od. scientiarum naturalium = Doktor der Naturwissenschaften; **Dr. sc. oec.**

doctor scientiae oeconomiae od. scientiarum oeconomicarum = Doktor der Wirtschaftswissenschaften; **Dr. sc. pol.** doctor scientiae politicae od. scientiarum politicarum = Doktor der Staatswissenschaften; **Dr. sc. rel.** doctor scientiae religiosae = Doktor der Religionswissenschaft; **Dr. sc. techn.** doctor scientiarum technicarum = Doktor der technischen Wissenschaften; **Dr. theol.** doctor theologiae = Doktor der Theologie
Seit 1969* werden in der DDR anstelle des bisherigen Grades Dr. ... habil. folgende Titel verliehen: **Dr. sc. agr.** *l* doctor scientiae agriculturarum; **Dr. sc. jur.** doctor scientiae juris; **Dr. sc. med.** doctor scientiae medicinae; **Dr. sc. med. vet.** doctor scientiae medicinae veterinariae; **Dr. sc. mil.** doctor scientiae militarium; **Dr. sc. nat.** doctor scientiae naturalium; **Dr. sc. oec.** doctor scientiae oeconomicae; **Dr. sc. paed.** doctor scientiae paedagogicae; **Dr. sc. phil.** doctor scientiae philosophiae; **Dr. sc. pol.** doctor scientiae politicarum; **Dr. sc. silv.** doctor scientiae silvaticarum; **Dr. sc. techn.** doctor scientiae technicarum
drg. dringend
Drg. Dragee[s]; Droge
drgl. dergleichen; dringlich
DRGM Deutsches Reichsgebrauchsmuster *D*
DRK Deutsches Rotes Kreuz *B*; Deutsches Rotes Kreuz in der DDR
DRP Deutsche Reichspost (1924–45); Deutsches Reichspatent[amt] (1877–1944)
Drs. Drucksache

---

* lt. GBl. der DDR 1969/II, Nr. 83, S. 522.

3*

DRS Demokratische Republik Somalia *bzw.* Sudan
DRSTP Demokratische Republik [von] São Tomé und Principe
DRSV Deutscher Radsport-, Ruder-Sport-Verband, Rugby-Sportverband der DDR
DRV Demokratische Republik Vietnam (*seit* 1976 SRV); Deutscher Ringer-, Rollsport-Verband der DDR
d. s. das sind
D. S. Dienstsiegel
DSB Deutscher Schützen-, Soldaten-, Sportbund *B*; Deutsche Staatsbibliothek
DSBV Deutscher Schlitten- und Bobsportverband der DDR
DSE Deutsche Stiftung für internationale Entwicklung (Westberlin)
DSF Gesellschaft für Deutsch-Sowjetische Freundschaft
DSG Deutsche Schlafwagen- und Speisewagen-GmbH *B*
DSG-HB Deutsche Saatgut-Handelsbetriebe
dsgl. desgleichen
DSGV Deutscher Sparkassen- und Giro-Verband *B*
DSJ Deutsche Sportjugend *B*
DSK Demokratischer Studentenkreis *B* [der DDR
DSLV Deutscher Skiläufer-Verband
ds. Mts. des[selben], dieses Monats
dspr. deutschsprachig
DSR Deutsche Seereederei (*seit* 1974 DSR VEB Deutfracht/Seereederei Rostock)
DSRK Deutsche (*seit* 1973 DDR-) Schiffsrevision und -Klassifikation
DSSV Deutscher Schwimmsport-Verband der DDR
Dst Dienst..., Dienststelle
DST Datenstation (der EDV)
DStB Deutsche Staatsbibliothek
DStG Deutsche Statistische Gesellschaft *B*
dstl. dienstlich

DSU Deutsche Soziale Union *B*
DSV Deutscher Schach-, Schützenverband der DDR; Deutscher Schriftstellerverband (*seit* 1973 Schriftstellerverband der DDR); Deutscher Sportverein *D*
DSVB Deutscher Sportverband Volleyball der DDR
DSW Deutsches Sozialwerk *B*; Deutsches Studentenwerk *B*
dt Dezitonne (1 dt = 10^{-1} t = 100 kg)
dt. deutsch
Dt Schnelltriebwagen
DT Deutsches Theater; Deutsche Turnerschaft (1868—1936)
DTB Deutscher Turnerbund *B*; Deutsche Transportbank *B*
DTC Deutscher Touring-Club *B*
D. theol. *l* doctor theologiae = Ehrendoktor der [protestantischen] Theologie
dto. *i* dito (dasselbe, ebenfalls, gleichfalls)
DTSB Deutscher Turn- und Sportbund der DDR
DTTV Deutscher Tischtennis-Verband der DDR
DTV Deutscher Tennis-, Turn-Verband der DDR; Deutscher Transportversicherer-Verband *B*
Dtz., Dtzd. Dutzend (1 Dtz. = 12 Stück)
d. U. der, die Unterzeichnete
DU Demokratische Union *B/Ö*; Deutsche Union *B*
Dubl. Dublette (Doppel[stück])
Dupl. Duplikat (Zweitschrift)
Durchf. Durchführung[s...]
d. V. der Verfasser
DV Datenverarbeitung; Dienst-, Druck-, Durchführungsvorschrift; Durchführungsverordnung
DVA Datenverarbeitungsanlage; Deutsche Verkehrsausstellung *B*; Deutsche Verlags-Anstalt *B*; Deutsche Versicherungs-Anstalt (1952—68)
DVB Dieterich'sche Verlagsbuchhandlung
d. Vf. der Verfasser
DVfL Deutscher Verband für Leichtathletik der DDR
DVfM Deutscher Verlag für Musik
DVfV Deutscher Verband für Versehrtensport der DDR
DVK Deutscher Volkskongreß (1947—49); Druckerei- und Verlagskontor
DVKB Deutsche Verkehrs-Kredit-Bank *B*
DVM Deutscher Verband für Materialprüfung *B*
DVO Dienst- und Vollzugsordnung; Durchführungsverordnung
DVP Deutsche Volkspartei (1918—33; *B*); Deutsche Volkspolizei
DVPA Demokratische Volkspartei Afghanistans
DVR Deutscher Volksrat (1948—49); Deutsche Verkehrsreklame *B*
DVRA Demokratische Volksrepublik Algerien
DVS Datenverarbeitungsstation, -system; Deutscher Versicherungs-Schutzverband *B*
Dvst Dienstvorsteher
DVT, DVTWV Deutscher Verband Technisch-Wissenschaftlicher Vereine (1916—34; *B*)
DVW Deutscher Verein für Vermessungswesen *B*; Deutscher Verlag der Wissenschaften
DVWG Deutsche Verkehrswissenschaftliche Gesellschaft *B*
DVZ Datenverarbeitungszentrum
d. W. der[selben], dieser Woche
DWBO Deutscher Verband für Wandern, Bergsteigen und Orientierungslauf der DDR
DWD Deutscher Wetter-, Wirtschaftsdienst *B*
DWK Deutsche Wirtschaftskommission (1947—49)

Dw.-Nr. *Post* Durchwahlnummer
DWP Deutsches Wirtschaftspatent
DWR Druckwasserreaktor
dwt *e* deadweight tonnage = Tragfähigkeit od. Ladungsmasse in t
DWU Demokratische Wählerunion *B*
DWV Deutscher Wirtschaftsverband *B*; *ehem* Deutsche Warenvertriebsgesellschaft
Dy *Element* Dysprosium
Dyn. Dynamik; Dynamit; Dynamo; Dynastie
dz Doppelzentner (veraltet; 1 dz = 1 dt = 100 kg)
dz. derzeit[ig]
DZA Deutsches Zentralarchiv
DZB Deutsches Zentralinstitut für Berufsausbildung (*seit* 1973 ZIB); Deutsche Zentralbank *B*; Deutsche Zentralbücherei für Blinde
dzt., dztg. derzeit[ig]
D-Zug Durchgangs-, d. h. Schnellzug

E

E Eilzug; *Kfzk sp* España = Spanien; Europastraße; Export; Exa... (= 10^{18}; vor Maßeinheiten das Quadrillionenfache dieser Einheit, z. B. 1 Eg = 10^{18} g)
E- Einheits...; Einschreib...; Eisen[bahn]...; Elastizitäts...; Elektrizitäts...; Elektro...; Elektrolyt...; Elektronen...; End...; Entfernungs...; Ersatz...
.ea. ehrenamtlich; einander
EA Elternaktiv; Exportauftrag
EAA *e* European Athletic Association = Europäische Leichtathletik-Assoziation
EAAP *e* European Association for Animal Production = Europäische Vereinigung für Tierzucht
EAB VEB Elektroprojekt und Anlagenbau; Evangelische Arbeiterbewegung *B*
EABA *e* European Amateur Boxing Association = Europäische Amateur-Box-Assoziation
EAC *e* East African Community = Ostafrikanische Gemeinschaft
EACR *e* European Association for Cancer Research = Europäische Vereinigung für Krebsforschung
EAES *e* European Atomic Energy Society = Europäische Atomenergie-Gesellschaft
EAK Evangelischer Arbeitskreis *B*
EANA *e* European Alliance of News Agencies = Europäische Vereinigung der Nachrichtenagenturen
EAP Europäische Arbeiterpartei *B*
EAPT *r* Jediny awiazionny passashirski tarif = Einheitlicher Luftverkehrs-Passagiertarif (der sozialistischen Länder)
EATS *e* European Air Transport Service = Europäischer Lufttransportdienst
EATZ elektronische automatische Telefonzentrale
EAW Elektro-Apparate-Werke
EB Eigenbericht[erstatter]; Einführungsbestimmung[en]
ebd. ebenda, -dort
EBek. Bekanntmachung über die Einführung ...
ebf. ebenfalls
Ebf Endbahnhof
EBf Einschreib[e]brief
EBM VVB Eisen-, Blech- und Metallwaren
EBO, EBBO Eisenbahn-Bau-und-Betriebsordnung
EBR Elternbeirat
EBU Europäische Box-Union; *e* European Badminton Union = Europäische Federball-Union;

EC

e European Broadcasting Union
= Europäischer Rundfunkverein
EC Eisenbahn-, Eishockey-, Eislaufklub; Europacup
ECA *e* Economic Commission for Africa = UNO-Wirtschaftskommission für Afrika
ECE *e* Economic Commission for Europe = UNO-Wirtschaftskommission für Europa
ECITO *e* European Central Inland Transport Organization = Europäische Binnentransport-Organisation
ECIWA *e* European Committee of Importers' and Wholesale Grocers' Associations = Europäischer Ausschuß der Nahrungsmittel-Import- und-Großhandelsverbände
ECK Elektrochemisches Kombinat
ECLA *e* Economic Commission for Latin America = UNO-Wirtschaftskommission für Lateinamerika
ECME *e* Economic Commission for the Middle East = UNO-Wirtschaftskommission für den Mittleren od. Nahen Osten
ECMT *e* European Conference of Ministers of Transport = Europäische Verkehrsministerkonferenz
ECOSOC *e* Economic and Social Council = Wirtschafts- und Sozialrat (der UNO)
ECOWAS *e* Economic Community of West African States = Wirtschaftsgemeinschaft der westafrikanischen Staaten
ECSA *e* European Communications Security Agency = Europäisches Amt für Sicherheit im Fernmeldewesen (der NATO)
ECTS Einheitliches Containertransportsystem (des RGW)
ECU *e* European Currency Unit = Europäische Währungseinheit (des EWS)
ECWA *e* Economic Commission for Western Asia = UNO-Wirtschaftskommission für Westasien
ed. ediert (herausgegeben)
Ed. Edikt (Erlaß); Edition (Ausgabe, Auflage; Verlag)
ED Einschaltdauer; Einzeldosis
EDB Einheitsdurchschreibebuchführung, -buchhaltung
Edeka Einkaufsgenossenschaften deutscher Kolonialwaren- und Lebensmittel-Einzelhändler (*heute* Edeka Verband kaufmännischer Genossenschaften) *B*
EDK Eisenbahndrehkran
EDS elektronische Datenverarbeitungsstation; elektronisches Datenvermittlungs- bzw. Datenwählsystem
EDU Europäisch-Demokratische Union
EDV elektronische Datenverarbei-
EDVA EDV-Anlage   [tung
EEA Europäische Evangelische Allianz
EEF Europäischer Entwicklungsfonds
EEG Elektroenzephalogramm
EEU Europäische Eissegelunion
Ef. Erbfolge; Erwerbsfähigkeit
EFC *e* European Federation of Corrosion = Europäische Föderation [für] Korrosion
eff, eff. effektiv
EFL *e* Egyptian Federation of Labour = Ägyptischer Gewerkschaftsbund
EFm Erntefestmeter
EFP[D] Europäische Föderalistische Partei [Deutschlands] *B*
EFTA *e* European Free Trade Association = Europäische od. Kleine Freihandelszone
EFU Europäische Frauen-Union, Filmunion
EFWZ Europäischer Fonds für währungspolitische Zusammenarbeit
Efz Elektrofahrzeug

e. G. eingetragene Genossenschaft, Gesellschaft
Eg Exagramm (1 Eg = 10^{18} g)
Eg., E/g. Erdgeschoß
EG Einführungs-, Ergänzungsgesetz; Eislaufgemeinschaft; Erzeugnisgruppe; Europäische Gemeinschaft
E. G. eingetragene Genossenschaft, Gesellschaft
Egb. Eigenbau
EGB Europäischer Gewerkschaftsbund
EGBGB Einführungsgesetz zum Bürgerlichen Gesetzbuch *D/B*
EGHGB Einführungsgesetz zum Handelsgesetzbuch
EGKS Europäische Gemeinschaft für Kohle und Stahl, Montanunion
eGmbH., e. G. m. b. H. eingetragene Genossenschaft mit beschränkter Haftpflicht
eGmuH, e. G. m. u. H. eingetragene Genossenschaft mit unbeschränkter Haftpflicht
eGmuN, e. G. m. u. N. eingetragene Genossenschaft mit unbeschränkter Nachschußpflicht
eGoN, e. G. o. N. eingetragene Genossenschaft ohne Nachschußpflicht
EGV Erzeugnisgruppenverband
EGVWG Erzeugnisgruppenverband Wohnungs- und Gesellschaftsbau der DDR
EGW Einwohnergleichwert
EGZ Europäische Gesellschaft für Zusammenarbeit
eh. ehelich; ehemalig, ehemals; ehrenhalber; eigenhändig
e. h. ehrenhalber; eigenhändig
EH Einzelhandel; Erholungsheim
EHBG Evangelische Haupt-Bibelgesellschaft zu Berlin
EHC *e* European Hotel Corporation = Europäischer Hotelverband
ehed., ehd. ehedem
ehel., ehl. ehelich

ehem., ehm. ehemalig, ehemals
EHS, EHSp. Einzelhandelsspanne
EHW Eisenhüttenwerk
EIB Europäische Investitionsbank
eig. eigen; eigentlich; eigenhändig
Eig., Eigt. Eigentum, -tümer
eigtl. eigentlich
Eilg. Eilgut
Einb. Einband; Einbau...; Einberufung[s...]; Einbürgerung
eind. eindeutig
Einf. Einfuhr, Einführung[s...]
eing. eingeladen; eingeleitet; eingeliefert; eingelöst
Eing. Eingabe; Eingang[s...]
eingetr. eingetragen; eingetreten
eingez. eingezahlt; eingezeichnet; eingezogen
einh. einheimisch; einheitlich
Eink. Einkauf[s...], Einkäufer[in]; Einkommen, Einkünfte
einl. einleitend; einliegend
Einl. Einladung; Einlage[rung]; Einleitung; Einlieferung[s...]; Einlösung
Einn. Einnahme[n]
Einr. Einreibung; Einreichung; Einrichtung
eins. einsam; einseitig; einsitzig
einschl. einschlägig; einschließlich
einst. einstimmig; einstöckig; einstufig; einstmalig, einstmals
einv. einverstanden
einw., einwdfr. einwandfrei
Einw. Einwanderer, Einwanderung[s...]; Einwilligung; Einwirkung; Einwohner[zahl]
einz. einzeln
Einz. Einzahlung; Einziehung[s...], Einzug[s...]; Einzel...
EIVT *e* European Institute for Vocational Training = Europäisches Institut für Berufsausbildung
EJU Europäische Judo-Union
EK Eisernes Kreuz (*ehem* Ordensauszeichnung); Elektrochemisches Kombinat; Exekutivkomitee

EKD, EKiD Evangelische Kirche in Deutschland *B*
EKG Elektrokardiogramm
EKKI Exekutivkomitee der Kommunistischen Internationale (1919-43)
EKL VEB Elektrokohle [Berlin-] Lichtenberg
EKO Eisenhüttenkombinat Ost
EKU Evangelische Kirche der Union
EKW Eisenbahnkesselwagen
EKZW Europäisches Komitee für die Zusammenarbeit der Werkzeugmaschinen-Industrie
el. elastisch; elegant; elektrisch
EL Eßlöffel
ela elektroakustisch
ELEC *e* European League for Economic Co-operation = Europäische Liga für wirtschaftliche Zusammenarbeit
ELF *e* Eritrean Liberation Front = Befreiungsfront von Eritrea (Äthiopien); *e* European Landworkers' Federation = Europäische Landarbeiter-Föderation
ELG Einkaufs- und Liefergenossenschaft
ElHz elektrische Heizung
ELK Evangelisch-Lutherische Kirche...
Elka Elektrokarren
Elkw Elektrokraftwagen
ell. elliptisch
ELLK Evangelisch-Lutherische Landeskirche...
Elm Elektrometall
ELN Erzeugnis- und Leistungsnomenklatur
E-Lok, Ellok elektrische Lokomotive
ELT *e* European letter telegram = Brieftelegramm im europäischen Vorschriftenbereich, innerhalb von Europa
Eltwerk Elektrizitätswerk

ELWZ Europäische Liga für wirtschaftliche Zusammenarbeit
em. ehemalig, -mals; elektromagnetisch; emailliert; *l* emeritus = emeritiert
EM Elektromagnet, -motor; Europameisterschaft[en]
EMD Einzelmaximaldosis, d. h. höchste Einzelgabe
EMF *e* European Monetary Fund = Europäischer Währungsfonds
EMG Elektromyogramm
EMK elektromotorische Kraft (Urspannung)
Empf. Empfang[s...], Empfänger; Empfehlung[s...]
empf. R. P. empfohlener Richtpreis
EMPT *r* Jediny meshdunarodny passashirski tarif = Einheitlicher Internationaler Personentarif (innerhalb der OSSD)
EMT Elektromeßtechnik
EMV Europäischer Möbel-Verband
EMW Eisenacher Motoren-Werke (*heute* AWE); elektromechanisches Werk
EMZ Ertragsmeßzahl
En. Eigenname; Energie
endg. endgültig
eng. engagiert
ENOK Vereinigung der Europäischen Nationalen Olympischen Komitees
E.-Nr. Einzelnummer
entb. entbehrlich
entd. entdeckt
entf. entfällt; entfernt
entg. entgegen
enth. enthaltend; enthoben
entl. entlang; entlassen; entlastet; entlaufen; entlegen
entsch. entschädigt; entscheidend; entschieden; entschuldigt
Entsch. Entschädigung; Entscheidung
Entschl. Entschließung, Entschluß
entspr. entsprechend; entspricht

entst. entstanden; entstehend; entstellt; entstört
entw. entweder; entwertet; entwickelt; entworfen
Entw. Entwicklung[s...]; Entwurf
Enz. Enzyklika; Enzyklopädie
EOKA g Ethnike Organosis Kypriotikes Apelevtheroseos = Nationale Organisation der zypriotischen Befreiung
EOQC e European Organization for Quality Control = Europäische Organisation für Qualitätskontrolle
EOS erweiterte Oberschule
e. p. Schach f en passant = im Vorübergehen [schlagen]
EP Europäisches Parlament
EPA Europäische Presse-Agentur B; Europäisches Patentamt
EPF e European Packaging Federation = Europäische Verpackungsföderation
EPG Eisenbahnpostgesetz; e European Press Group = Europäische Presse-Vereinigung
EPn Einschreib[e]päckchen
EPPO e European [and Mediterranean] Plant Protection Organization = Europäische [und Mittelmeerländische] Pflanzenschutzorganisation
Epr., EPr. Einzelpreis
EPU Europäische Parlamentarische Union; e European Press Photo Agencies Union = Europäische Vereinigung der Bildagenturen
EPZ Eisenportlandzement
EPZL Entwicklungs- und Prüfstelle der Zivilen Luftfahrt
Er Element Erbium
ER Europarat; Europarekord
ERA e European Research Workers' Association = Verband Europäischer Forschungswissenschaftler
erb. erbaut; erbeten; erbeutet
ErbSt Erbschaftssteuer

ERC, ERSC Eislauf- und Rollschuhklub
Erdg. Erdgeschoß
ERE Europäische Recheneinheit (der EG)
erf. erfaßt; erfolgt; erforderlich; erforscht; erfüllt
Erf. Erfahrung[s...]; Erfassung; Erfinder, Erfindung; Erfolg[s...]; Erfordernis; Erfüllung[s...]
erg. ergänze!, ergänzend, ergänzt; ergebene[r], ergebenst; ergiebig
Erg. Ergänzung[s...]; Ergebnis
ErgB, ErgBest Bestimmung[en] zur Ergänzung ...
ErgR Ergänzungsrichtlinien
ErgVO Ergänzungsverordnung
erh. erhalten; erhältlich; erhitzt; erhöht; erholt
Erh. Erhalt; Erhaltung[s...]; Erhebung[s...]; Erhöhung; Erholung[s...]
ERK Evangelisch-Reformierte Kirche ...
Erkl. Erklärung
erl. erlassen; erlaubt; erläuternd, erläutert; erledigt; erlernt
Erl. Erlaß; Erlaubnis; Erlaucht; Erläuterung
erm. ermächtigt; ermäßigt; ermittelt; ermöglicht; ermordet
ERM elektronische Rechenmaschine
ern. ernannt; erneuert
ERP e European Recovery Program = Europäisches Wiederaufbau- od. Europa-Hilfe-Programm (Marshallplan, 1948—52)
Err. l errata = Druckfehler
ers. ersetzbar, ersetzt; ersichtlich; ersucht
Ers. Ersatz; Ersuchen
Erst. Erstattung[s...]
erstg. erstgenannt
erstkl. erstklassig
erstm. erstmalig, -mals
ert. erteilt

erw. erwähnt; erwärmt; erweitert; erwiesen; erworben; erwünscht
Erw. Erwachsene[r]; Erweiterung[s...]; Erwerb[s...]
Erz. Erzählung; Erzeugnis, Erzeugung; Erzieher[in], Erziehung
ERZ elektronisches Rechenzentrum
Es echte Seide; *Element* Einsteinium
ESA *e* European Space Agency = Europäische Raumfahrtbehörde
ESAV Einheitssystem der automatisierten Verfahrenstechnik stoffumwandelnder Prozesse
esb. einstellbar
ESCAP *e* Economic and Social Commission for Asia and the Pacific = UNO-Wirtschafts- und -Sozialkommission für Asien und den Pazifikraum
ESD VEB Elektroschaltgeräte Dresden
ESEG Einheitssystem der Elektronik und des Gerätebaus
ESER Einheitssystem für elektronische Rechentechnik (der RGW-Länder)
ESF Europäischer Sozialfonds
ESG Einscheiben-Sicherheitsglas
ESHG Gesetz über die Haftpflicht der Eisenbahnen und Straßenbahnen für Sachschaden (1940 erlassen)
ESK Europäische Sicherheitskonferenz; Europäische Schützen-Konföderation
ESOMAR *e* European Society for Opinion Surveys and Market Research, *heute* for Opinion and Marketing Research = Europäische Gesellschaft für Meinungs- und Markt- *bzw.* Marketingforschung
ESP Einführung in die sozialistische Produktion
ESPR *e* European Society for Radiation Protection = Europäische Strahlenschutzgesellschaft
Eßl. Eßlöffel
ESt[G] Einkommensteuer[gesetz]
Et Eiltriebwagen, Eilzug mit Triebwagen
Et. Etage; Etappe; Etat
ETA *e* estimated time of arrival = voraussichtliche Ankunftszeit; *e* European Tennis Association = Europäischer Tennis-Verband; *bask* Euzkadi ta Ascatasuna = Baskenland in Freiheit (Organisation)
ETB Einheitliche Technische Baubestimmungen; Ersttagsbrief
etc. *l* et cetera = und so weiter
ETC Eissport- und Tennisklub; *e* European Travel Commission = Europäische Fremdenverkehrs-Kommission
ETD *e* estimated time of departure = voraussichtliche Abgangs-, Abfahrts-, Abflugs-, Startzeit
ETFCA *e* European Track and Field Coaches Association = Europäische Leichtathletiktrainer-Assoziation
ETH Eidgenössische Technische Hochschule *S*
ETMS Einheitliches telemetrisches System
Ets., Et^{ts} *f* Etablissements = Firma
ETTU Europäische Tischtennis-Union
ETUC *e* European Trade Union Confederation = Europäischer Gewerkschaftsbund
etw. etwaig; etwas
e. U. eigenhändige Unterschrift
Eu *Element* Europium
EU Europa-Union
EUCD Europäische Union Christlicher Demokraten
EUCOM *e* European Command = US-Oberkommando für Europa
EUJCD Europäische Union Junger Christdemokraten
EULAR *e* European League

against Rheumatism = Europäische Liga gegen Rheumatismus
EURATOM Europäische Atomgemeinschaft od. Gemeinschaft für Atomenergie
EUROCOM *f* Union européenne des négociants en combustibles = Europäische Vereinigung des Brennstoffhandels
EUROCONTROL *e* European Organization for the Safety of Air Navigation = Europäische Organisation zur Sicherung der Luftfahrt
EURO-COOP *e* European Community of Consumers' Co-operatives = Europäische Gemeinschaft der Konsumgenossenschaften
EURODOC Europäische Dokumentationsgesellschaft
EUROFIMA Europäische Gesellschaft für die Finanzierung von Eisenbahnmaterial
EUROFINAS *e* European Federation of Finance House Associations = Europäische Vereinigung der Teilzahlungskreditinstitute
EURONET *e* European Information Network = Europäisches Informationsnetz
EUROP Europäische Güterwagen-Gemeinschaft
EUROSPACE *e* European Industrial Space Study Group = Europäische Industriegruppe für Raumfahrtstudien
Eurovision (Europa + Television) Vereinbarung westeuropäischer Fernsehgesellschaften über den Austausch und die gemeinsame Sendung von Fernsehprogrammen
ev. evangelisch; eventuell
eV Elektronenvolt
($1\,eV = 1{,}602 \cdot 10^{-19}\,J$)
e. V., E. V. eingetragener Verein
EV Einführungsverordnung; Einzelverkauf; Eislauf-, Eissportverein[igung]; Energieversorgung

EVB Energieversorgungsbetrieb
EVDR Entwurfs- und Vermessungsbüro der Deutschen Reichsbahn
ev.-luth. evangelisch-lutherisch
EVMI Europäischer Verband der Markenartikelindustrie
EVN Energieverbrauchsnorm
EVO Eisenbahn-Verkehrsordnung
EVP Einzel[handels]verkaufs-, Endverbraucherpreis; Europäische Volkspartei *B*
ev.-ref. evangelisch-reformiert
evt., evtl. eventuell
EVT Europäische Vereinigung für Tierzucht
EVU Elektrizitäts-, Energieversorgungsunternehmen
ew. einstweilig; ewig
e. W. eingetragenes Warenzeichen
Ew. Einwohner; Euer, Eu[e]re
EW Einheits-, Einwohnerwert; Elektrizitätswerk
E. W. eingetragenes Warenzeichen
EWA Europäisches Währungsabkommen
EWAN Einheitswarennummer
EWE Erich-Weinert-Ensemble
EWF *e* European Weightlifting Federation = Europäische Gewichtheber-Föderation
EWG Europäische Wirtschaftsgemeinschaft
EWR Elbe-Werk Roßlau
EWS Europäisches Währungssystem
EWSF *e* European Work Study Federation = Europäischer Verband für Arbeitsstudien
e. Wz. eingetragenes Warenzeichen
Ex Expreßgut; Expreßzug
Ex. Examen; Exemplar; Exerzier...
exkl. exklusive (ausschließlich, ohne)
Exp. Expedition; Experiment; Export
Expl. Exemplar; Explosion
Ext Expreßzug mit Triebwagen

Ext., Extr. Extrakt
Exz. Exzellenz; Exzerpt (Auszug)
EYCE *e* Ecumenical Youth Council in Europe = Ökumenischer Jugendrat in Europa
Ezh. Einzelhandel[s...]
EZO Eisenbahnzollordnung

F

f fein; Femto... (= 10^{-15}; vor Maßeinheiten ein Billiardstel dieser Einheit, z. B. 1 fm = 10^{-15} m); *i* forte = stark, laut
f. fachlich; und die folgende [Seite], und das folgende [Jahr]; für
...f. ...förmig
F Fahrenheit; Farad (SI-Einheit der elektrischen Kapazität; 1 F = 1 C/V); *Uhr e* fast[er] = schnell[er]; *e* fast = mittelhart; Fern[sprech]...; Fernschnellzug, -verkehrsstraße; *e* First Class = Erste[r] Klasse; *Element* Fluor; Frequenz...; *Kfzk* Frankreich
Fa. Firma; Florida (Staat der USA)
FA Facharbeiter[in]; Fachausschuß; Fernantrieb, -[melde]amt, -sprechamt; Forschungsabteilung, -amt, -anstalt; Forstakademie, -amt
FAA *e* Federal Aviation Administration = Bundesamt für Luftfahrt (USA)
f. a. B. frei an Bord
Fab., Fabr. Fabrik; Fabrikat[ion]
FAD Fernsprech-Auftragsdienst
f. a. F. frei ab Fabrik
f. a. H. frei ab Haus
FAH Feierabendheim
Fahi Fahrrad mit Hilfsmotor
FAI *f* Fédération aéronautique internationale = Internationale Flugsport-Föderation
Fak. Fakultät
Faks. Faksimile

Fam. Familie
FAO *e* Food and Agriculture Organization = UNO-Organisation für Ernährung und Landwirtschaft
FAR Föderation Arabischer Republiken
Fass., Fassg. Fassung
f. a. W. frei ab Werk
FAWA *e* Federation of Asian Women's Associations = Vereinigung der Frauenverbände Asiens
FAX Faksimile-Gerät; Funkschreiber; Bildfunk
fb. fahrbar, -bereit
Fb. Fabrik; Feldbahn; Freibord
FB Fachbereich
FBA Fernmeldebauamt
FBI *e* Federal Bureau of Investigation = Bundeskriminalamt (USA)
Fbl. Falt-, Formblatt
FBO Fernmeldebauordnung, Fernmeldebetriebsordnung; Flug-, Funkbetriebsordnung
Fbz Forstbezirk
FC Fußballklub
FCI *f* Fédération cynologique internationale = Internationaler Hunde[züchter]verband
FCL *sp* Federación Campesina Latinoamericana = Lateinamerikanischer Bauernverband
fco *i* franco = frei[gemacht], portofrei
fd. feindlich
Fd. Feind...; Feld...; Förde
FD Ferien-, Fernmelde-, Fernsprechdienst; Fern-D-Zug; Filialdirektion; Freie Devisen
f. d. D., f. D. G. für den Dienstgebrauch
FDGB Freier Deutscher Gewerkschaftsbund
FDI *f* Fédération dentaire internationale = Internationale Zahnärztliche Vereinigung
FDJ Freie Deutsche Jugend

FDJW Freie Deutsche Jugend Westberlins
fdl. feindlich
Fdl Fahrdienstleiter
F.D.P. Freie Demokratische Partei *B*
FdPS, FDP Freisinnig-demokratische Partei der Schweiz
F.d.R.[d.A.] Für die Richtigkeit [der Abschrift]
F.d.R.d.U. Für die Richtigkeit der Unterschrift
FDt Fernschnelltriebwagen
Fdw. Feldwebel
Fe *Element l* Ferrum = Eisen; Fernsprecher, Fernsprech...
FE Fetteinheit
FE, F/E Forschung und Entwick- [lung
FEA *f* Fédération internationale pour l'éducation artistique = Internationale Vereinigung für Kunsterziehung
Feba Feldbahn
FEC *f* Fondation européenne de la culture = Europäische Kulturstiftung
FEDAC *f* Fédération européenne des anciens combattants = Europäischer Kriegsveteranenbund
FEG Föderation Europäischer Gewässerschutz
FEH *f* Fédération européenne de hockey = Europäische Hockey-Föderation
FEI *f* Fédération équestre internationale = Internationale Pferdesport-Föderation
Feka Fernkampfartillerie
FELABAN *sp* Federación Latinoamericana de Bancos = Lateinamerikanische Bankenvereinigung
Feldw. Feldwebel
FEM *f* Fédération européenne de la manutention = Europäische Vereinigung der Fördertechnik
FEP Forschungs-, Erfindungs-, und Patentwesen

FEPE *f* Fédération européenne de la publicité extérieure = Europäische Föderation der Außenwerbung; *f* Fédération européenne pour la protection des eaux = Föderation Europäischer Gewässerschutz
Fernr. Fernruf (Telefon)
FERP *f* Fédération européenne des relations publiques = Europäische Vereinigung für Öffentlichkeitsarbeit
FeVD Fernsprech-Vermittlungsdienst
ff sehr fein; *i* fortissimo = sehr stark, sehr laut
ff. und die folgenden [Seiten, Jahre]
F.f. Fortsetzung folgt
FF französischer Franc; freiwillige Feuerwehr; Friedensfahrt
FFAB Funk- und Fernmelde-Anlagenbau, Berlin
fff äußerst fein, feinst; *i* fortississimo = ganz stark, laut
FFP Frauen-Förderungsplan
FFPE *f* Fédération de la fonction publique européenne = Europäischer Beamtenbund
ffr französischer Franc
FFR Film- und Fernsehrat der DDR
FFS Fischereiforschungsschiff
FFW freiwillige Feuerwehr
Fg Feingold; Frachtgüterzug
Fg. Fahrgast, -gestell; Forschung
FGB Familiengesetzbuch
Fgbz Forstgutbezirk
FGD Fischgesundheitsdienst der DDR
FGeb Fernmelde-, -sprechgebühren
FGH Fachschule für das Gaststätten- und Hotelwesen
FGL Fachschul-, Fakultätsgewerkschaftsleitung
FGO Fernsprechgebührenordnung
Fgr. Fachgruppe
FGS Fischerei-Fahrzeug-und-Geräte-Station

Fgst. Fahrgast, -gestell
FGTB *f* Fédération générale du travail de Belgique = Allgemeiner Belgischer Gewerkschaftsbund
Fgut Frachtgut
Fgz Ferngüterzug
Fh Flughafen
Fh. Fähre; Forsthaus
FH Fachhochschule; Freihafen, -handel; freiwilliger Helfer (der VP)
FHO Fachhandelsorganisation (HO) [rung[s...]
Fhr. Fähnrich; Fahrer; Füh-
Fhrw. Fahr-, Fuhrwerk
Fhrz. Fahrzeug
FHS Fachhochschule
Fhzg. Fernheizung
FIA *f* Fédération internationale de l'artisanat = Internationale Föderation des Handwerks; *f* Fédération internationale de l'automobile = Internationale Automobilsport-Föderation; *f* Fédération internationale des acteurs = Internationaler Schauspielerverband
FIAC *f* Fédération internationale amateur de cyclisme = Internationale Amateur-Radsport-Föderation
FIAF *f* Fédération internationale des archives du film = Internationaler Verband der Filmarchive od. Filmotheken
FIAI *f* Fédération internationale des associations d'instituteurs = Internationale Vereinigung der Lehrerverbände
FIALS *f* Fédération internationale des arts, des lettres et des sciences = Internationaler Verband für Kunst, Literatur und Wissenschaften
FIAP *f* Fédération internationale de l'art photographique = Internationale Vereinigung für künstlerische Fotografie; *f* Fédération internationale des associations pédagogiques = Internationale Pädagogische Vereinigung

FIAPF *f* Fédération internationale des associations de producteurs de films = Internationale Föderation der Filmproduzentenverbände
FIAT *i* Fabbrica Italiana Automobili Torino (italienischer Automobilkonzern)
FIATA *f* Fédération internationale des associations de transitaires et assimilés = Internationale Föderation der Spediteurvereinigungen
FIBA *f* Fédération internationale de basketball amateur = Internationale Amateur-Basketball-Föderation
FIBT *f* Fédération internationale de bobsleigh et de tobogganing = Internationale Bob-Föderation
FICC *f* Fédération internationale de camping et de caravanning = Internationaler Camping-Verband; *f* Fédération internationale des ciné-clubs = Internationaler Verband der Filmklubs
FICE *f* Fédération internationale des communautés d'enfants = Internationaler Bund der Erziehungsgemeinschaften
FICP *f* Fédération internationale du cyclisme professionnel = Internationaler Verband der Berufsradfahrer
FID *f* Fédération internationale de documentation = Internationale Vereinigung für Dokumentation
FIdC *f* Fédération internationale du cirque = Internationaler Zirkusverband
FIDE *f* Fédération de l'industrie dentaire en Europe = Vereinigung der europäischen Dental-Industrie; *f* Fédération internationale des échecs = Internationale Schach-Föderation
FIDEA *f* Fédération internationale des écrivains et des artistes = Internationale Schriftsteller- und Künstlervereinigung

FIDH *f* Fédération internationale des droits de l'homme = Internationale Vereinigung für Menschenrechte
FIE *f* Fédération internationale d'escrime = Internationale Fecht-Föderation
FIEJ, FIEJOPU *f* Fédération internationale des éditeurs de journaux et publications = Internationaler Zeitungs- und Zeitschriftenverlegerverband
FIEP *f* Fédération internationale d'éducation physique = Internationale Föderation für Körpererziehung
FIFA *f* Fédération internationale de football association = Internationale Fußball-Föderation; *f* Fédération internationale du film sur l'art = Internationale Vereinigung für den künstlerischen Film
Fig. Figur[en]
FIG *f* Fédération internationale de gymnastique = Internationale Turn-Föderation; *f* Fédération internationale des géomètres = Internationale Vereinigung der Vermessungsingenieure
FIGED *f* Fédération internationale des grandes entreprises de distribution = Internationale Vereinigung der großen Einzelhandelsunternehmen
FIGO *f* Fédération internationale de gynécologie et d'obstétrique = Internationale Vereinigung für Gynäkologie und Obstetrik, d. h. Frauenheilkunde und Geburtshilfe
FIH *f* Fédération internationale de hockey = Internationale Hockey-Föderation
FIIM *f* Fédération internationale de l'industrie de médicament = Internationale Vereinigung der pharmazeutischen Industrie
FIJM *f* Fédération internationale des jeunesses musicales = Internationale Vereinigung der musikliebenden Jugend
Fil. Filiale
FIL *f* Fédération internationale de luge de course = Internationale Schlittensport-Föderation
FILA *f* Fédération internationale de lutte amateur = Internationale Amateur-Ringer-Föderation
FILLM *f* Fédération internationale des langues et littératures modernes = Internationale Vereinigung für moderne Sprachen und Literatur[en]
FIM *f* Fédération internationale des musiciens = Internationale Musiker-Föderation; *f* Fédération internationale motocycliste = Internationale Motorradsport-Föderation
FIMOC *f* Fédération internationale des mouvements ouvriers chrétiens = Internationaler Bund der Christlichen (d. h. Katholischen) Arbeiterbewegung
FIMPR *f* Fédération internationale de médecine physique et réadaptation = Internationale Vereinigung für Physiotherapie und Rehabilitation
FIMS *f* Fédération internationale de médecine sportive = Internationale Föderation für Sportmedizin
fin. finanziell; *l* finis = Ende
Fin. Finale, Final...; Finanz...
FINA *f* Fédération internationale de natation amateur = Internationale Amateur-Schwimm-Föderation
FIP *f* Fédération internationale de philatélie = Internationaler Philatelistenverband; *f* Fédération internationale pharmaceutique = Internationale Pharmazeutische Vereinigung
FIPLV *f* Fédération internationale des professeurs de langues vivantes = Internationale Vereinigung der Lehrer moderner Fremdsprachen

FIPMEC *f* Fédération internationale des petites et moyennes entreprises commerciales = Internationale Vereinigung der Klein- und Mittelbetriebe des Handels

FIPMI *f* Fédération internationale des petites et moyennes entreprises industrielles = Internationale Vereinigung der Klein- und Mittelbetriebe der Industrie

FIPP *f* Fédération internationale de la presse périodique = Internationaler Zeitschriftenverleger-Verband; *f* Fédération internationale pour la protection des populations = Internationale Vereinigung für Bevölkerungsschutz

FIPRESCI *f* Fédération internationale de la presse cinématografique = Internationale Vereinigung der Filmpresse, der Filmjournalisten

FIPTP *f* Fédération internationale de la presse technique et périodique = Internationale Vereinigung der technischen Fachpresse

FIQ *f* Fédération internationale des quilleurs = Internationale Kegler-Föderation

FIR *f* Fédération internationale des résistants[, des victimes et des prisonniers du fascisme] = Internationale Vereinigung der Widerstandskämpfer [und Opfer des Faschismus]

FIRA *f* Fédération internationale de rugby amateur = Internationale Amateur-Rugby-Föderation

FIRS *f* Fédération internationale de roller skating = Internationale Rollsport-Föderation

FIRT *f* Fédération internationale pour la recherche théâtrale = Internationale Vereinigung für Theaterforschung

FIS *f* Fédération internationale de sauvetage et de sports utilitaires = Internationale Lebensrettungs-Gesellschaft; *f* Fédération internationale de ski = Internationale Ski-Föderation

FISA *f* Fédération internationale des sociétés d'aviron = Internationale Föderation der Rudervereine

FISD *f* Fédération internationale de sténographie et de dactylographie = Internationale Föderation für Kurzschrift und Maschinenschreiben

FISE *f* Fédération internationale syndicale de l'enseignement = Internationaler Verband der Lehrergewerkschaften

FISP *f* Fédération internationale des sociétés de philosophie = Internationale Vereinigung philosophischer Gesellschaften

FISU *f* Fédération internationale du sport universitaire = Internationale Studentensport-Föderation

F. i. T. Fett in [der] Trockenmasse, im Trockenzustand

FIT *f* Fédération internationale des traducteurs = Internationaler Übersetzerverband

FITA *f* Fédération internationale de tir à l'arc = Internationale Föderation für Bogenschießen

FITPC *f* Fédération internationale des travailleurs du pétrole et de la chimie = Internationaler Verband der Petroleum- und Chemiearbeiter

FITS *f* Fédération internationale du tourisme social = Internationaler Verband für Sozialtourismus

FIVB *f* Fédération internationale de volleyball = Internationale Volleyball-Föderation

FIZ Forschungsinstitut für Internationale Technische Zusammenarbeit *B*

fk. fachkundig

FK Fachkommission; Fischkutter

Fka Fahrkartenausgabe

FKB Fleischkombinat Berlin

FKG Forschungskooperationsgemeinschaft
FKK Finanzkontrollkommission; Freikörperkultur
FKP Französische Kommunistische Partei
FKR Fischkombinat Rostock
FKS Forschungsinstitut Körperkultur und Sport
fl. flach; fliegend, fliegerisch; fließend, flüssig
Fl. Fläche; Flasche; Fluß
FL Fischlogger; *Kfzk* Fürstentum Liechtenstein
Fla. Florida (Staat der USA)
FLA Fachlehranstalt *Ö*
Flak Flieger-, Flug[zeug]abwehrkanone; Flakartillerie
Fla-R, Flarak Flieger-, Flug[zeug]abwehrrakete
Fldw. Feldwebel
Fleurop[-Interflora] *l* Flores Europae (internationale Organisation zur Vermittlung von Blumenbestellungen)
Fllg. Füllung
FLN *f* Front de libération nationale = Nationale Befreiungsfront (z. B. in Algerien)
Flürak Flüssigkeitsrakete
fm Femtometer (1 fm = 10^{-15} m)
Fm *Element* Fermium; Festmeter
FM Feuermelder; Funkmeß...
FMA Forschungsinstitut des Ministeriums für Außenhandel
FMAC *f* Fédération mondiale des anciens combattants = Weltfrontkämpferverband
fmdl fernmündlich
FMG Fernmelde-, Futtermittelgesetz; Flak-, Funkmeßgerät
FMJC *f* Fédération mondiale de jeunesse catholique = Weltbund der Katholischen Jugend
fmk Finnmark
FMK Flugmedizinische Kommis- [sion
FMLN *sp* Frente Farabundo Martí para la Liberación Nacional = Nationale Befreiungsfront Farabundo Martí (El Salvador)
FMN *f* Fédération mondiale de neurologie = Weltvereinigung für Neurologie
FMPA *f* Fédération mondiale pour la protection des animaux = Welttierschutzbund
FMS *f* Fédération mondiale des sourds = Weltverband der Gehörlosen; Fracht-Motorschiff
Fmt Format[bezeichnung]
FMV Futtermittelverordnung
FMVJ *f* Fédération mondiale des villes jumelées = Weltbund der Partnerstädte
Fn. Familienname; Fußnote
FNL *f* Front national de libération = Nationale Befreiungsfront (Südvietnam bis 1975)
Fo Forint (ungar. Währungseinheit)
FO Fachorgan; Fahrschul-, Fernsprech-, Fischerei-, Forstordnung; *f* Force ouvrière (franz. Gewerkschaftsvereinigung); Funkortung
fob *e* free on board = frei an Bord
föd. föderal[istisch]; föderativ; föderiert
FÖJ Freie Österreichische Jugend
FOL Fachschuloberlehrer
folg. folgend[e]
FoR Forstrat
FORATOM *f* Forum atomique européen = Europäisches Atom-Forum
form. formal, formell, formalistisch, form[alis]iert; formuliert
Form. Format[ion]; Formular
fortl. fortlaufend
FORTRAN *e* Formula Translator = Formelübersetzer, d. h. Programmiersprache für wissenschaftlich-technische Probleme
Forts. Fortsetzung
FÖST Freie Österreichische Studentenschaft

FP Freie Presse (Zeitung)
FPD Freiheitlicher Pressedienst *Ö*
FPG Fischerei-Produktionsgenossenschaft
Fpl Fahr-, Flugplan
FPL Fachschul-, Fakultätsparteileitung
FPN, Fp.-Nr. Feldpostnummer
fr. *i* franco = frei[gemacht], portofrei; frei; frisch; früher
Fr *Element* Francium, Frankium
Fr. Frau; Freitag; Frist
FR Finanz-, Forstrat
frb. fahrbar, -bereit
frbl. farblos; freibleibend
frdl. freundlich; friedlich
frdsch. freundschaftlich
Freiw. Freiwillige[r]
FRELIMO *pt* Frente de Libertação de Moçambique = Befreiungsfront von Moçambique (*heute* FRELIMO-Partei)
frfr., fr.fr. frachtfrei
Frgt Frachtgut
frh. freihändig, -heitlich
fr.H. frei Haus
Frl. Fräulein
fro *i* franco = frei[gemacht], portofrei
Frt, Frto Frachttonne
frtr. freitragend
fr.v. frei von
frvk. freiverkäuflich
Frw. Freiwillige[r]
Frzb., Frzbd. Franzband (Bucheinband)
frzg. freizügig
fs farblos
Fs Feinsilber; Fernschreib...
Fs. Festschrift; Fortsetzung
FS Fachschule; Fährschiff; *f* faire suivre = nachsenden; Fernschreib...; Fernseh...; *i* Ferrovie dello Stato (italienische Staatseisenbahnen); Flugsicherung[s...]; Formstoff; Forschungsschiff; Frühjahrssemester; Funkstelle
FSA Fachschulabsolvent[in]; Fachausschuß; Fernschreibanschluß[gerät]
FSC Fallschirmsportklub; Flug- und Schiffsmodellklub
FSD Fachschuldozent[in]
FSE Fernsehempfänger
FSFI *f* Fédération sportive féminine internationale = Internationaler Frauensportverband
FSG Fachschulsportgemeinschaft
FSL Fachschullehrer[in]
FSLN *sp* Frente Sandinista de Liberación Nacional = Sandinistische Front der nationalen Befreiung (Nikaragua)
FSM *f* Fédération syndicale mondiale = Weltgewerkschaftsbund, WGB
Fs-Nr. Fernschreibnummer
Fsp, Fspr. Fernsprecher, Fernsprech...
Fsp. Fernsehspiel
fSPA fahrbares Sonderpostamt
Fss. Fassungen; Fortsetzungen
FSV Fußball-Sportverband, -verein[igung]
FSVP Freie Sozialistische Volkspartei *B*
FSZMP *p* Federacja Socjalistycznych Związków Młodzieży Polskiej = Föderation der sozialistischen Jugendverbände Polens
ft. *e* foot, *Plur* feet = Fuß (1 ft. = 30,48 cm = 0,3048 m)
Ft Fernschnelltriebwagen
Ft. Forint (ungar. Währungseinheit); Fort (Festung); Fürstentum
Ftg. Fertigung[s...]
FU Freie Universität (Berlin [West])
FUAAV *f* Fédération universelle des associations d'agences de voyages = Weltvereinigung der Reisebüroverbände
FUACE *f* Fédération universelle des associations chrétiennes

d'étudiants = Christlicher Studenten-Weltbund
FUEN *e* Federal Union of European Nationalities = Föderalistische Union Europäischer Volksgruppen
FUEV Föderalistische Union Europäischer Volksgruppen
F & O Feinmechanik/Optik
fv VEB Fachbuchverlag
f. v. frei von
FV Fach-, Fußballverband, -verein[igung]; Fernverkehr
FVS Fang-und-Verarbeitungs-Schiff
Fw. Fahr-, Fuhrwerk; Feldwebel; Freiwillige[r]
FW Feuerwehr; Forstwirtschaft; Freies Wort (Zeitung); Funkwerk
Fwb. Fach-, Fremdwörterbuch
FWE Futterwerteinheit
FWVO Verordnung über die Finanzwirtschaft der volkseigenen Betriebe
Fz Fahrzeug; Fernzug
Fz., Fzb., Fzbd. Franzband (Bucheinband)
FZ Forschungszentrum
FZR freiwillige Zusatzrentenversicherung
FZW Forschungszentrum des Werkzeugmaschinenbaues

G

g Gramm (1 g = 10^{-3} kg); grob; Groschen; groß
^{g} Gon, Neugrad ($100^g = 90°$)
G Gauß; geheim; Generator; Gericht; Gesetz; Gewicht; Gewinn; Giga... (= 10^9; vor Maßeinheiten das Milliardenfache dieser Einheit, z. B. 1 GW = 10^9 W); Gruppe; Gully; Guß[legierung]

G. Geld; Gesetz; Gulden; Güter...
Ga *Element* Gallium; Güterabfertigung
Ga. Georgia (Staat der USA)
GA Gaststättenaufschlag; Gemeinde-, Geschäftsführender Ausschuß; Gesundheitsamt
GAB Gesundheits-, Arbeits- und Brandschutz
GAG Generalauftraggeber
GAISF *e* General Assembly of International Sports Federations = Generalversammlung der Internationalen Sportföderationen
gal., *Plur auch* **gals.** *e* gallon = Gallone (1 gal. = *GB* 4,546 l, *USA* 3,785 l)
GAN Generalauftragnehmer
GAnw Gutschriftanweisung
GAP Groß[handels]abgabepreis
gar. garantiert
Gar. Garage; Garantie
Garn. Garnison; Garnitur
gastr. gastronomisch
Gatt., Gattg. Gattung
GATT *e* General Agreement on Tariffs and Trade = Allgemeines Zoll- und Handelsabkommen
GAU größter anzunehmender Unfall
GAV Güterabfertigungsvorschriften
GAVO Gewinnabführungsverordnung
gb. geboren[e, -er], gebürtig[e, -er]; gebunden; genehmigungsberechtigt
GB Generalbeauftragter, -bevollmächtigter; Genossenschafts-, Gewerbebank; Geschäftsbedingungen; *Kfzk* Großbritannien und Nordirland
GB. Gesetz-, Grundbuch
GBA Gesetzbuch der Arbeit (*seit* 1977 AGB)
Gbd. Gebäude; Großband
Gbf, Gbhf Güterbahnhof
GBH Gesellschaft für Betriebsberatung des Handels der DDR

GBl. Gesetzblatt
GBO Grundbuchordnung
GBP Generalbebauungsplan
GbR Gesellschaft bürgerlichen Rechts [ten
GBV Güterbeförderungsvorschrif-
GbW VEB Gebäudewirtschaft
GCG Gesamtverband der christlichen Gewerkschaften Deutschlands (1901–33)
Gd *Element* Gadolinium
Gd. Garde; Gendarm[erie]; Grund
GD Gesundheits-, Gottesdienst; Generaldirektor, -direktion
GdA Gewerkschaftsbund der Angestellten (1919–35)
GdbR Gesellschaft des bürgerlichen Rechts
GdED Gewerkschaft der Eisenbahner Deutschlands *B*
GDL Gemeinschaft Deutscher Lehrerverbände *B*
Gdm. Grundmuster
GDMB Gesellschaft Deutscher Metallhütten- und Bergleute *B*
GDP Gewerkschaft der Polizeibeamten *B*
GDR *e* German Democratic Republic = Deutsche Demokratische Republik
GDS Gebührenpflichtige Dienstsache; Gemeinschaft Demokratischer Sozialisten *B*; Gemeinschaftsdatenverarbeitungsstation
Ge Generator; *Element* Germanium; Gußeisen
GE Gemeinschaftseinrichtung; *e* General Electric [Company] (US-Elektrokonzern); Gerichtliche Entscheidung; Getreide-, Gewichtseinheit
GEA Gesamtverband evangelischer Arbeitervereine Deutschlands (1890–1933)
geb. gebaut; gebildet; gebogen; geboren[e, -er], gebürtig[e, -er]; gebunden
Geb. Gebäude; Gebiet[s...]; Gebirge; Gebühr[en]; Geburt[s...]
Ge. B., Ge. Br. geographische[r] Breite
GebO Gebührenordnung
gebr. gebräuchlich, gebraucht
Gebr. Gebrauch[s...]; Gebrüder
GED Gewerkschaft der Eisenbahner Deutschlands *B*
Gedag Gesamtverband Deutscher Angestellten-Gewerkschaften (1919–33; *B* bis 1959)
gedr. gedruckt
gef. gefallen; gefällig[st]; gefärbt; gefertigt; gefüllt; gefunden
Gef.-Kl. Gefahrenklasse
Gefr. Gefreiter
geg. gegeben; gegen
gegr. gegründet
geh. geheftet; geheim; gehört, gehörig [zu]
Geh. Gehalt[s...]; Gehilfe
gek. gekennzeichnet; gekocht; gekoppelt; gekühlt; gekündigt; gekürzt
gel. geladen; gelehrt; gelernt[e], gelernter; gelesen; geliefert; gelöst; geländegängig
Gel. Gelatine; Gelände...; Gelegenheit[s...]; Gelehrte[r], Gelehrten...
Ge. L. geographische[r] Länge
GELU Gesellschaft zur Verwertung literarischer Urheberrechte *B*
gem. gemahlen; gemalt; gemäß[igt]; gemein[nützig]; gemeinsam; gemeinschaftlich; gemeldet; gemessen; gemischt; gemustert
Gem. Gemeinde; Gemeiner; Gemeinschaft; Gemisch
GEMA Gesellschaft für musikalische Aufführungs- und mechanische Vervielfältigungsrechte *B*
GemO Gemeindeordnung
GemR Gemeinderat
gen. genannt; genehmigt; genietet; genormt; genossenschaftlich; genügend; genealogisch; genetisch; generell

Gen. Genehmigung; General[...]; Generation[s...]; Generator; Genesungs...; Genosse, Genossin; Genossenschaft; Genossenschaft[l]er
Gen.-Dir. Generaldirektor, -direktion
Genex Geschenkdienst und Kleinexport GmbH
Gen. Lt[n]. Generalleutnant
Gen. Maj. Generalmajor
Genn. Genossin
Gen. Ob[st]. Generaloberst
Gen.-Rep. Generalreparatur
geö. geöffnet
Gepa Gepäckabfertigung
gepl. geplant
gepr. u. gen. geprüft und genehmigt
ger. gerade; gerecht; geregelt; gereinigt; gerichtlich; geronnen
Ger. Gerät[e...]; Gericht[s...]
Germed *e* German medicament *bzw.* medicine (*Warenzeichen* für pharmazeutische Erzeugnisse der DDR)
ges. gesammelt; gesamt; gesehen; gesellschaftlich; gesetzlich; gesichert; gesucht; gesund
Ges. Gesamt...; Gesandter, Gesandtschaft[s...]; Gesang[s...]; Geselle; Gesellschaft[er]; Gesetz; Gesuch
gesch. geschädigt; geschaffen; geschäftlich; geschätzt; geschichtlich; geschieden; geschützt
Gesch. Geschäft[s...]
geschl. geschliffen; geschlossen
GeschO Geschäftsordnung
GeschSt Geschäftsstelle
Gesch.-Tr. Geschäftsträger
Geschw. Geschwindigkeit[s...]; Geschwister; Geschworene[r, -n...]
ges. gesch. gesetzlich geschützt
gesp. gespart; gesperrt
GesS Gesetz[es]sammlung
gest. gestaffelt; gestaltet; gestattet; gestiftet; gestochen; gestorben; gestört; gestundet

Gest. Gestalt[ung]; Gestüt
Gestapo *faschist* Geheime Staatspolizei
gestr. gestrafft; gestrichen
Ges. W. Gesammelte Werke
get. getauft; getestet; getilgt; getötet
getr. getraut; getrennt; getrocknet
GeV Gigaelektronenvolt
(1 GeV = 10^9 eV)
gew. gewaschen; gewässert; gewerblich; gewiß; gewisse[r, -s]; gewogen; gewöhnlich; gewünscht
Gew. Gewähr[leistung]; Gewerbe[...]; Gewerkschaft[s...]; Gewicht[s...]; Gewinn[ung]
GEW Gas, Elektrizität und Wasser; Gewerkschaft Erziehung und Wissenschaft *B*
Gew.-Kl. Gewichts-, Gewinnklasse
GewO Gewerbeordnung
GewSt[G] Gewerbesteuer[gesetz]
Gew. T. Gewichtsteil[e]
gez. gezählt; gezeichnet; gezogen
GFA Großförderanlage
GFK glasfaserverstärkter Kunststoff
GFP glasfaserverstärktes Polyesterharz
Gfr. Gefreiter
GfS Gesellschaft für Standardisierung der DDR
GFTU *e* General Federation of Trade Unions [of Iraq] = Allgemeiner Gewerkschaftsbund [des Irak]
GFV[G] Güterfernverkehr[sgesetz]
GFWC *e* General Federation of Women's Clubs = Allgemeiner Verband der Frauenvereine
GFZ Großforschungszentrum
gg. gegen; geländegängig
GG Goethe-Gesellschaft; graphischer Großbetrieb; Grundgesetz *B*
GGD Gasgerätewerk Dessau
ggez. gegengezeichnet

ggf. gegebenenfalls
GGG Gesetz über die gesellschaftlichen Gerichte
GGK Gehaltsgruppenkatalog
gGmbH gemeinnützige Gesellschaft mit beschränkter Haftung
ggr. gegründet
ggs. gegensätzlich, -seitig
Ggs. Gegensatz
GGSt Grund- und Gebäudesteuer
g. g. u. gelesen, genehmigt, unterschrieben
GGVÖD Gemeinschaft von Gewerkschaften und Vereinigungen des öffentlichen Dienstes *B*
Ggw. Gegenwert; Gutgewicht
ggz. gegengezeichnet
Gh. Garten-, Gast-, Geschäftshaus; Gehalt[s...]
GH Großhandel
GHD Großhandelsdirektion
GHG Großhandelsgesellschaft
GHH Gutehoffnungshütte Aktienverein *B*
GHK Gewerkschaft Holz und Kunststoff *B*
GHS, GHSp. Großhandelsspanne
GHz Gigahertz (1 GHz = 10^9 Hz)
GI, G. I. *e* Government Issue (US-Soldat)
GIM Gesellschaft für Innere Medizin
GISAG Kombinat für Gießereianlagenbau und Gußerzeugnisse
GIW Gesetz über internationale Wirtschaftsverträge
GK Genauigkeits-, Güteklasse; Getränkekombinat
GKA Gebrauchswert-Kosten-Analyse; Grenzkontrollamt
GKB Getränkekombinat Berlin
GKG Gerichtskostengesetz
GKO Gerichts-, Geschäftskostenordnung
GKT Güter-Kraftverkehrs-Tarif
GKV gesetzliche Krankenversicherung; Güterkraftverkehr

GKW Gezeitenkraftwerk; Güterkraftwagen
gl. geländegängig; glatt; gleich
Glb., Gld., Gldr., Gled. Ganzlederband
Glein. Ganzleinenband
GLF Gewerkschaft Landwirtschaft und Forsten *B*; Glasfaser
gll. gleichlaufend, -lautend
gl. N. gleichen Namens
Gln. Ganzleinenband
GLS Glasseide
glt., gltg. gültig
gltd. geltend
glz. gleichzeitig
Gm Gigameter (1 Gm = 10^9 m)
GM Gebrauchsmuster; *e* General Motors [Corporation] (US-Konzern); Goldmark; Großmeister
GMB Görlitzer Maschinenbau
GmbH, G. m. b. H. Gesellschaft mit beschränkter Haftung
GMC *e* General Motors [Corporation] (US-Konzern)
GMD Generalmusikdirektor
Gmde. Gemeinde
GMG Gebrauchsmustergesetz
GMT *e* Greenwich Mean Time = mittlere Greenwichzeit
GmuH, G. m. u. H. Gesellschaft mit unbeschränkter Haftung
GmuN, G. m. u. N. Gesellschaft mit unbeschränkter Nachschußpflicht
GnbR Gesellschaft nach bürgerlichem Recht
GNG Gewerkschaft Nahrung, Genuß, Gaststätten *B*
GNT Güternahverkehrstarif
GNU Gesellschaft für Natur und Umwelt
GO Gebühren-, Gemeinde-, Geschäfts-, Gewerbe-, Grund[buch]ordnung; Grundorganisation
GÖ gemeindeöffentliche Fernsprechstelle
GOELRO *r* Gossudarstwennaja komissija po elektrifikazii Rossii

= Staatliche Kommission zur Elektrifizierung Rußlands (GOELRO-Plan 1920—31)
GOL Grundorganisationsleitung
GOST *r* Gossudarstwenny obschtschessojusny standart = Gesamtstaatliche Norm (UdSSR)
Gouv. Gouvernement; Gouverneur
GöV Gesetz über die örtlichen Volksvertretungen
GÖWA Waggonbau Görlitz
GPG gärtnerische Produktionsgenossenschaft
gr. grafisch; gratis (umsonst); groß
g.R. geltendes, gültiges Recht; gegen Rückgabe
Gr. [Meridian, Zeit von] Greenwich; Gros (1 Gr. = 12 Dtzd. = 144 Stück); Größe, Groß...; Gruppe
GR Geheim-, Gesandtschaftsrat; Geistlicher Rat; Gemeinderat; Generalreparatur; Gesamtregister
gran. granuliert (gekörnt)
GRG Großrundgestrick
Grh. Großhandel[s...]
gr.-orth. griechisch-orthodox
GrSt[G] Grundsteuer[gesetz]
GRW Geräte- und Regler-Werke Teltow
GS Gesammelte Schriften; Gesetz[es]sammlung; Grundschule
GSB [Inspektion] Gesundheitsschutz in den Betrieben
GSE Große Sowjet-Enzyklopädie
GSSD *ehem* Gruppe der sowjetischen Streitkräfte in Deutschland
GST Gesellschaft für Sport und Technik
GStG Gaststätten-, Gemeindesteuer-, Gewerbesteuergesetz
GSV Gehörlosen- und Schwerhörigen-Verband der DDR
gt. ganztags, -tägig
GT Gebühren-, Gehalts-, Gütertarif; Geschäftsträger; Gewichtsteil[e]
GTB· Gewerkschaft Textil — Bekleidung *B*
Gttg. Gattung
GTUC *e* Ghana Trade Union Congress = Gewerkschaftskongreß Ghanas
GTZ Gesellschaft für technische Zusammenarbeit *B*
GÜ General-, Grundüberholung; Grenzübergang
GUB *ehem* Glashütter Uhrenbetriebe
GUM Gewässerunterhaltungs- und Meliorationsverband; *r* Gossudarstwenny uniwersalny magasin (Moskauer Warenhaus)
GUP glasfaserverstärktes ungesättigtes Polyesterharz
GUS Volkseigene Betriebe für Guß- und Schmiedeerzeugnisse
GUV Gesellschaft zur Unterstützung der Volkskämpfe *B*
GV Gebirgs-, Gesang-, Geselligkeitsverein; Gemeinde-, Gesamtverband, -verzeichnis; Generalversammlung, -vertretung; Geschäftsführender Vorstand; Gigavolt (1 GV = 10^9 V); Großvieheinheit; Güterverkehr
GVBl. Gesetz- und Verordnungsblatt
GVD Generalverkehrsdirektion
GVE Großvieheinheit
GVG Gerichtsverfassungsgesetz
GVK Gesetz über den Verkehr mit Kraftfahrzeugen
GVP Gaststätten-, Groß[handels]-verkaufspreis
GVS geheime Verschlußsache
GVVG Gebietsvereinigung Volkseigener Güter
Gw. Geld-, Gold-, Grundwert
GW Gas und Wasser; Gaswerk; VEB Gebäudewirtschaft; Gesammelte Werke; Getreidewirtschaft; Gigawatt (1 GW = 10^9 W); Gleichstrom/Wechselstrom

GWG Gemeinnützige Wohnungsbaugenossenschaft
GWh Gigawattstunde (1 GWh = 10^9 Wh = 10^6 kWh)
GWK Gebrauchswertklasse
Gwl. Gewerbelehrer[in]
g. w. o. ganz wie oben [verzeichnet]
GWR Gesellschaft für Weltraumforschung und Raumfahrt der DDR
Gy Gray (SI-Einheit der Energiedosis einer ionisierenden Strahlung; 1 Gy = 1 J/kg)
Gymn. Gymnasial..., Gymnasiast[in], Gymnasium; Gymnastik, Gymnastin
gyn., gyn[ä]k. gynäkologisch
Gz Güterzug
GZ Gesamt-, Grund-, Grünlandzahl; Gütezeichen
GZA Grenzzollamt
gzj. ganzjährig
Gzl., Gzln. Ganzleinenband
Gzld. Ganzlederband
GZM Gesprächszeitmesser
GZSt Grenzzollstelle
GZV[O] Gütezeichenverordnung

H

h hart; Hekto... (= 10^2; vor Maßeinheiten das Hundertfache dieser Einheit, z. B. 1 hl = 10^2 l); *l* hora = Stunde, Uhr
H Hafen; Haltestelle; hart, Härte; Haupt...; Henry (SI-Einheit der Induktivität; 1 H = 1 Wb/A); Hoch-[druckgebiet]; *Kfzk l* Hungaria = Ungarn; Hydrant; *Element l* Hydrogenium = Wasserstoff
ha Hektar (1 ha = 100 a)
ha., h. a. hauptamtlich
HA Hauptabschnitt, -abteilung, -amt, -anschluß, -ausschuß, -postamt; Hausanschluß, -apparat

HAB Hochschule für Architektur und Bauwesen (Weimar)
H. A. B. Homöopathisches Arzneibuch
habil. *l* habilitatus = habilitiert
HAN Hauptauftragnehmer
HAP Handelsabgabepreis
HAPAG Hamburg-Amerikanische Packetfahrt-Actien-Gesellschaft (*heute* Hapag-Lloyd-AG; *B*)
HAVO Handelsabgabeverordnung
hb. halb; hilfsbedürftig
Hb Hämoglobin
Hb. Handbuch; Herberge
HB Handelsbetrieb; Hochbau
Hbf Haupt-, Heimatbahnhof
Hbj. Halbjahr[es...]
HBK Hochbaukombinat
hbst. halbstarr, -steif, -stocks, -stündig
HBV Gewerkschaft Handel, Banken und Versicherungen *B*
HBVO Hochschullehrerberufungs-Verordnung [Ehren...
h. c. *l* honoris causa = ehrenhalber,
hd. ...händig; hochdeutsch
HD Hauptdirektion; Hochdruck; Höchstdosis; Hydrologischer Dienst
Hdb. Handbuch
hdgm. handgemacht
hdl. handlich
Hdl. Handel[s...]; Händler; Handelslehrer[in]
Hdlg. Handlung
Hds zugelassenes Handelssaatgut
hdschr. handschriftlich
hdw. handwerklich
Hdwb. Handwörterbuch
HdwStG Handwerksteuergesetz
He *Element* Helium
herg. hergestellt
Herk. Herkunft[s...]
Herst. Hersteller, Herstellung[s...], Herstell...
Hf *Element* Hafnium
Hf. Hafen; Handels-, Hauptform; Halbfranzband

HF Hochfrequenz
HfbK Hochschule für bildende Künste
HFF Hochschule für Film und Fernsehen
hfl holländischer Florin (= Gulden)
HfM Hochschule für Musik
HfÖ Hochschule für Ökonomie
HFO Halbleiterwerk Frankfurt/O.
Hfr., Hfrz., Hfrzbd., Hfz. Halbfranzband
Hft. Haftung[s...]; Heft
HfV Hochschule für Verkehrswesen
Hfw. Hauptfeldwebel
hg. herausgegeben
Hg Element *l* Hydrargyrum = Quecksilber
Hg. Herausgeber; Hinter-, Hofgebäude
HG Handelsgesellschaft, -güte; Hausgemeinschaft
HGB Handelsgesetzbuch
Hgbf Hauptgüterbahnhof
HGF Hauptgeschäftsführer[in]
HGK Handelsgesellschaft Konfektion
HGL Hausgemeinschafts-, Hochschulgewerkschaftsleitung
hgm. hausgemacht
HGS, HGSt Hauptgeschäftsstelle
Hgw Hartgewebe
HH Doppelhaltestelle; Handelshochschule
HHF Höchst-, Ultrahochfrequenz
HHS Handelshochschule
Hi. Hilfs...
HI Haupt-, Hygieneinspektion; Hydrographisches Institut *B*
H.I. *e* Hawaiian Islands = Hawaii[-Inseln] (Staat der USA)
HIB Hygiene-Institut des Bezirks
HiFi, Hifi *e* high fidelity = *etwa* lautgetreue Tonwiedergabe
hinr. hinreichend
hins. hinsichtlich
hist. histologisch; historisch
HIT Hauptinvestträger
HIV Human-Immuninsuffizienz-Virus (AIDS-Erreger)
hj. halbjährig, -jährlich
Hj. Halbjahr[es...]
HJ *faschist* Hitlerjugend
HK Handels[- und Gewerbe]kammer; Handwerkskammer; Hauptkasse
HKL Hauptkampflinie
Hkld. Halbkunstleder
HKW Heizkraftwerk
hl Hektoliter (1 hl = 100 l)
hl. heilig
Hl. Halbleder-, Halbleinwand[band], Halbleinen[band]; Heilige[r]
HL Halbleiter; Hauptleitung
Hld., Hldbd., Hldr. Halbleder[band]
Hln., Hlw., Hlwd., Hlwdbd. Halbleinwand[band], Halbleinen[band]
HLS Heizungs-, Lüftungs- und Sanitärkeramik
hm Hektar mittleres Pflügen, Einheitshektar
HN Normalhöhe
HNA *chin* Hsinhua (Nachrichtenagentur von China)
HNG, HNuG Gewerkschaft Handel, Nahrung und Genuß
HNO Hals-Nasen-Ohren...
Ho Element Holmium
HO Handelsorganisation
HOB Herrenoberbekleidung
HOG Havelländisches Obstanbaugebiet; HO-Gaststätte
HOI HO-Industriewaren
HOL HO-Lebensmittel
hom. homöopathisch
Hon. Honorar[...]
hor. horizontal
Hor. Horizont
Hosp. Hospital; Hospiz; Hospitant[in]; Hospitation
HOZ Hochofenzement
HP Hartpapier; *e* horse-power = Pferdestärke (1 HP = 1,014 PS = 745,7 W)

hPa Hektopascal ($1\,\text{hPa} = 10^2\,\text{Pa} = 1\,\text{mbar}$)
HPA Handelspolitische Abteilung; Hauptpostamt; Hauptprüf[ungs]amt, -ausschuß
Hperg., Hpg. Halbpergament[band]
HpflV Haftpflichtversicherung
HPG handwerkliche od. Handwerkerproduktionsgenossenschaft; Heilpraktikergesetz
Hpgt. Halbpergament[band]
HPL Hauptplanträger
HPSt Hilfspoststelle
Hpt. Hauptstadt; Haupt...
Hptfw. Hauptfeldwebel
Hptgefr. Hauptgefreiter
Hptm. Hauptmann
hptpl. hauptpostlagernd
hpts. hauptsächlich
Hptst. Hauptstadt
Hptwm. Hauptwachtmeister
Hr. Herr; **Hrn.** [an] Herrn
HR Handelsrat, -recht, -register; Hauptredaktion, -referat, -referent; Hessischer Rundfunk *B*; Hofrat
hrg. herausgegeben; hergestellt
Hrg. Herausgeber
hrsg. herausgegeben
Hrsg. Herausgeber
hs. handschriftlich
Hs. Handschrift; Haus
HS Hauptsachbearbeiter[in]; Herbstsemester; Hilfs-, Hochschule
HSA Hochschulabsolvent[in], -abschluß, -ausschuß
HSC Hochschulsportklub
hschr. handschriftlich
HSG Hochschulsportgemeinschaft
HSGL Hochschulgruppenleitung
hsl. handschriftlich; häuslich
HSL Handels-Schlüssel[-Nr.]
Hsp. Hörspiel; Hospital; Hospiz; Hospitant[in]; Hospitation
HSp. Handelsspanne
Hst Halte-, Hilfsstelle
Hst. Hauptstadt
HSTA Historisches Staatsarchiv
HSVO Hafensicherheitsverordnung
HT... Hochtemperatur...
HTA Haupttelegrafenamt
Htl. Hotel
HTL Höhere Technische Lehranstalt *B*
HTSt Haupttelegrafenstelle
HUK Verband der Haftpflicht-, Unfall- und Kraftverkehrs-Versicherer *B*
hum. human, humanitär, humanistisch; humoristisch
HV Handelsvertretung; Hand-, Hauptvermittlung; Hauptversammlung, -verwaltung, -vorstand; Hochvakuum; Höherversicherung
HVO Hochschullehrervergütungs-Verordnung
HVT Hauptversorgungsträger
HVZL Hauptverwaltung der Zivilen Luftfahrt
hw. handwerklich
Hw Hammer-, Heiz-, Hüttenwerk
Hwb. Handwörterbuch
HwK, HWK Handwerkskammer
HWL Höhere Wirtschaftliche Lehranstalt *B*
Hwm. Hauptwacht-, Hauptwerkmeister
HWWA Hamburgisches Welt-Wirtschafts-Archiv *B*
hyd[r]. hydraulisch; hydrologisch
hyg. hygienisch; hygroskopisch
Hyp. Hypothek[en...]; Hypothese
Hz Hertz (SI-Einheit der Frequenz; $1\,\text{Hz} = 1/\text{s}$, d. h. 1 Schwingung je Sekunde)
HZ Handelszentrale
HZA Hauptzollamt *B*
hzb. heizbar
Hzl Heizleitung

I

i. im; in; innen, innerlich
I Import; Infra...; Innen...;
Element Iod; *Kfzk* Italien
i. a. im allgemeinen
i. A., I. A. im Auftrag[e]
Ia. Iowa (Staat der USA)
IAA *e* International Advertising Association = Internationale Vereinigung für Werbefragen; Internationale Arbeiterassoziation (1864—76); Internationale Automobil-Ausstellung *B*; Internationales Arbeitsamt (der IAO)
IAAF *e* International Amateur Athletic Federation = Internationale Amateur-Leichtathletik-Föderation
IAAP *e* International Association for Analytical *bzw.* of Applied Psychology = Internationale Gesellschaft für analytische *bzw.* angewandte Psychologie
IABSE *e* International Association for Bridge and Structural Engineering = Internationale Vereinigung für Brückenbau und Hochbau
i. ä. D. im äußeren Dienst
IADF *e* Inter-American Association for Democracy and Freedom = [Inter-]Amerikanische Vereinigung für Demokratie und Freiheit
IADR *e* International Association for Dental Research = Internationale Vereinigung für zahnärztliche Forschung
IAEA *e* International Atomic Energy Agency *bzw.* International Atomic Energy Organization = Internationale Atomenergie-Agentur *bzw.* -Organisation
IAF *e* International Astronautical Federation = Internationale Astronautische Föderation
IAG *e* International Association of Gerontology = Internationale Vereinigung für Gerontologie, d. h. Alternsforschung
IAH Internationale Arbeiterhilfe (1921—33, *dann* illegal)
IAK Industrie-Agrar-Komplex; Internationales Auschwitz-Komitee
IAL *e* International Association of Theoretical and Applied Limnology = Internationale Vereinigung für theoretische und angewandte Limnologie, d. h. Gewässerkunde
i. allg. im allgemeinen
IALS *e* International Association of Legal Science = Internationaler Verband für Rechtswissenschaft[en]
IAM[AP] *e* International Association of Meteorology [and Atmospheric Physics] = Internationale Vereinigung für Meteorologie [und atmosphärische Physik]
IAMB *e* International Anti-Militarist Bureau against War and Reaction = Internationales Antimilitaristisches Büro gegen Krieg und Reaktion
IAMCR *e* International Association for Mass Communication Research = Internationale Vereinigung für Massenkommunikationsforschung
IAO Internationale Arbeitsorganisation
i. a. o. D. im außerordentlichen Dienst
IAP Industrieabgabepreis; *e* International Academy of Pathology = Internationale Akademie od. Gesellschaft für Pathologie
IAPA *e* Inter-American Press Association = [Inter-]Amerikanischer Presseverband
IARF *e* International Association for Religious Freedom = Weltbund für religiöse Freiheit
IARU *e* International Amateur Radio Union = Internationaler Funkamateur-Verband

IASA

IASA *e* International Air Safety Association = Internationale Vereinigung für Flugsicherheit
IASH *e* International Association of Scientific Hydrology = Internationale Vereinigung für wissenschaftliche Hydrologie od. Gewässerkunde
IASI *e* Inter-American Statistical Institute = [Inter-]Amerikanisches Institut für Statistik
IASV Internationale Arbeitsgemeinschaft von Sortimentsbuchhändler-Vereinigungen
IAT Internationale Arbeitsteilung
IATA *e* International Air Transport Association = Internationale Lufttransportvereinigung
IATU *e* Inter-American Telecommunications Union = [Inter-]Amerikanischer Fernmeldeverein
IAU *e* International Association of Universities = Internationale Vereinigung der Universitäten; *e* International Astronomical Union = Internationale Astronomische Union; Internationale Armbrust-Union
i. A. u. f. R. im Auftrag[e] und für [die] Rechnung
i. A. u. i. V. im Auftrag[e] und in Vertretung
IAVP Industrieabgabe-Verrechnungspreis
i. a. W. in ander[e]n Worten
IAW *e* International Alliance of Women „Equal Rights — Equal Responsibilities" = Internationaler Frauenbund „Gleiches Recht — gleiche Verantwortung"
ib. *l* ibidem = ebenda, ebendort
i. b. im besonderen
i. B. in Bau, Bayern, Betrieb, Buchstaben
IB Industrie-, Ingenieurbau; Informationsblatt, -bulletin, -büro
IBA *e* International Banker Association = Internationale Bankiervereinigung; *e* International Bar Association = Internationaler Richterbund; Internationale Baufach-, Buchkunst-Ausstellung
IBCA *e* International Braille Chess Association = Internationaler Blinden-Schachbund
ibd. *l* ibidem = ebenda, ebendort
IBEG Internationaler Bund der Erziehungsgemeinschaften
Ibf Industriebankfiliale
IBF *e* International Badminton Federation = Internationale Federball-Föderation
IBFG Internationaler Bund Freier Gewerkschaften
IBG Internationales Büro für Gebirgsmechanik
IBI *e* International Broadcasting Institute = Internationales Rundfunk- und Fernsehinstitut
ibid. *l* ibidem = ebenda, ebendort
IBK Industriebaukombinat
IBM *e* International Business Machines Corporation (USA-Konzern für Büromaschinen und Datenverarbeitungsanlagen)
IBO Internationaler Bauorden (Organisation)
IBP Internationaler Bund der Privatangestellten
IBR, IBRA Ingenieurbüro für Rationalisierung
IBRD *e* International Bank for Reconstruction and Development = Internationale Bank für Wiederaufbau und Entwicklung (Weltbank)
IBS VEB Ingenieurbüro Schiffbau; Internationales Berufssekretariat; *e* International Broadcasters' Society = Internationale Gesellschaft für Rundfunk und Fernsehen
IBSL Internationales Berufssekretariat der Lehrer
IBU *e* International Boxing Union = Weltverband der Berufsboxer

IBWZ Internationale Bank für wirtschaftliche Zusammenarbeit
IC Intercity-Zug
ICA Institut für Chemieanlagen; *e* International Cartographic Association = Internationale kartographische Vereinigung; *e* International Communication Agency (US-Propagandaamt); *e* International Co-operative Alliance = Internationaler Genossenschaftsbund; *e* International Council on Archives = Internationaler Archivrat
ICAA *e* International Civil Airports Association = Internationale Flughafenvereinigung; *e* International Council on Alcohol and Addictions = Internationaler Rat zur Bekämpfung des Alkoholismus
ICAD *e* International Committee for Automobile Documentation = Internationaler Ausschuß für Kraftfahrzeugdokumentation; *e* International Council of Amateur Dancers = Internationaler Amateur-Tanzsportverband
ICAE *e* International Council for Adult Education = Internationaler Rat für Erwachsenenbildung
ICAO *e* International Civil Aviation Organization = Internationale Organisation für Zivilluftfahrt
ICAS *e* International Council of Aerospace Sciences = Internationaler Rat für Luft- und Raumfahrtwissenschaften
ICATU *e* International Confederation of Arab Trade Unions = Internationaler Bund der Arabischen Gewerkschaften
ICC *e* International Computation Centre = Internationales Rechenzentrum
ICCC *e* International Council of Christian Churches = Internationaler Rat Christlicher Kirchen
ICCF *e* International Correspondence Chess Federation = Internationale Fernschach-Föderation
ICDO *e* International Civil Defence Organization = Internationale Organisation für Zivilverteidigung
ICDP *e* International Confederation for Disarmament and Peace = Internationale Vereinigung für Abrüstung und Frieden
ICE *e* International Cultural Exchange = Internationaler Kulturaustausch (Organisation)
ICEM *e* Intergovernmental Committee for European Migration = Zwischenstaatliches Komitee für Europäische Auswanderung
ICES *e* International Council for the Exploration of the Sea = Internationaler Rat für Meeresforschung
ICET *e* International Council on Education for Teaching = Internationaler Rat für Lehrausbildung
ICF *e* International Canoe Federation = Internationale Kanu-Föderation; *e* International Casting Federation = Internationaler Werfer-Verband; *e* International Federation of Chemical and General Workers' Unions = Internationale Föderation von Chemie- und Fabrikarbeiterverbänden
ICFTU *e* International Confederation of Free Trade Unions = Internationaler Bund Freier Gewerkschaften
ICG *e* International Commission on Glass = Internationale Kommission für Glas
ICHPER *e* International Council for Health, Physical Education and Recreation = Internationaler Rat für Gesundheit, Körpererziehung und Erholung
ICI *e* Imperial Chemical Industries (britischer Chemiekonzern)
ICIA *e* International Credit In-

surance Association = Internationale Kreditversicherungs-Vereinigung
ICID *e* International Commission on Irrigation and Drainage = Internationale Kommission für Bewässerung und Entwässerung
ICOGRADA *e* International Council of Graphic Design Associations = Internationaler Rat der Vereinigungen des graphischen Gewerbes
ICOM *e* International Council of Museums = Internationaler Museumsrat
ICOMOS *e* International Council of Monuments and Sites = Internationaler Rat für Denkmalspflege
ICRO *e* International Cell Research Organization = Internationale Gesellschaft für Zellforschung
ICRP *e* International Commission on Radiological Protection = Internationale Strahlenschutzkommission
ICS *e* International Chamber of Shipping = Internationale Schiffahrtskammer
ICSC *e* International Committee of Silent Chess = Internationales Komitee für Gehörlosenschach
ICSU *e* International Christian Social Union = Internationale Christlich-Soziale Vereinigung; *e* International Council of Scientific Unions = Internationaler Rat der wissenschaftlichen Vereinigungen
ICSW *e* International Council on Social Welfare = Internationaler Rat für Sozialarbeit
ICTU *e* Irish Congress of Trade Unions = [All-]Irischer Gewerkschaftskongreß
ICVA *e* International Council of Voluntary Agencies = Internationaler Rat der freiwilligen Hilfsorganisationen
ICW *e* International Council of Women = Internationaler Frauenrat
ICZN *e* International Commission on Zoological Nomenclature = Internationale Kommission für zoologische Nomenklatur
id. ideal; idealistisch; ideell; ideologisch; identisch
i. D. im Dienst, Durchmesser, Durchschnitt; innerer Durchmesser
Id., Ida. Idaho (Staat der USA)
ID Informations-, Innendienst
IDA *e* International Development Association = Internationale Entwicklungsgesellschaft, -organisation
IDB *e* Inter-American Development Bank = [Inter-]Amerikanische Entwicklungsbank
IDE Internationale Digitaliseinheit
i. d. F. in der Fassung, Firma, Form...
IDF *e* International Dairy Federation = Internationaler Milchwirtschaftsverband; *e* International Diabetes Federation = Internationale Diabetes-Föderation
i. d. F. d. G. v. in der Fassung des Gesetzes vom ...
IDFF Internationale Demokratische Frauenföderation
i. d. g. F. in der geltenden Fassung
IDI *e* International Development and Investment Company = Internationale Entwicklungs- und Investgesellschaft [dienstgegner
IdK, IDK Internationale der Kriegs-
i. d. R. in der Regel, Reserve
i. d. S. in dem Sinne; in der Sache
IDU Internationale Demokratische Union; Internationale Dendrologische Union
IDV Institut für Datenverarbeitung; integrierte Datenverarbeitung; Internationaler Deutschlehrerverband
IDVS integriertes Datenverarbeitungssystem
i. e. *l* id est = das ist, das heißt; im einzelnen
i. E. im Entstehen, Entwurf; in Entwicklung

IE, I. E. Immunisierungs-, Immunitäts-, Informations-, Insulineinheit; Internationale Einheit
IEA Institut für Elektroanlagen; *e* International Energy Agency = Internationale Energie-Agentur; *e* International Ergonomics Association = Internationale Vereinigung für Ergonomie
IEB Internationales Einheitsbaukastensystem
IEC *e* International Economic Conference = Internationale Wirtschaftskonferenz; *e* International Electrotechnical Commission = Internationale Elektrotechnische Kommission
i. e. F. in erleichterter Form; in erweiterter Fassung
IEKV Internationale Eisenbahn-Kongreß-Vereinigung
i. e. R. im einstweiligen Ruhestand[e]
i. Erm. im Ermessen; in Ermangelung
i. e. S. im eigentlichen, engeren Sinn[e]
i. F. in der Fassung, Firma, Form ...
IF Interflug (Luftverkehrsgesellschaft der DDR)
i. Fa. in der Fassung, Firma ...
IFA Industrieverband Fahrzeugbau der DDR; *e* International Finn Association = Weltverband der Finn-Segler
IFAC *e* International Federation of Automatic Control = Internationaler Verband für Regelungstechnik und Servomechanismen
IFAD *e* International Fund for Agricultural Development = Internationaler Fonds für landwirtschaftliche Entwicklung
IFALPA *e* International Federation of Air Line Pilots' Associations = Internationale Pilotenvereinigung
IFAP *e* International Federation of Agricultural Producers = Weltverband der landwirtschaftlichen Produzenten
IFAR Institut für Arzneimittelwesen der DDR
IFAS Institut für Angewandte Sozialwissenschaft *B*
IFATCA *e* International Federation of Air Traffic Controllers' Associations = Internationale Vereinigung der Fluglotsen
IfB Institut für Bedarfsforschung
IFB *e* International Federation of the Blind = Internationaler Blindenverband
IFBPW *e* International Federation of Business and Professional Women = Internationale Vereinigung der werktätigen Frauen
IFBWW *e* International Federation of Building and Woodworkers = Internationaler Bund der Bau- und Holzarbeiter
IFC *e* International Fashion Council = Internationaler Moderat; *e* International Finance Corporation = Internationale Finanzierungs-Gesellschaft; *e* International Fisheries Commission = Internationale Fischereikommission
IfD Institut für Demoskopie *B*
IfE Institut für Energetik
IFE Internationale Föderation für Eisstockschießen
Iff Institut für Fachschulwesen
IFF Institut für Fördertechnik
IFFF Internationale Frauenliga für Frieden und Freiheit
IFFJ *e* International Federation of Free Journalists = Internationale Föderation freier Journalisten
IFFTU *e* International Federation of Free Teachers' Unions = Internationales Berufssekretariat der Lehrer
IFH Internationale Föderation des Handwerks

IFHP *e* International Federation for Housing and Planning = Internationaler Verband für Wohnungswesen, Städtebau und Raumordnung
ifi Institut für Industriebau
IFI Internationale Föderation der Innenarchitekten; Internationales Friedensinstitut
IFIF *e* International Federation of Industrial Organizations and General Workers' Unions = Internationale Föderation von Industriegewerkschaften und Fabrikarbeiterverbänden
IFIP *e* International Federation for Information Processing = Internationaler Verband für Informations- od. Datenverarbeitung
IFJ *e* International Federation of Journalists = Internationale Föderation der Journalisten od. Journalisten-Föderation
IfK Institut für Körpererziehung; Institut für Kraftwerke
IFKM Internationale Föderation für Kurzschrift und Maschinenschreiben
IfL Institut für Lehrerbildung, für Leichtbau
IFL Internationale Frauen-, Freundschaftsliga
IFLA *e* International Federation of Library Associations = Internationaler Verband der Bibliothekar-Vereine
IfM Institut für Marktforschung, für Mechanisierung
IFM *e* International Falcon Movement = Internationale Falkenbewegung
IFMBE *e* International Federation for Medical and Biological Engineering = Internationale Vereinigung für medizinische und biologische Technik
IFMC *e* International Folk Music Council = Internationaler Volksmusikrat
Ifo, IFO Institut für Wirtschaftsforschung *B*
IFO Internationale Fotoschau der Ostseestaaten
i. folg. im folgenden
IFORS *e* International Federation of Operational Research Societies = Internationale Föderation der Gesellschaften für Operations- od. Verfahrensforschung
IfP Institut für Pflanzenforschung
IFPAAW *e* International Federation of Plantation, Agricultural and Allied Workers = Internationale Föderation der Plantagen- und Landarbeiter und verwandter Berufsgruppen
IFPCW *e* International Federation of Petroleum and Chemical Workers = Internationaler Verband der Petroleum- und Chemiearbeiter
IfR Institut für Regelungstechnik
IFR Internationaler Frauenrat
IFRB *e* International Frequency Registration Board = Internationaler Ausschuß für Frequenzregistrierung
IfS Institut für Schienenfahrzeuge; Institut für Schiffbau, für Sozialforschung *B*
IFSA *e* International Federation of Sports Acrobatic = Internationale Föderation für Sportakrobatik
IFSDA *e* International Federation of Stamp Dealers' Associations = Internationaler Postwertzeichen-Händlerverein
IFSW *e* International Federation of Social Workers = Internationale Vereinigung für Sozialarbeit
IfT Institut für Tierzuchtforschung
IFTA *e* International Federation of Teachers' Associations = Internationale Vereinigung der Lehrerverbände

IFTC *e* International Film and Television Council = Internationaler Film- und Fernsehrat
IfV Institut für Verkehrsforschung
IFV Internationaler Faustball-Verband
IfW Institut für Wasserwirtschaft; Institut für Werkzeug-, für Wirtschaftsforschung *B*
IFWEA *e* International Federation of Workers' Educational Associations = Internationaler Verband für Arbeiterbildung
IFWHA *e* International Federation of Women's Hockey Associations = Internationale Vereinigung für Damenhockey
IfWW Institut für Welt-Wirtschaft *B*
i. g. im ganzen
i. G. im Gange, im Generalstab[sdienst]; in Gold, in Gründung
IG Industriegewerkschaft; Interessengemeinschaft
iga Internationale Gartenbau-Ausstellung
IGA *e* International Golf Association = Internationaler Golfverband
IGB Internationaler Genossenschafts-, Gewerkschaftsbund
IGBE Industriegewerkschaft Bergbau und Energie *B*
IGC, IGCC *e* Intergovernmental Copyright Committee = Zwischenstaatlicher Ausschuß für Urheberrechte
IGF *e* International Graphical Federation = Internationale Graphische Föderation
IGH Internationaler Gerichtshof
IGL Institutsgewerkschaftsleitung
IGM Industriegewerkschaft Metall *B*
IGMW Internationale Gesellschaft für Musikwissenschaft
IGNM Internationale Gesellschaft für Neue Musik

IGPF Industriegewerkschaft Post und Fernmeldewesen *B*
IGT Internationaler Eisenbahn-Gütertarif
IGU *e* International Gas *bzw.* Geographical Union = Internationale Gas- *bzw.* Geographische Union; Internationale Gewerbeunion
IGV Institut für Getreideverarbeitung; Internationale Gesundheitsvorschriften (der WHO); Internationaler Gemeindeverband
i. H. im Hauptamt, Hause, Hochschuldienst
IH Interhotel
IHA *e* International Hotel Association = Internationaler Hotelverband
IHB Industrie- und Handelsbank (1968—74); VEB Ingenieurhochbau; Investitions- und Handelsbank *B*
i. Hd. im Hochschuldienst
IHF Internationale Handball-Föderation; *e* International Hospital Federation = Internationaler Krankenhausverband
IHFK Internationale Hochschulferienkurse
IHI Internationales Hilfskomitee für Intellektuelle
IHK Industrie-und-Handels-Kammer; Internationale Handelskammer
IHL *e* International Homoeopathic League = Internationale Homöopathische Liga
IHO *e* International Hydrographic Organization = Internationale Hydrographische Organisation
i. Hs., i. Hse. im Hause
IHS Ingenieurhochschule; Ingenieurhochschule für Seefahrt
i. H. v. in Höhe von
IHZ Internationales Handelszentrum
IIAS *e* International Institute of Administrative Sciences =

Internationales Institut für Verwaltungswissenschaften
IIASA Internationales Institut für Angewandte Systemanalyse
IIB *f* Institut international des brevets = Internationales Patentbüro od. -institut; Internationale Investitionsbank
IIC *e* International Institute of Commerce = Internationales Handelsinstitut
i. i. D. im inneren Dienst
IIHF *e* International Ice Hockey Federation = Internationale Eishockey-Föderation
IILS *e* International Institute for Labour Studies = Internationales Institut für Arbeitsstudien
IIO *e* International Islamic Organization = Internationale Islamische Organisation
IIP *f* Institut international de la presse = Internationales Presse-Institut
IIRA *e* International Industrial Relations Association = Internationale Vereinigung für Berufsbeziehungen
IIS *f* Institut international de la soudure *bzw.* de statistique = Internationales Institut für Schweißtechnik *bzw.* für Statistik; Internationales Institut der Sparkassen
i. J. im Jahr[e]
IJAB Internationaler Jugendaustausch und Besucherdienst der BRD
IJF Internationale Journalisten-, Judo-Föderation
IJK Internationale Juristen-Kommission
IJO Internationale Journalistenorganisation
ijpd Internationaler Jugendpressedienst *B*
i. K. in Kommission, Konkurs, Kürze

IK, IKK Innungs[kranken]kasse
IKA Volkseigene Betriebe für Installation, Kabel und Apparate
IKAB Internationale Katholische Arbeiterbewegung
IKP Italienische Kommunistische Partei
IKR VEB Industrie- und Kraftwerksrohrleitungen
IKRK Internationales Komitee vom Roten Kreuz
IKV Internationale kartographische Vereinigung; Internationaler Krankenhausverband
i. L. im Lichten (= Innern); in Liquidation
Ila, ILA Internationale Luftfahrt-Ausstellung *B*
ILA *e* International Law Association = Gesellschaft für Internationales Recht[swesen]
ILAA *e* International Legal Aid Association = Internationaler Rechtshilfeverband
ILAR *e* International League against Rheumatism = Internationale Liga gegen Rheumatismus
ILC *e* International Law Commission = UNO-Völkerrechtskommission
ILCOP *e* International Liaison Committee of Organizations for Peace = Internationaler Verbindungsausschuß der Friedensorganisationen
ILID Institut für Landwirtschaftliche Information und Dokumentation
ILIS Integriertes Leitungs-Informationssystem
ILKA Integriertes System luft- und kältetechnischer Ausrüstungen
ill. illuminiert; illustriert
Ill. Illumination; Illustration, Illustrator, Illustrierte
Ill., Ills. Illinois (Staat der USA)
ILN Institut für Landschaftsforschung und Naturschutz

ILO *e* International Labour Organization = Internationale Arbeitsorganisation
ILRM *e* International League for the Rights of Man = Internationale Liga für Menschenrechte
ILTF *e* International Lawn Tennis Federation = Internationale Rasentennis-Föderation
ILV internationaler Leihverkehr
ILZ Institut für Leihverkehr und Zentralkataloge
im. imitiert
i. M. im Mittel (durchschnittlich)
Im. Imitation
I. M. Innere Mission
IMA *e* International Mineralogical Association = Internationale Vereinigung für Mineralogie
IMAG Internationaler Messe- und Ausstellungsdienst GmbH *B*
IMB Internationaler Metallarbeiterbund
IMC *e* International Maritime Committee = Internationales Seeschiffahrtskomitee; *e* International Music Council = Internationaler Musikrat
IMD Institut für Mineraldüngung
IMEKO Internationale Meßtechnische Konföderation
IMF *e* International Marketing Federation = Internationale Marketing-Vereinigung; *e* International Metalworkers' Federation = Internationaler Metallarbeiterbund; *e* International Monetary Fund = Internationaler Währungsfonds
IMHW Innere Mission und Hilfswerk der Evangelischen Kirchen in der DDR
IMLB Internationale Musikleihbibliothek
imm. immanent; immatrikuliert
Imm., Immob. Immobilien

IMO VEB Industriemontagen; Internationale Mathematik-Olympiade; *e* International Maritime Organization = Internationale Seeschiffahrtsorganisation
Imp. Import
impr. imprägniert; *l* imprimatur = es werde gedruckt (Formel für Druckerlaubnis)
Impr. Impressum (Druckvermerk)
IMU *e* International Mathematical Union = Internationale Mathematische Union
IMZ Internationales Musikzentrum
in., *Plur auch* **ins.** *e* inch = Zoll (1 in. = 2,54 cm)
i. N. im Namen, Nebenamt, Norm[al]zustand
In *Element* Indium
INA *e* Iraqi News Agency = Irakische Nachrichtenagentur
Inc. *e* incorporated = eingetragene Firma, Aktiengesellschaft
INC *e* Indian National Congress = Indischer Nationalkongreß (Kongreßpartei)
INCB *e* International Narcotics Control Board = Internationaler Rat für Narkotikakontrolle
Incoterms *e* International Commercial Terms = Internationale Handelsklauseln od. -regeln
ind. indifferent; indirekt; individuell; induktiv; industrialisiert; industriell
Ind. Index; Indiana (Staat der USA); Indikation; Indossament; Industrie
INEX VEB Industrieanlagen-Export
inf. infektiös, infiziert; infolge[dessen]; informatorisch, informativ, informiert
Inf. Infanterie; Infektion[s...]; Infinitiv; Information[s...]
INF *e* intermediate-range nuclear force[s] = atomare Mittelstreckenwaffen

INFAS Institut für Angewandte Sozialwissenschaft *B*
INFEDOP *e* International Federation of Trade Unions of Employees in Public Service = Internationaler Bund der Gewerkschaften des Personals im Öffentlichen Dienst
Ing. Ingenieur
Ingr. Ingredienz[en] (Zutat[en]; Bestandteil[e])
Inh. Inhaber[in]; Inhalation; Inhalt
INIS *e* International Nuclear Information System = Internationales Nuklearinformationssystem
Inj. Injektion (Einspritzung)
inkl. inklusive (einschließlich)
Inl. Inland[s...]
inoff. inoffiziell
I. N. R. I. *l* Jesus Nazarenus Rex Judaeorum = Jesus von Nazareth, König der Juden
ins. inseitig
Ins. Insel[n]; Inserat
INSA *e* International Shipowners Association = Internationale Reedervereinigung
insb., insbes. insbesondere
Inschr. Inschrift
INSEA *e* International Society for Education Through Art = Internationaler Kunsterzieher-Verband
insg., insges. insgesamt
Insp. Inspekteur, Inspektor; Inspektion; Inspizient
Inst. Installateur, Installation; Instandsetzung[s...]; Instanz; Institut[ion]
instr. instruiert; instrumentiert
Instr. Instrukteur, Instruktion; Instrument[al...]
Insz. Inszenierung
int. intensiv[iert]; interessant, interessiert; interimistisch; intern; international; interniert
Int. Integration[s...]; Intendant; Interesse[n...], Interessent[in]; Interims..,; Internist

INT Institut für Nachrichtentechnik
INTECOL *e* International Association for Ecology = Internationale Vereinigung für Ökologie
intell. intellektuell; intelligent
INTELSAT *e* International Telecommunications Satellite Organization = Internationale Organisation für Satellitenübertragung
Interchim Organisation für die Zusammenarbeit (der RGW-Länder) bei der Produktion kleintonnagiger Chemikalien
Interfrigo *f* Société ferroviaire internationale de transports frigorifiques = Internationale Gesellschaft der Eisenbahn für Kühltransporte
Interpol Internationale Kriminalpolizeiliche Organisation
Intervision (international + Television) Vereinbarung über den Austausch und die gemeinsame Sendung von Fernsehprogrammen im Rahmen der OIRT
Intourist *r* Wsessojusnoje akzionernoje obschtschestwo po inostrannomu turismu w SSSR = Allunionsgesellschaft für internationalen Tourismus in der UdSSR
INTRADE *e* International Trade Development Association = Internationale Vereinigung für die Entwicklung des Handels[verkehrs]
INTUC *e* Indian National Trade Union Congress = Indischer Nationaler Gewerkschaftskongreß
inv. invariabel (unveränderlich); inventarisiert; investiert
Inv. Invalide[n...], Invalidität; Inventar, Inventur; Investition[en], Invest...
inw. inwendig; inwiefern, inwieweit
inzw. inzwischen
Io. Iowa (Staat der USA)

i. O.[b.] in Ordnung [befunden]
IOC *e* Intergovernmental Oceanographic Commission = Zwischenstaatliche Kommission für Ozeanographie; *e* International Olympic Committee = Internationales Olympisches Komitee
IOCU *e* International Organization of Consumers' Unions = Internationale Vereinigung der Verbraucherverbände
IÖD Internationale der öffentlichen Dienste
IOE *e* International Organization of Employers = Internationaler Arbeitgeberverband
IOF Internationale Orientierungslauf-Föderation
IOJ *e* International Organization of Journalists = Internationale Organisation der Journalisten, Internationale Journalistenorganisation
IOK Internationales Olympisches Komitee
IOMTR *e* International Organization for Motor Trades and Repairs = Internationaler Verband des Kraftfahrzeughandels, -handwerks und -gewerbes
IOPAB *e* International Organization for Pure and Applied Biophysics = Internationaler Verband für reine und angewandte Biophysik
IOZV Internationale Organisation für Zivilverteidigung
i. P. in Papier (Valuta), Pension
IPA *e* International Publishers' Association = Internationale Verleger-Union
IPAA *e* International Psycho-Analytical Association = Internationale Psychoanalytische Vereinigung
IPB Internationales Patentbüro
IPF Institut für Post- und Fernmeldewesen
IPG Interparlamentarische Gruppe
IPI Internationales Presse-Institut
IPM Institut für Polygraphische Maschinen
IPPF *e* International Planned Parenthood Federation = Internationale Vereinigung für Familienplanung
IPPT Internationale des Personals der Post-, Telegrafen- und Telefon-Betriebe
IPRA *e* International Peace Research Association = Internationale Friedensforschungsgesellschaft; *e* International Public Relations Association = Internationale Vereinigung für Öffentlichkeitsarbeit
IPRO VEB Industrieprojektierung
IPRS Industriepreisregelsystem
IPU *e* International Peasant Union = Internationaler Bauernverband; Interparlamentarische Union
IPW Institut für Internationale Politik und Wirtschaft
IPZ Isopartzeit (der Weltzeituhr)
IQ Intelligenzquotient, -quote
i. R. im Ruhestand[e], in Ruhe; in [der] Reserve
Ir *Element* Iridium
IR Industrieroboter; infrarot; Internationaler Rat
IRA Internationale Rauchwaren-Auktion; *e* International Recreation Association = Internationale Vereinigung für Freizeitgestaltung; *e* Irish Republican Army = Irische Republikanische Armee
IRF *e* International Road Federation = Internationale Straßen-Liga
irg. irgend
IRH Internationale Rote Hilfe (Organisation; 1922–47)
IRK Internationales Rotes Kreuz
IRKK Internationales Rotes-Kreuz-Komitee
IRO Institut für Rationalisierung und Organisation

IRPA International Radiation Protection Association = Internationale Vereinigung für Strahlenschutz

irr. irrational; irregulär; irreparabel; irreversibel

IRS Informations-Recherchesystem

IRTU, IRU *e* International Road Transport Union = Internationaler Straßenverkehrsverband

IRU *e* International Relief Union = Welthilfsunion, -verband

is. isoliert

i. S. im Sinne, Sommer; in Sachen, Sachsen, Sondervorstellung, Summa

IS Informationssystem; Ingenieurschule; integrierte Schaltung

ISA *e* International Federation of the National Standardizing Associations = Internationale Vereinigung der nationalen Normenausschüsse (*seit* 1946 ISO); *e* International Sociological Association = Internationale Vereinigung für Soziologie

ISAIV Integriertes System der automatisierten Informationsverarbeitung

ISB Internationaler Studentenbund

ISBN Internationale Standardbuchnummer

ISC *e* International Society of Cardiology = Internationale Gesellschaft für Kardiologie

i. S. d. im Sinne der, des

ISETU *e* International Secretariat of Entertainment Trade Unions = Internationales Sekretariat der Gewerkschaften für Kunst und Unterhaltung

ISF *e* International Shipping Federation = Internationaler Reederverein; *e* International Society for Fat Research = Internationale Gesellschaft für Fettwissenschaft

ISG Industriesportgemeinschaft; Internationales Schiedsgericht (für Fragen der See- und Binnenschiffahrt)

ISH Institut des Seeverkehrs und der Hafenwirtschaft (*seit* 1974 im DSR VEB Deutfracht/Seereederei Rostock); *e* International Seamen and Harbour Workers = Internationaler Verband der Seeleute und Hafenarbeiter

ISHS *e* International Society for Horticultural Science = Internationale Gartenbauwissenschaftliche Gesellschaft

ISI *e* International Statistical Institute = Internationales Statistisches Institut

ISIC *e* International Standard Industrial Classification of all Economic Activities = Internationale Industriewaren-Standardklassifikation

ISIM *e* International Society of Internal Medicine = Internationale Gesellschaft für Innere Medizin

ISIS *e* International Student Information Service = Internationaler Studenten-Informationsdienst

ISK Internationaler Sozialistischer Kampfbund (1926–38); Internationale Schiffahrtskammer; Internationale Sportkorrespondenz *B*

ISKP Internationale Spezialisierung und Kooperation der Produktion

ISME *e* International Society for Music Education = Internationale Gesellschaft für Musikerziehung

ISMUN *e* International Student Movement for the United Nations = Internationale Studentenbewegung für die Vereinten Nationen

ISO *e* International Standardizing Organization (*heute* International Organization for Standardization) = Internationale Standardisierungsorganisation od. Organisation für Standardisierung

ISOD *e* International Sports Organization for the Disabled = Internationale Sportorganisation für Körperbehinderte

ISPA *e* International Society for the Protection of Animals = Internationaler Tierschutzverein

ISR *e* International Society of Radiology = Internationale Gesellschaft für Radiologie

ISRD *e* International Society for Rehabilitation of the Disabled = Internationale Gesellschaft für die Rehabilitation od. Wiederherstellung Behinderter

ISS *e* International Social Service = Internationaler Sozialdienst

ISSA *e* International Social Security Association = Internationale Vereinigung für Soziale Sicherheit

ISSC *e* International Social Science Council = Internationaler Rat für Sozialwissenschaften

ISSN *e* International Standard Serial Number = Internationale Standardnummer für fortlaufende Sammelwerke

ISSS *e* International Society of Soil Science = Internationale Bodenkundliche Gesellschaft

i. St. *Militär* im Stab[e]

ISTA *e* International Seed Testing Association = Internationale Vereinigung für Saatgutprüfung

ISTG Internationale Schlafwagen- und Touristik-Gesellschaft

ISU *e* International Skating Union = Internationale Eislauf-Vereinigung

i. S. v. im Sinne von

ISW Institut für sozialistische Wirtschaftsführung

ISWA Institut für sozialistische Wirtschaftsführung – Außenwirtschaft; *e* International Solid Wastes and Public Cleansing Association = Internationale Vereinigung für Stadtreinigung

it. item (ebenso; ferner)

i. T. im Text; im Trockenzustand, in [der] Trockenmasse; in Tirol

ItB Industriewaren des täglichen Bedarfs

ITB Ingenieurtechnisches Büro; *e* International Time Bureau = Internationales Zeitbüro

ITFCA *e* International Track and Field Coaches' Association = Internationale Leichtathletiktrainer-Assoziation

ITGWF *e* International Textile and Garment Workers' Federation = Internationale Textil- und Bekleidungsarbeiter-Vereinigung

ITI *e* International Theatre Institute = Internationales Theaterinstitut

ITL Ingenieur- und Techniker-Lehrgangsinstitut *B*

i. Tr. im Trockenzustand, in [der] Trockenmasse

ITS *e* International Tracing Service = Internationaler Suchdienst

ITT, IT & T, ITTC *e* International Telephone and Telegraph Corporation (US-Konzern der Elektro- und Nachrichtentechnik)

ITTF *e* International Table Tennis Federation = Internationale Tischtennis-Föderation

ITV VEK Ingenieur-Tief-und-Verkehrsbau

ITVV Internationaler Transport-Versicherungs-Verband

ITWF *e* International Transport Workers' Federation = Internationale Transportarbeiter-Föderation

i. ü. im übrigen

i. U. im Umbau, Umbruch

IUAI *e* International Union of Aviation Insurers = Internationale Union der Luftfahrt-Versicherer

IUAPPA *e* International Union of Air Pollution Prevention Associations = Internationale Vereinigung der Verbände zur Verhütung der Luftverunreinigung

I. u. A. v. Irrtum und Auslassungen vorbehalten

IUB *e* International Union of Biochemistry = Internationale Union für Biochemie

IUBS *e* International Union of Biological Sciences = Internationale Union der Biologischen Wissenschaften

IUCN *e* International Union for Conservation of Nature and Natural Resources = Internationale Union zur Erhaltung der Natur und der natürlichen Hilfsquellen

IUCW *e* International Union for Child Welfare = Internationale Vereinigung für Jugendhilfe

i. u. F. im umgekehrten Falle

IUF *e* International Union of Food and Allied Workers' Associations = Internationale Union der Lebens- und Genußmittelarbeiter-Gewerkschaften

IUFO *e* International Union of Family Organizations = Internationale Vereinigung der Familienverbände

IUFRO *e* International Union of Forestry Research Organizations = Internationaler Verband forstlicher Forschungsanstalten

IUGG *e* International Union of Geodesy and Geophysics = Internationale Union für Geodäsie und Geophysik

IUGS *e* International Union of Geological Sciences = Internationale Union für geologische Wissenschaften

IUHE *e* International Union for Health Education = Internationale Union für Gesundheitserziehung

IUHPS *e* International Union of the History and Philosophy of Science = Internationale Vereinigung für Wissenschaftsgeschichte und -philosophie

IUJ *e* International Union of Interpreters = Internationaler Dolmetscherverband

IUJCD Internationale Union Junger Christlicher Demokraten

IUL Internationale Union der Lebens- und Genußmittelarbeiter-Gewerkschaften

IULA *e* International Union of Local Authorities = Internationaler Gemeindeverband

IUMI *e* International Union of Marine Insurance = Internationaler Transport-Versicherungs-Verband

IUNS *e* International Union of Nutritional Sciences = Internationaler Verband für Ernährungswissenschaften

IUPAC *e* International Union of Pure and Applied Chemistry = Internationaler Verband für reine und angewandte Chemie

IUPAP *e* International Union of Pure and Applied Physics = Internationaler Verband für reine und angewandte Physik

IUPS *e* International Union of Physiological Sciences *bzw.* of Psychological Science = Internationale Vereinigung für Physiologie *bzw.* für [wissenschaftliche] Psychologie

IUS *e* International Union of Students = Internationaler Studentenbund

IUSSP *e* International Union for the Scientific Study of Population = Internationale Union für Bevölkerungswissenschaft

IUSY *e* International Union of Socialist Youth = Internationale Vereinigung der sozialistischen Jugend

IUTAM *e* International Union of Theoretical and Applied Mechanics = Internationale Union für theoretische und angewandte Mechanik

IUVDT *e* International Union against the Venereal Diseases and the Treponematoses = Internationale Union gegen Geschlechtskrankheiten und Treponematosen

IUYCD *e* International Union of Young Christian Democrats = Internationale Union Junger Christlicher Demokraten

i. V. im Vakuum, Vogtland, Vorbereitungsdienst, Vorjahr[e], Vorübergehen [schlagen]; in Veränderung [begriffen], Verbindung [mit], Vertretung, Vollmacht, Verwaltung, Vorbereitung

I. v. Irrtum vorbehalten

IV Industrieverband, -vereinigung; Informationsverarbeitung; Invalidenversicherung

I. V. in Vertretung, Vollmacht

IVA Internationale Verkehrs-Ausstellung *B*

i. V. b. in Veränderung begriffen

IVB Institut für Verwaltungsorganisation und Bürotechnik

IVBH Internationale Vereinigung für Brückenbau und Hochbau

IVBV Internationaler Verband der Bibliothekar-Vereine

IVDJ Internationale Vereinigung Demokratischer Juristen

IVE Internationale Vereinigung der Eisenwaren- und Eisenhändlerverbände

IVfgR Internationale Vereinigung für gewerblichen Rechtsschutz

IVG Internationale Vereinigung der Gewerkschaften; Invalidenversicherungsgesetz

IVJH Internationale Vereinigung für Jugendhilfe

IVK Internationales Vorbereitungskomitee (eines Kongresses u. dgl.)

IVL Internationale Vereinigung der Lehrerverbände

i. V. m. in Verbindung mit

IVO Investitionsverordnung

IVRS Internationale Vereinigung Revolutionärer Schriftsteller (1927–35)

IVSP *e* International Voluntary Service for Peace = Internationaler freiwilliger Friedensdienst

IVSS Internationale Vereinigung für Soziale Sicherheit

IVU *e* International Vegetarian Union = Internationale Vegetarier-Union; Internationale Verleger-Union

IVW Internationale Vereinigung der Gewerkschaften der Werktätigen des öffentlichen Dienstes und verwandter Berufe

IVWSR Internationaler Verband für Wohnungswesen, Städtebau und Raumordnung

i. w. im wesentlichen

i. W. im Wartestand, Winter; innere Weite; in Westfalen; in Worten

IWBS Importwarenbegleitschein

IWC Innen-WC

IWF Internationaler Währungsfonds; *e* International Weightlifting Federation = Internationale Gewichtheber-Föderation

IWGYC *e* International Working Group Youth and Co-operation = Internationale Arbeitsgemeinschaft Jugend und Genossenschaft

IWP industrielle Warenproduktion

IWRA *e* International Water Resources Association = Internationale Vereinigung für Wasser-Ressourcen

i. w. S. im weiteren Sinn[e]

IWSA *e* International Water Supply Association = Internationale Vereinigung für Wasserversorgung

IWT Informationssystem Wissenschaft und Technik
i. W. v. im Wert[e] von
IWV Institut für Werkzeuge und Vorrichtungen; Internationale Warenhaus-Vereinigung
IYHF *e* International Youth Hostel Federation = Internationaler Jugendherbergsverband
IYRU *e* International Yacht Racing Union = Internationale Renn-Segel-Union
IZ Informationszentrum, -zentrale; Ingenieurtechnisches Zentralbüro; internationale Zusammenarbeit
IZD Internationaler Zivildienst
i. Z. m. in Zusammenhang, Zusammenarbeit mit
IZWTI Internationales Zentrum für wissenschaftliche und technische Informationen

J

J *Element* Jod; Joule (SI-Einheit der Energie; $1 J = 1 N \cdot m$)
J. Jahr; Journal
JAG Jugendarbeitsgemeinschaft
JAL *e* Japan Air Lines = Japanische Luftverkehrsgesellschaft
JANA *ar/e* Jamahiriyah News Agency (libysche Nachrichtenagentur)
JAR Jemenitische Arabische Republik
JAT *sk* Jugoslovenski Aerotransport (jugoslawische Luftverkehrsgesellschaft)
Jb. Jahrbuch, *Plur* Jbb.
Jber. Jahresbericht, *Plur* Jberr.
JC Jacht-, Judoklub
JCI *e* Junior Chamber International = Internationale Junioren-Kammer

JD Jahresdurchschnitt
jem. jemals, jemand
JEP Jahresendprämie
jew. jeweilig, jeweils
JEZ Jugenderholungszentrum
JFP Jugend-Förderungsplan
jg. jung
Jg. Jahrgang, *Plur* Jgg.
Jg., Jgd. Jugend
jgdfr. jugendfrei
Jgdl. Jugendliche[r]
JGG Jugendgerichtsgesetz
Jh. Jahresheft, *Plur* Jhh.; Jahrhundert
JH Jugendherberge
Jhrb. Jahrbuch
Jhrg. Jahrgang
j. L. jüngere[r] Linie
J.-N[r]. Jahres-, Journalnummer
JOB Jugendoberbekleidung
JOC *f* Jeunesse ouvrière chrétienne internationale = Internationale Christliche Arbeiterjugend
j. P. juristische Person
JP Junge Pioniere
jr. *l* junior = der Jüngere
JRK Jugend-Rot-Kreuz *B/Ö/S*
Js. Jahresschrift
JSB Jung-Spartakus-Bund (1924—30)
JSchG Jugendschutzgesetz
Jschr. Jahresschrift
JSchVO Jugendschutzverordnung
jt Jugendtourist (Jugendreisebüro der DDR)
Jt., Jtd. Jahrtausend
Jtg. Jahrestag
JU Junge Union *B*
jun. *l* junior = der Jüngere
jur. juristisch
Jusos Jungsozialisten *B*
Jv. Jugendverbot
JW Junge Welt (Zeitung)
JWH Jugendwerkhof, -wohnheim
Jz. Jahreszahl
Jzht. Jahrzehnt

K

k Karat (bei Juwelen: 1 k = 0,2 g; bei Goldlegierungen: 1 k = 41 ²/₃ ‰, 24 k = 100% Gold); Kat[h]ode; Kilo... (= 10^3; vor Maßeinheiten das Tausendfache dieser Einheit, z. B. 1 kHz = 10^3 Hz); klein
K Kaliber; *Element* Kalium; Kat[h]ode; Kelvin (SI-Einheit der Temperatur[differenz]; 0 K ≙ -273,15 °C); Kote (Höhenangabe)
kA Kiloampere (1 kA = 10^3 A)
Ka Kat[h]ode
KA kapitalistisches Ausland; Kreisamt, -ausschuß; Kulturabgabe
KAD Kartoffelkäfer-Abwehrdienst
KAG Kommandit-Aktiengesellschaft; Kommunalabgabengesetz; Kreisarbeitsgemeinschaft; Künstlerische Arbeitsgruppe
KAJ Katholische Arbeiterjugend *B*
KAJÖ Katholische Arbeiterjugend Österreichs
Kal. Kalender; Kaliber
Kam. Kamerad
Kand. Kandidat[in], Kandidatur
Kan[s]. Kansas (Staat der USA)
KANU *e* Kenya African National Union = Afrikanische Nationalunion von Kenia (Partei)
KAO kooperative Abteilung Obstproduktion
kap. kapitalistisch; kapituliert
Kap. Kapazität; Kapitel
KAP kooperative Abteilung Pflanzenproduktion
kart. kartographisch; kartoniert
Kat. Katalog; Kataster; Katechet; Katechismus; Kategorie
KAT kooperative Abteilung Tierproduktion
kath. katholisch [*B*
KÄV Kassenärztliche Vereinigung
KAVA Kabelwerk Vacha
KAZ Kreisausbildungszentrum
KB Kombinats-, Konzessionsbetrieb; Körper-, Kriegsbeschädigte[r]; Kulturbund der DDR
Kbl. Karteiblatt
KBS Kaufmännische Berufsschule; Konstruktionsbüro für Schwermaschinenbau; Kreisbildungsstätte, -buchungsstation
k. b. V. keine besonderen Vorkommnisse
KBV Kassenärztliche Bundesvereinigung *B*; Kinderbuchverlag
Kbw Kraftwagenbetriebswerk
KBW Kommunistischer Bund Westdeutschland *B*
kcal Kilokalorie (1 kcal = 10^3 cal)
KCNA *e* Korean Central News Agency (Nachrichtenagentur der KDVR)
Kčs *č* Koruna československá = tschechoslowakische Krone
KD Kontroll-, Kundendienst; Kreisdirektion
KDB Kombinat Dampferzeugerbau Berlin; kommunaler Dienstleistungsbetrieb; Kundendirektbelieferung [Hilfe
KdgH Kasse der gegenseitigen
KDK Kreisdelegiertenkonferenz
Kdo. Kommando
KdöR Körperschaft des öffentlichen Rechts
Kdos., Kds. Kommandosache
Kdr. Kommandeur
Kdt. Kommandant
KDT Kammer der Technik
Kdtr. Kommandantur
KDV Kriegsdienstverweigerer
KDV, KDVD Kassendentistische Vereinigung [Deutschlands] *B*
KDVR Koreanische Demokratische Volksrepublik
KDZ Kundendienstzentrale
KE kooperative Einrichtung
KEK Konferenz Europäischer Kirchen

Ken.

Ken. Kentucky (Staat der USA)
Kennz. Kennzahl, -zeichen, -ziffer
keV Kiloelektronenvolt (1 keV = 10^3 eV)
Kf. Kauf...; Kraftfahr...; Kurzfassung
KF Korrosionsfestigkeit; Kulturfläche
KfA Kammer für Außenhandel
KFA Kreisfachausschuß; Kreis-Fußball-Ausschuß
KFG Kraftfahrzeug-Gesetz
Kfh. Kaufhaus, -halle
KfJ Kreisausschuß für Jugendweihe
KfL Kreisbetrieb für Landtechnik
KFL Kinderferienlager
kfm. kaufmännisch
Kfm. Kaufmann
KFM Kraftfuttermischwerk
KfS Koordinierungsstelle für Standardisierung
KFS Klub für Sportschießen; Kreisfilm-, Küstenfunkstelle
Kfz Kraftfahrzeug
kg Kilogramm (SI-Einheit der Masse; 1 kg = 10^3 g)
Kg. Kammgarn; König
K. g. Kenntnis genommen
KG Kammer-, Kreisgericht; Kampfgruppe; Kommandit-, Kommissionsgesellschaft; Konsumgenossenschaft; Kreisgeschäftsstelle
KGB *r* Komitet gossudarstwennoi besopasnosti = Komitee für Staatssicherheit (UdSSR)
KGD Konzert- und Gastspieldirektion
kgl. königlich; **Kgl.** Königlich
KGL Kombinatsgewerkschaftsleitung
Kgp Kraftgüterpost
Kgr. Kampfgruppe; Königreich
KGV Konsumgenossenschaftsverband
kh., k. H., K. H. kurzerhand

KH Kirchliche Hochschule *B*; Kleinhandel; Kohle[n]hydrat[e]; Kulturhaus
kha Koeffizientenhektar
KHD Klöckner-Humboldt-Deutz AG *B*
Khdw. Kunsthandwerk
KHE Kohle[n]hydrateinheit
KHI Kreishygieneinspektion
Khl. Kunsthalbleinen
Khld., Khldr. Kunsthalbleder
KHW Kraftheizwerk
kHz Kilohertz (1 kHz = 10^3 Hz)
KI Kommunistische Internationale (1919—43)
KIB Konstruktions- und Ingenieurbetrieb, -büro; Kraftfahrzeug-Instandsetzungsbetrieb
KIG Kreisinspektion Gesundheitsschutz
KIK Kraftverkehrs- und Instandsetzungs-Kombinat
KIM Kombinat industrielle Mast
KIPA Katholische Internationale Presseagentur *S*
KIZ Kultur- und Informationszentrum
kJ Kilojoule (1 kJ = 10^3 J)
k. J. kommenden, künftigen Jahres
Kj. Kalenderjahr
KJA Kreisjugendamt, -ausschuß
KJI Kommunistische Jugendinternationale (1919—43)
KJK Kreisjugendkommission
KJM Katholische Junge Mannschaft *B*
KJÖ Katholische, Kommunistische Jugend Österreichs
KJS Kinder- und Jugendsportschule
KJVD, KJV Kommunistischer Jugendverband [Deutschlands] (1925—33; illegal bis 1945)
k. k. kaiserlich-königlich
KK Kleinkaliber; Konflikt-, Kreiskommission; Kranken-, Kreiskasse
KKG Kreiskonsumgenossenschaft

KKH Kreiskranken-, Kreiskulturhaus
KKK Kreiskontrollkommission; Ku-Klux-Klan (geheime Terrororganisation in den USA)
KKO Konfliktkommissionsordnung
Kkw Krankenkraftwagen
KKW Kernkraftwerk
kl. klein
Kl. Klasse; Klassifikation; Klausel; Klein...; Klinik
KL Kreisleitung
Klb Kleinbahn
KLB Kreislichtspielbetrieb
Klbf, Klbhf Kleinbahn[bahn]hof
Kld. Kunstleder
Klh. Kleinhandel[s...]
Klkw Kleinkraftwagen
KLM *n* Koninklijke Luchtvaart Maatschappij (niederländische Luftverkehrsgesellschaft)
KLS Kreislandwirtschaftsschule
Klw Kleinwagen
km Kilometer (1 km = 10^3 m)
km² Quadratkilometer (1 km² = 10^6 m²)
k. M. kommenden, künftigen Monats
KMD Kirchenmusikdirektor
Kmdo. Kommando
Kmdr. Kommandeur
Kmdt. Kommandant
Kmdtr. Kommandantur
km/h Kilometer je Stunde
KMS Küstenmotorsegler
KMU Karl-Marx-Universität, Leipzig
kn Knoten (1 kn = 1 sm/h = 1,852 km/h)
kN Kilonewton (1 kN = 10^3 N)
KNA Katholische Nachrichten-Agentur *B*
KNV Kreisnaturschutzverwaltung
k. o. *e* knock-out = niedergeschlagen, kampfunfähig; erledigt
KoAG Kommandit-Aktiengesellschaft

KOB Kinderoberbekleidung
KOG Kooperationsgemeinschaft
kol. koloriert
Kolchos *r* kollektiwnoje chosjaistwo = Kollektivwirtschaft (der UdSSR)
Koll. Kollege[n], Kollegin[nen], Kolleg[ium]; Kolloquium; Kollektion; Kollektiv
Kolln. Kollegen, Kollegin[nen]
KOM Kraftomnibus
komb. kombiniert
Komdo. Kommando
Komdr. Kommandeur
Komdt. Kommandant
Komintern Kommunistische Internationale (1919—43)
komm. kommandierend, kommandiert; kommentierend, kommentiert; kommissarisch; kommunal; kommunistisch
Komm. Kommandant[ur], Kommando, Kommodore; Kommentar, Kommentator[in]; Kommissar[iat]; Kommission[är]; Kommunale..., Kommunal...; Kommunikation[s...]
Komp. Kompanie; Kompensation[s...]; Komponist[in], Komposition
kompl. komplett; komplex; kompliziert
kompr. komprimiert
Komsomol od. **WLKSM** *r* Wsessojusny Leninski Kommunistitscheski Sojus Molodjoshi = Leninscher Kommunistischer [Allunions-]Jugendverband (UdSSR)
kond. kondensiert
konf. konfessionell; konfirmiert; konföderiert; konform[istisch]
Konf. Konfektion[s...]; Konferenz; Konfession; Konfirmation
konfl. konfessionslos
kons. konsequent; konservativ; konserviert; konsolidiert; konsonantisch; konsularisch
Kons. Konservatorium; Kon-

konst.

serve[n...]; Konsonant; Konsortium; Konsul, Konsulat[s...], Konsular...; Konsument[en...], Konsumtion[s...]
konst. konstant; konstituierend, konstituiert; konstitutionell; konstruiert; konstruktiv
Konstr. Konstrukteur, Konstruktion[s...]
kont. kontinuierlich
Kontr. Kontrahent; Kontrakt; Kontrast; Kontrolle, Kontrolleur, Kontroll...
konv. konventionell; konvergent; konvertierbar, konvertiert; konvex
Konv. Konvention[al...]; Konvertierung[s...], Konvertierbarkeit; Konversation[s...]; Konvikt
konz. konzentriert, konzentrisch; konzipiert; konzessioniert
Konz. Konzentrat[ion]; Konzept[ion]; Konzern; Konzert; Konzession[är]; Konzipient, Konzipist
Koord. Koordinate[n]; Koordinierung[s...]
kop. kopiert
Kop. Kopeke; Kopie
KöR Körperschaft [des] öffentlichen Rechts
korr. korrekt; korrigiert; korrelativ; korrespondierend
Korr. Korrektur; Korrespondent[in], Korrespondenz; Korrigenda (Druckfehlerverzeichnis); Korrosion[s...]; Korrepetitor[in]
KOV Kooperationsverband
kp Kilopond (1 kp = 9,80665 N)
KP Kommunistische Partei; Kontrollposten, -punkt
kPa Kilopascal (1 kPa = 10^3 Pa)
KPCh Kommunistische Partei Chinas
KPD *ehem* Kommunistische Partei Deutschlands
KPdSU Kommunistische Partei der Sowjetunion
KPdSU(B) Kommunistische Partei der Sowjetunion (Bolschewiki; 1925–52)
KPFi Kommunistische Partei Finnlands
KPG künstlerische Produktionsgenossenschaft
KPK Kommunistische Partei Kubas
KPKK Kreis-Parteikontrollkommission
kpl. komplett
kpm Kilopondmeter (1 kpm = 9,80665 J)
Kpm. Kapellmeister
KPÖ Kommunistische Partei Österreichs
KPP Kontrollpassierpunkt
KPR(B) Kommunistische Partei Rußlands (Bolschewiki; 1918–25)
Kps. Korps
KPS Kommunistische Partei der Slowakei
Kpt. Kapitän
KPT Kunstpreisträger[in]
Kptlt., Kptltn. Kapitänleutnant
KPTsch Kommunistische Partei der Tschechoslowakei
Kpt. z. S. Kapitän zur See
KPV Kommunistische Partei Vietnams
Kr. Krone (Währung); *Element* Krypton
Kr. Kreis
KR Kirchen-, Kommerzien-, Konsistorial-, Kreisrat; Kleinroller
KRA Kleinrechenanlage
Krabus Kraftomnibus
Krad, Krd Kraftrad
KRAVAG Versicherungsverband des Deutschen Kraftverkehrs *B*
Krf. Kraft[wagen]fahrer, -führer
KRG Kontrollratsgesetz (nach 1945)
Krh., Krhs., Krkhs. Krankenhaus
Kripo Kriminalpolizei
KrK Kranken-, Kreiskasse
Krs Kreis

KrV Kranken-, Kreditversicherung; Kreisverband, -verein[igung], -verwaltung, -vorstand
KS Kammersänger[in]; Kettenschlepper; Kühlstärke, Katagrad; Kunstseide; Kurzschrift; Küstenschnellboot, -schutz
KSA Kreissportausschuß
KSC Kraftsportklub
KSE Kleine Sowjet-Enzyklopädie
KSH Kombinat Seeverkehr und Hafenwirtschaft — Deutfracht/Seereederei —
KSK Kreissparkasse
ksl. kaiserlich; **Ksl.** Kaiserlich (in Titeln)
Ksp Kraftsonderpost
KSS Küstenschutzschiff
KSSG Kinder-Schwimmsportgemeinschaft
KSt Körperschaftssteuer; Kostenstelle
kStE Kilostärkeeinheit (1 kStE = 10^3 StE)
kstl. künstlerisch; künstlich
KSV Kegel-, Kraftsportverein[igung]; Kommunistischer Studentenverband *Ö*; Küstensicherungsverband
KSZE Konferenz über Sicherheit und Zusammenarbeit in Europa
kt Kilotonne (1 kt = 10^3 t)
kt. kraftfahrtechnisch
Kt. Kanton (Gliedstaat der Schweiz); Katalog
KT Kabeltelegramm; Kostenträger
KTA Kraftfahrzeugtechnische[s] Amt, Anstalt; Kreistransportausschuß
KTBL Kuratorium für Technik und Bauwesen in der Landwirtschaft *B*
KTG Kerntechnische Gesellschaft *B*
KTI Kriminaltechnisches Institut
Kto. Konto
KTP Kraftfahrtechnische Prüfstelle *B*
KTS Kühl-und-Transport-Schiff
KTU Kriminaltechnische Untersuchungsstelle *B*
KTW Kolbentriebwerk; Komitee für Touristik und Wandern
Ku *Element* Kurtschatowium
Kü. Küche[n...]; Küste[n...]
KU Konzessionsunternehmen, -nehmung; Kupferfaser[stoffe]
KUG Kunsturhebergesetz
k. u. k. kaiserlich und königlich
kult. kultisch; kultiviert; kulturell
Kümo Küstenmotorschiff
künstl. künstlerisch; künstlich
Kurzz. Kurzzeichen
kV Kilovolt (1 kV = 10^3 V)
KV Kartellverband; Kassenärztliche Vereinigung *B*; kaufmännische Verwaltung; Köchelverzeichnis (der Werke Mozarts); Konkursverfahren, -verwalter; Kraftverkehr; Kranken-, Kreditversicherung; Kreisverband, -verein[igung], -verwaltung, -vorstand; Künstlerverband, -verein[igung]; Kunstverein; Kurverwaltung
KVA Kraftverkehrsamt
KVAB Krankenversicherungsanstalt Berlin (Westberlin)
KVAE Konferenz über vertrauens- und sicherheitsbildende Maßnahmen und Abrüstung in Europa
KVB Kraftverkehrsbetrieb[e]
KVD Kassenärztliche Vereinigung Deutschlands *B*
KVG Krankenversicherungsgesetz
KVK Kraftverkehrskombinat
KVO Kraftverkehrsordnung
KVP Kasernierte Volkspolizei (bis 1956)
Kvst Kraftverkehrsstelle
KVVO Kraftfahrverkehrsverordnung
KVW Kartoffelveredlungswerk; Kreisverkehrswacht *B*
kW Kilowatt (1 kW = 10^3 W)
k. W. kommender Woche
Kw Kraft-, Kranken-, Kurswagen

KW Kraftwerk; Kurzwelle[n]
K-Wagen Kleinstwagen
KWD Kraftwagendienst; Küstenwarndienst
Kwf. Kraftwagenfahrer, -führer
KWG Kaiser-Wilhelm-Gesellschaft [zur Förderung der Wissenschaften] (1911–45); Kreditwesengesetz
kWh Kilowattstunde (1 kWh = 10^3 Wh = $3,6 \cdot 10^6$ J)
KWH Keramische Werke Hermsdorf
KWI Kaiser-Wilhelm-Institut[e] (1911–45)
KWK Kabelwerk Köpenick; Kampfwagenkanone
KWL Konstruktionswasserlinie
KWO Kabelwerk Oberspree
KWP Kittwerk Pirna
KW-Stoffe Kohlenwasserstoffe
KWU Kommunalwirtschaftsunternehmen (*seit* 1951 VEB (K)); Kraftwerk-Union AG *B*
KWV Kommunale Wohnungsverwaltung (*seit* 1970 meist GbW)
Ky. Kentucky (Staat der USA)
kz. kurz
KZ Kompaß-, Koordinationszahl; *faschist* Konzentrationslager (Zwangsarbeits- und Vernichtungslager)
KZBV Kassenzahnärztliche Bundesvereinigung *B*

L

l Liter
l. lang; laut (gemäß); leicht; leitend; lies!; links; löslich
L Lehrfahrzeug; *Kfzk* Luxemburg
l. A. laut Akte[n], Angabe[n], Angebot, Auftrag, Auskunft
La *Element* Lanthan
La. Louisiana (Staat der USA)
LA Landambulatorium; Landesamt, -ausschuß; Lastenausgleich *B*
LAA Landesarbeitsamt *B*
Lab. Laborant[in]; Labor[atorium]
LAG Lastenausgleichsgesetz *B*; Literaturarbeitsgemeinschaft
LAS *e* League of Arab States = Liga der arabischen Staaten, Arabische Liga
Laser *e* light amplification by stimulated emission of radiation = Lichtverstärkung durch angeregte Strahlungsemission (Quantengenerator)
LASH *e* lighters aboard ship = Leichter an Bord (Containersystem)
LAW Leipziger Arzneimittelwerk
Laz. Lazarett
lb., *Plur auch* lbs. ⟨*zu l* libra⟩ *e* pound = Pfund (1 lb. = 453,592 g); liebe[r, -s]
l. B. laut Bericht
Lb Luftpostbrief[sendung]
Lb. Lehrbuch; Luftbild
LB Landesbank *B*; Land[es]bezirk; Landes-, Leihbibliothek; leicht behindert; Leitbereich
LBA Lehrerbildungsanstalt; Luftfahrt-Bundesamt *B*
LBG Landwirtschaftliche Berufsgenossenschaft *B*
LBH Volkseigene Betriebe für Land-, Bau- und Holzbearbeitungsmaschinen
LBI Lehrerbildungsinstitut
LBK Landbaukombinat
LBS Landes-Bausparkasse *B*
LBSch Landwirtschaftliche Berufsschule *B*
Lbt. Laborant[in]
LBV Landbauverband *B*
l. c. *l* loco citato = am zitierten, angeführten Ort[e]
LCD *e* liquid-crystal display = Flüssigkeitskristallanzeige
LCTU *e* Libyan Confederation of

Trade Unions = Libyscher Gewerkschaftsbund
LCWIO *e* Liaison Committee of Women's International Organizations = Verbindungskomitee der internationalen Frauenorganisationen
ld *l* logarithmus dualis = Zweierlogarithmus
ld. ledig; leitend; luftdicht
l. D. lichter, d. h. Innendurchmesser
Ld. Land, *Plur* **Ldr.**; Landes...
Ld., Ldbd. Leder[band]
LD Landesdirektion; Landtechnischer Dienst; Lotsendampfer; Luftdusche
Ldbez. Land[es]bezirk
Ldg. Ladung; Landung[s...]
Ldgem. Landgemeinde
Ldkp Landkraftpost
Ldkr. Landkreis
Ldp Landpost
LDPD Liberal-Demokratische Partei Deutschlands
Ldpr. Ladenpreis
LdPSt Landpoststelle
Ldr. Leder[band]
LdR Landrat
L. d. R. Leutnant der Reserve
Ldrb. Leder[band]
Ldrr. Lederrücken (Bucheinband)
LdRt Landrat
LDS Liberaler Deutscher Studentenbund *B*
Ldtg. Landtag *B/Ö*
ldw. landwirtschaftlich
Ldw. Landwehr *S*; Landwirt[schaft]
LECE *f* Ligue européenne de coopération économique = Europäische Liga für wirtschaftliche Zusammenarbeit
led. ledig
Lefa Lederfaserwerkstoff
leg. legal[isiert]; legiert; legitim[iert]
Leg. Legat[ions...]; Legierung; Legion[är]; Legitimation

Leig Leichtgüterzug
Leip leichter Personenzug
leit. leitend
Lekt. Lektion; Lektor[in], Lektorat
LEN *f* Ligue européenne de natation = Europäische Schwimm-Liga
LEW Lokomotivbau-Elektrotechnische Werke (Henningsdorf)
Lex. Lexikon
LEZ ländliches Einkaufszentrum
LFA landwirtschaftliche Forschungsanstalt
Lfb. Laufbahn
lfd. laufend
lfm laufenden Meters, laufendes Meter
LFM Leipziger Frühjahrsmesse
LFN Land-, Forst- und Nahrungsgüterwirtschaft
lfr luxemburgischer Franc
Lfw. Luftfahrtwesen
Lfz Luftfahrzeug
Lfzt. Lauf-, Lieferzeit
lg gewöhnlicher, dekadischer Logarithmus
lg. lang; ledig
Lg Lagermetall; Leer[wagen]zug; Leitgebiet
lgd. liegend
lgfr. langfristig
lgj. langjährig
LGK Lohn- und Gehaltsgruppenkatalog
LGr. Leistungs-, Lohngruppe
LGR Landgerichtsrat
LGSt Landesgeschäftsstelle
Lgw Lackgewebe
LH landwirtschaftliche Hochschule; Luteinisierungshormon
LHD Lehrer im Hochschuldienst
LHM Leipziger Herbstmesse
Lhr. Lehrer; Lehr...
Li *Element* Lithium
Li. Liste[n...]; Lithographie
LI *e* Liberal International = Liberale Internationale

LICRA *f* Ligue internationale contre le racisme et l'antisémitisme = Internationale Liga gegen Rassismus und Antisemitismus
LIDIA *f* Liaison internationale des industries de l'alimentation = Internationale Vereinigung der Lebensmittelindustrien
Lief. Lieferant, Lieferung, Liefer...
LIGYMM *f* Ligue internationale gymnastique moderne = Internationale Liga für moderne Gymnastik
LIHG *f* Ligue internationale de hockey sur glace = Internationale Eishockey-Liga
Liq., Liqu. Liquidation
lit. literarisch; liturgisch
Lit. Literatur
Lith. Lithographie
LIW landtechnisches Instandsetzungswerk
liz. lizensiert
Liz. Lizenz
l. J. laufenden Jahres, laufendes Jahr
LJR Landesjugendring *B*
LK Länderkammer (1949–58); Landwirtschaftskammer *B*
LKA Landeskirchenamt; Landeskriminalamt *B*
LKG Landeskulturgesetz; Leipziger Kommissions- und Großbuchhandel
Lkp Landkraftpost
LKP[A] Landeskriminalpolizei[amt] *B*
LKV Lochkartenverfahren
LKW, Lkw Lastkraftwagen
l. l. leicht löslich; *l* loco laudato = am angeführten Ort[e]
lm Lumen (SI-Einheit des Lichtstroms; $1 lm = 1 cd \cdot sr$)
l. M. laufenden Monats, laufender Monat; laut Muster
Lm, LM Leichtmetall
LMA Leipziger Messeamt

LMB Leichtmetallbauweise; Volkseigene Betriebe des Leichtmaschinenbaus
lMG leichtes Maschinengewehr
LmG Lebensmittelgesetz
LMKU Lang-, Mittel-, Kurz- und Ultrakurzwellen[bereich]
LMP Leichtmetallprodukt[e]
lms Lumensekunde ($1 lms = 1s \cdot cd \cdot sr$)
LMS Lochkartenmaschinenstation
ln natürlicher Logarithmus
Ln. Leinen[band] (Bucheinband)
LN landwirtschaftliche Nutzfläche; *e* League of Nations = Völkerbund (1919–46)
Lnbd. Leinen[band] (Bucheinband)
LNF Gewerkschaft Land, Nahrungsgüter und Forst
LNW Landwirtschaft und Nahrungsgüterwirtschaft
LO *d/no/s* Landesorganisationen i Danmark / Landesorganisasjonen i Norge / Landsorganisationen i Sverige = Dänischer / Norwegischer / Schwedischer Gewerkschaftsbund
LOB *ehem* Lokomotivbau Potsdam-Babelsberg
loc.cit. *l* loco citato = am zitierten, angeführten Ort[e]
log Logarithmus
Lok Lokomotive
LOT *p* Polskie Linie Lotnicze (polnische Luftverkehrsgesellschaft)
LOWA Volkseigene Betriebe des Lokomotiv- und Waggonbaus
Lp Lackpapier; Luftpost
LP Langspielplatte
LPA Leitpostamt
LPG landwirtschaftliche Produktionsgenossenschaft
LPG (P) landwirtschaftliche Produktionsgenossenschaft (Pflanzenproduktion)
LPG (T) landwirtschaftliche Produktionsgenossenschaft (Tierproduktion)

LPÖ Liberale Partei Österreichs

l. R. laufende, laut Rechnung

LR Land[wirtschafts]-, Legationsrat; Landesrekord; Lausitzer Rundschau (Zeitung)

LRVP Laotische Revolutionäre Volkspartei

Ls Linson[einband] (Bucheinband)

LS Leichtstahl[-Konstruktion]; Lieferschein; Luftschutz

LSA Landessportausschuß *B*; Lichtsignalanlage

LSB Landessportbund *B*

LSCR *f* Ligue des sociétés de la Croix-Rouge = Liga der Rotkreuzgesellschaften

LSD Liberaler Studentenbund Deutschlands *B*; Lysergsäurediäthylamid

LSG Landschaftsschutzgebiet

LSHD Luftschutzhilfsdienst *B*

LSP Liberal-Soziale Partei *B*

LSR Luftschutzraum

LSt Leitstelle; Lohnsteuer

£stg. Pfund Sterling (Währung)

LSV Landessportverband *B*; Literatursystematik für Verlagserzeugnisse

lt. laut (gemäß); leitend

Lt. Leutnant

LT *e* letter telegram = Brieftelegramm; *e* local time = Ortszeit; Lufttransport

LTA landwirtschaftlich-technische Assistentin; Lohntarifabkommen; VEB Lufttechnische Anlagen

Ltd. *e* limited = begrenzt, beschränkt (Co. Ltd. = *etwa* GmbH od. AG)

Ltg. Leitung

LTH luteotropes Hormon

Ltn. Leutnant

Ltr. Leiter; Liter (*besser* l)

LTV Lohntarifvertrag, -vereinbarung

l. U. laut Untersuchung

Lu *Element* Lutetium

LUG Gesetz betreffend das Urheberrecht an Werken der Literatur und der Tonkunst

luth. [evangelisch-]lutherisch

LV Landesverband, -verein[igung]; Lebensversicherung

LVA Landesversicherungs-, Landesversuchsanstalt *B*

LVAB Landesversicherungsanstalt Berlin (Westberlin)

LVB Leipziger Verkehrs-Betriebe

L. v. D. Leiter vom Dienst

LVG Lehr- und Versuchsgut; Luftverkehrsgesetz

LVN Liga für die Vereinten Nationen in der DDR

LVO Leihverkehrs-, Luftverkehrsordnung; Lieferverordnung

LVW Landesverkehrswacht *B*

LVZ Leipziger Volkszeitung

l. W. laufende[r] Woche; lichte Weite (Innendurchmesser)

Lw *Element* Lawrencium, Lawrentium; Leerwagen[zug]

Lw. Landwirt[schaft]; Leinwand[band] (Bucheinband)

LW Langwelle[n]; Liefer-, Liegewagen

LWB Lutherischer Weltbund

Lwd., Lwdb., Lwdbd. Leinwand[band] (Bucheinband)

LWF *e* Lutheran World Federation = Lutherischer Weltbund

Lwg. Last-, Leihwagen

LwG Landwirtschaftsgesetz *B*

LwK Landwirtschaftskammer *B*

LWR Landwirtschaftsrat (*heute* RLN); Leichtwasserreaktor

lx Lux (SI-Einheit der Beleuchtungsstärke; 1 lx = 1 lm/m^2)

lxs Luxsekunde (1 lxs = 1 lms/m^2)

ly, l. y. ⟨*e* light-year⟩ Lichtjahr (1 ly = 9,4605 · 10^{15} m)

Lyz. Lyzeum

LZ Leistungszahl, -zulage; Leitzone; Lesezirkel

LZB Landeszentralbank *B*

M

m Meter; Milli... (= 10^{-3}; vor Maßeinheiten ein Tausendstel dieser Einheit, z. B. 1 mg = 10^{-3} g); mittel[groß]; molar
m² Quadratmeter
m³ Kubikmeter
μ Mikro... (= 10^{-6}; vor Maßeinheiten ein Millionstel dieser Einheit, z. B. 1 μg = 10^{-6} g)
m. männlich; manuell; mehr; merke!; mit; monatlich
M Mach[zahl]; Mark; Mega... (= 10^{6}; vor Maßeinheiten das Millionenfache dieser Einheit, z. B. 1 MJ = 10^{6} J); Meile; Mitglied; Mitte[l]; Modell; Modul; Motor
M. Magister; Majestät; Maßstab; Meile; Meister; Mitglied; Monat[s...]; *f* Monsieur = Herr
ma. mittelalterlich; mundartlich
mA Milliampere (1 mA = 10^{-3} A)
μA Mikroampere (1 μA = 10^{-6} A)
m. A. mit Akten, Anlagen
m. Ä. mit Änderungen
Ma. Minnesota (Staat der USA)
Ma.-% Masse[n]prozent[e]
MA medizinische Akademie; Militärakademie, -attaché; Mondaufgang
MAB VEB Kombinat Metallaufbereitung; VEB Maschinen- und Apparatebau [*B*
MAD Militärischer Abschirmdienst
MAFA Maschinenfabrik Halle
Mag. Magazin; Magister; Magistrale; Magistrat
magn. magnetisch
MAH Ministerium für Außenhandel
Maj. Majestät; Major; Majorität
MAK maximale Arbeitsplatzkonzentration
MALÉV *u* Magyar Légiközlekedési Vállalat (ungarische Luftverkehrsgesellschaft)

man. manuell
m. A. n. meiner Ansicht nach
MAN Maschinenfabrik Augsburg-Nürnberg *B*
MAPRJaL *r* Meshdunarodnaja assoziazija prepodawatelej russkowo jasyka i literatury = Internationale Vereinigung der Lehrkräfte für russische Sprache und Literatur
mAs Milliamperesekunde (1 mAs = 10^{-3} As)
MAS Maschinenausleihstation (1949–52, *dann* MTS)
masch. maschinell
MASCH Marxistische Arbeiterschule *D*
Maser *e* microwave od. molecular amplification by stimulated emission of radiation = Mikrowellen- od. Molekularverstärkung durch angeregte Strahlungsemission (Molekularverstärker)
Mass. Massachusetts (Staat der USA)
mat. material[istisch]; materiell
Mat. Material
Matr. Matrikel; Matrose
MÁV *u* Magyar államvasutak = Ungarische Staatsbahnen
m. a. W. mit ander[e]n Worten
MAW Magdeburger Armaturen-Werke; Ministerium für Außenwirtschaft (*seit* 1974 MAH)
max. maximal; maximiert
m. a. Z. mit allem Zubehör
MAZ magnetische Aufzeichnung
m. B. mit Beiwagen, Beleg[en]
MB Maschinenbau; Materialbuchhaltung; Meliorationsbetrieb; Militärbezirk; Motorboot
mbar Millibar (1 mbar = 10^{-3} bar = 0,750 Torr = 10^{2} Pa)
MBB Messerschmitt-Bölkow-Blohm GmbH *B*
MBD Militär-Bild-Dienst
Mber. Monatsbericht, *Plur* **Mberr.**

mbH, m. b. H. mit beschränkter Haftung, Haftpflicht
mbl. möbliert
Mbl. Melde-, Merk-, Mitteilungs-, Monatsblatt, *Plur* **Mbll.**
MC Motor[sport]klub; *Kfzk* Monaco
mCi Millicurie (1 mCi = 10^{-3} Ci = $37 \cdot 10^6$ Bq)
m. D. meines Dafürhaltens; mit Durchschlag
Md *Element* Mendelevium
Md. Maryland (Staat der USA); Milliarde[n]; Mitglied
MD Maximaldosis (Höchstgabe); Meteorologischer Dienst; Ministerialdirektor, -dirigent *B*; Monatsdurchschnitt; Musikdirektor
M. D. *l* medicinae doctor = Doktor der Medizin
m. d. A. mit dem Auftrag, den Akten, der Aufgabe
MdA Mitarbeiter des Außendienstes; Mitglied der Akademie, des Abgeordnetenhauses, des Aufsichtsrats
m. d. B. mit der Bitte
MdB Mitglied des Bundestags *B*
m. d. B. u. K[tn]. mit der Bitte um Kenntnisnahme
m. d. E. mit dem Ersuchen
Mde Milliarde
MdF Ministerium der Finanzen
m. d. F.[d. G.] b. mit der Führung [der Geschäfte] beauftragt
MdI Ministerium des Innern
mdj., mdjg. minderjährig
MdJ Ministerium der Justiz
MdK Mitglied des Kreistags
mdl mündlich
MdL Mitglied des Landtags *D/B/Ö*
m. d. L.[d. G.] b. mit der Leitung [der Geschäfte] beauftragt
mdls. mündelsicher
M. d. M. Mitte des Monats
m. d. R. mit dem Rang[e]
M. d. R. Mitglied des Reichstags *D*

MdS Mitglied des Senats
MdStR Mitglied des Staatsrats
m. d. T[it]. mit dem Titel
MdV Mitglied der Volkskammer
MDV Medizinischer Dienst des Verkehrswesens; Mitteldeutscher Verlag
m. d. W.[d. G.] b. mit der Wahrnehmung [der Geschäfte] beauftragt
m. E. meines Erachtens; mit Einschränkung[en], Erlaubnis, Extras
Me. Maine (Staat der USA)
ME Mache-Einheit; Maß-, Masse-, Mengeneinheit; Ministerialentschließung, -erlaß *B*
MEA *e* Middle East Airlines/Air Liban (libanesische Luftverkehrsgesellschaft)
MEBD Milcherzeugerberatungsdienst
mech. mechanisch; mechanisiert
Mech. Mechanik[er]; Mechanismus
med. medikamentös; medizinisch
Med. Medaille; Medikament; Medizin[al. ...]
MEEC *e* Middle East Economic Commission = UNO-Wirtschaftskommission für den Mittleren Osten
m. e. G. mit eigenem Geschäftsbereich
MEGA Marx-Engels-Gesamtausgabe
Mel. Melioration[s...]; Melodie
Mem. Memento; Memoire[n]; Memorandum; Memorial[e]
MEM *Esp* Mondpaca Esperantista Movado = Weltfriedensbewegung der Esperantisten
MEN[A] *e* Middle East News [Agency] (Nachrichtenagentur der ARÄ)
MES Materialeinsatzschlüssel
Messrs. *f/e* Messieurs = Herren; Firma
MESZ mitteleuropäische Sommerzeit

met.

met. metallisch; metaphorisch; meteorologisch
meth. method[olog]isch; methodistisch, *l* methylatus = denaturiert
MeV Megaelektronenvolt
MEW Marx-Engels-Werkausgabe
MEWA Volkseigene Betriebe der Metallwarenindustrie
MEZ mitteleuropäische Zeit
mF Millifarad (1 mF = 10^{-3} F)
μF Mikrofarad (1 μF = 10^{-6} F)
MfAA Ministerium für Auswärtige Angelegenheiten
MfB Ministerium für Bauwesen
MfC Ministerium für Chemische Industrie
MfEE Ministerium für Elektrotechnik und Elektronik
MfEMK Ministerium für Erzbergbau, Metallurgie und Kali
MfG Ministerium für Geologie, für Gesundheitswesen, für Grundstoffindustrie
MfHV Ministerium für Handel und Versorgung
MfK Ministerium für Kultur
MFK Motorfischkutter
MfL Ministerium für Leichtindustrie
MfM Ministerium für Materialwirtschaft
MfNV Ministerium für Nationale Verteidigung
MFS Motorfährschiff
MfSAB Ministerium für Schwermaschinen- und Anlagenbau
MfV Ministerium für Verkehrswesen
m.f.W. mit folgenden Worten
mg Milligramm (1 mg = 10^{-3} g)
μg Mikrogramm (1 μg = 10^{-6} g)
Mg *Element* Magnesium
MG Maschinengewehr; Meliorationsgenossenschaft; Meßgerät
M/G Maß oder Gewicht
MGD Magnetogasdynamik; Militärgeographische Dokumentation *B*
MGG Maß- und Gewichtsgesetz
Mgl. Mitglied
mgr. mittelgroß
MGZ mittlere Greenwichzeit
mH Millihenry (1 mH = 10^{-3} H)
Mh. Monatsheft, *Plur* **Mhe, Mhh.**
MH Maschinenfabrik Halle
mhd. mittelhochdeutsch
MHD Magnetohydrodynamik; Malteser-, Mobiler Hilfsdienst *B*; Meteorologischer und Hydrologischer Dienst
MHF Ministerium für Hoch- und Fachschulwesen
MHO Militärhandelsorganisation
MHz Megahertz (1 MHz = 10^6 Hz)
Mi. Mississippi (Staat der USA); Mittwoch
Mia Milliarde[n]
Mich. Michigan (Staat der USA)
MIDEM *f* Marché international du disque et de l'édition musicale = Internationale Messe der Musikverleger und Schallplattenproduzenten
MIF *e* Miners' International Federation = Internationaler Bergarbeiter-Verband
Mifa Mitteldeutsche Fahrradwerke, *heute* VEB Mifa-Werk
Mil. Militär...; Miliz
Mill. Million[en]
min Minute (1 min = 60 s)
min. mindestens; mineral[og]isch; minerogen; minimal; minimiert; ministeriell; minorenn (minderjährig)
Min. Mineralog[i]e; Miniatur; Minimum; Minister[ium], Ministerial...; Minute (*besser* min)
mind. mindestens
mind., mindj. minderjährig
Minn. Minnesota (Staat der USA)
Mio Million[en]
Miss. Mississippi (Staat der USA)

Mitgl. Mitglied
Mith. Mitherausgeber
Mitropa Mitteleuropäische Schlafwagen- und Speisewagen-AG
Mitt. Mitteilung[en], Mitteilungs...
Mitw. Mitwirkende[r]; Mitwirkung
Mixt. Mixtur (Mischung)
mj. minderjährig
mJ Millijoule (1 mJ = 10^{-3} J)
m. J. männliche Jugend; mittlerer Jahrgang
Mj. Minderjährige[r]
MJ Megajoule (1 MJ = 10^6 J)
MK Maschinenkanone; Maximalkonzentration; Möbelkombinat
MKB Möbelkombinat Berlin
MKF Maschinenbau-Kombinat Freital
MKS Maul- und Klauenseuche
Mkt. Markt
Mktg. Marketing
MKW Mannschaftskraftwagen
ml Milliliter (1 ml = 10^{-3} l = 1 cm^3)
ML Marxismus-Leninismus; Motorleichter
Mld. Milliarde[n]
MLEU *f* Mouvement libéral pour l'Europe unie = Liberale Bewegung für ein Vereintes Europa
MLFN Ministerium für Land-, Forst- und Nahrungsgüterwirtschaft
MLK Metall-Leichtbaukombinat; Mittellandkanal
Mlle. *f* Mademoiselle = Fräulein
MLÖ Marxisten-Leninisten Österreichs
MLPD Marxistisch-Leninistische Partei Deutschlands *B*
MLR-Boot Minenleg- und Räumboot
MLSTP *pt* Movimento de Libertação de São Tomé e Príncipe = Befreiungsbewegung von São Tomé und Príncipe
MLW Warenzeichenverband Medizin-, Labor- und Wägetechnik

mlx Millilux (1 mlx = 10^{-3} lx)
mm Millimeter (1 mm = 10^{-3} m)
mm^2 Quadratmillimeter (1 mm^2 = 10^{-6} m^2)
mm^3 Kubikmillimeter (1 mm^3 = 10^{-9} m^3)
μm Mikrometer (1 μm = 10^{-6} m)
mm. mehrmalig, -mals
m. m. *l* mutatis mutandis = mit den notwendigen Abänderungen
Mm Megameter (1 Mm = 10^6 m)
MM Leipziger Mustermesse
M. M. Mälzels Metronom
Mme. *f* Madame = [gnädige] Frau
MMK magnetomotorische Kraft
MMM Messe der Meister von morgen; *f* Mouvement mondial des mères = Welt-Mütter-Bewegung
m. M. n. meiner Meinung nach
mmol Millimol (1 mmol = 10^{-3} mol)
mm Ws Millimeter Wassersäule (1 mm WS = 10^{-4} at = 9,806 65 Pa)
MMZ „Mach mit!"-Zentrum
Mn *Element* Mangan
MNN Mitteldeutsche Neueste Nachrichten (Zeitung)
mNp Millineper (1 mNp = 10^{-3} Np)
mΩ Milliohm (1 mΩ = 10^{-3} Ω)
μΩ Mikroohm (1 μΩ = 10^{-6} Ω)
Mo Mohair; *Element* Molybdän
Mo. Missouri (Staat der USA); Montag
MΩ Megaohm (1 MΩ = 10^6 Ω)
Mob. Mobiliar, Mobilien
möbl. möbliert
mod. modelliert; modifiziert; moduliert; modern, modisch
Mod. Modell; Modifikation; Modulation, Modulator
Mofa Motorfahrrad
mög., mögl. möglich[st]
Mokick Moped mit Kickstarter
mol Mol (SI-Einheit der Stoffmenge)
Mon. Monarch[ie], Monarchist; Monat[s...]; Monographie; Monolog; Monopol[ist]; Monument

Mon[t]. Montana (Staat der USA)
Mont. Montage, Monteur, Montier[ungs]...
Moped Motorpedalfahrzeug
Mopr *r* Meshdunarodnaja organisazija pomoschtschi borzam rewoljuzii = Internationale Organisation zur Unterstützung von Kämpfern der Revolution (1922–47)
MOPS maschinenorientiertes Programmiersystem (der EDV)
Mora Motorrad
Moro Motorroller
MOROP Modellbahn-Verband Europa
mot. motiviert; motorisiert
Mot. Motiv[ation]; Motor[rad]...
Motel ⟨Motor + Hotel⟩
m. o. w. mehr oder weniger
M. o. W. Muster ohne Wert
MOZ mittlere Ortszeit; Motoroktanzahl
Mp Megapond (1 Mp = 10^6 p = 9,80665 kN)
MP Mikroprozessor
MP, M. P. Militärpolizei
MPa Megapascal (1 MPa = 10^6 Pa)
MPA Mastprüfungsanstalt; Materialprüf[ungs]amt, -anstalt
MPD Magnetoplasmadynamik; Militär-Presse-Dienst
MPF Ministerium für Post- und Fernmeldewesen
MPG Max-Planck-Gesellschaft [zur Förderung der Wissenschaften] *B*
MPHS Militärpolitische Hochschule
MPi Maschinenpistole
MPI Max-Planck-Institut[e] *B*
MPLA *pt* Movimento Popular da Libertação de Angola = Volksbefreiungsbewegung Angolas (*heute* MPLA-PdA, d. h. Partei der Arbeit)
MPR *f* Mouvement populaire de la révolution = Volksbewegung der Revolution (Zaïre)
mR Milliröntgen (1 mR = 10^{-3} R = 258 · 10^{-9} C/kg)
m. R. mit Rechnung, Recht, Rinde, Rückgabe
Mr. *e* Mister = Herr
MR VEB/VVB Maschinelles Rechnen; Medizinal-, Minister[ial]rat; Mikrorechner; Militärregierung
mrad Milliradiant (1 mrad = 10^{-3} rad)
MRB Motorrettungsboot
MRCA *e* Multi-Role Combat Aircraft = Mehrzweck-Kampfflugzeug (der NATO)
mrd Millirad (1 mrd = 10^{-3} rd)
Mrd. Milliarde[n]
mrem Millirem (1 mrem ≒ 10^{-3} rem)
mrep Millirep (1 mrep = 10^{-3} rep)
Mrep Megarep (1 Mrep = 10^6 rep)
Mrs. *e* Mistress = Frau
MRS Minenräumschiff
MRVP Mongolische Revolutionäre Volkspartei
ms Millisekunde (1 ms = 10^{-3} s)
μs Mikrosekunde (1 μs = 10^{-6} s)
ms. mittelschwer; mütterlicherseits
m/s Meter je Sekunde
m. s. man sehe; *l* memoriae sacrae = heiligen An[ge]denkens
Ms Messing; Motorsegler
Ms. Manuskript; Massachusetts (Staat der USA); *e* Miss = Fräulein; Monatsschrift
MS Megasiemens (1 MS = 10^6 S); Messing; Mittelschule; Motorschiff; multiple Sklerose
MSB Marxistischer Studentenbund „Spartakus" *B*; Minensuchboot
MS-Boot Motor-Sturmboot
MSC Motorsportklub
mschr. maschinenschriftlich
Mschr. Maschinen-, Monatsschrift
Msdr. Manuskriptdruck
MSG Mieter-, Mutterschutzgesetz; Motorsportgemeinschaft

Mskr., Mskrpt. Manuskript
MSR Minensuch- und Räumschiff
mst. meist[ens], meistenteils
Mst., Mstb. Maßstab
Mst., Mstr. Meister; Muster
MSt Musterstatut
MstG[B] Militärstrafgesetz[buch] *D*
m. st. V. mit stillschweigender Verlängerung
mt. maschinen-, militärtechnisch
mT Millitesla (1 mT = 10^{-3} T)
Mt Megatonne (1 Mt = 10^6 t)
Mt. Maat; *f* Mont/*e* Mount = Berg
MT Magnetton...; Mengenteil[e]; Motortanker, -tankschiff
MTA mathematisch-technischer Assistent; medizinisch-technische Assistentin
MTB Meßtischblatt; molkereitechnischer Bedarf
MTD Maximaltagesdosis (Höchstgabe)
MTG Magnettongerät
MTI *u* Magyar Távirati Iroda (ungarische Nachrichtenagentur)
mtl. monatlich
Mtr. Matrose; Meter (*besser* m)
Mts. Monats...
MTS Maschinen-[und-]Traktoren-Station (1952–59, *dann* RTS); Motortankschiff
MTV Manteltarifvertrag; materialtechnische Versorgung
MTW Mannschaftstransportwagen; Matthias-Thesen-Werft, Wismar
m. U. mit Umsatzsteuer, Untertiteln
MU Maxhütte, Unterwellenborn; Monduntergang; Montanunion (= EGKS)
muH, m. u. H. mit unbeschränkter Haftung, Haftpflicht
muN, m. u. N. mit unbeschränkter Nachschußpflicht
M+S-Reifen Matsch- und Schneereifen [gen
M. u. V. Mitteilungen und Verfügun-

MUW Ministerium für Umweltschutz und Wasserwirtschaft
mV Millivolt (1 mV = 10^{-3} V)
μV Mikrovolt (1 μV = 10^{-6} V)
m. V. mit Verpflegung, Verspätung/ Verzögerung/Verzug, Vertrag, Vertretung, Verzicht, Vorgang; mündliche Vereinbarung
MV Megavolt (1 MV = 10^6 V); Mietenverordnung *B*; Militärverlag der DDR; Mitgliederversammlung
MVA Megavoltampere (1 MVA = 10^6 VA); Milchvieh-, Müllverwertungsanlage
M. v. D. Maat vom Dienst
MVG Mengenverbrauchsgüter
MVI metallverarbeitende Industrie
MVN Materialverbrauchsnorm
MVO Mieten-, Musterungsverordnung *B*; Mitarbeiter-Verordnung
MVP Materialverrechnungspreis
MVR Mongolische Volksrepublik
mVs Millivoltsekunde (1 mVs = 10^{-3} Vs)
MVVO Mitarbeitervergütungs-Verordnung
mw. meinetwegen
mW Milliwatt (1 mW = 10^{-3} W)
μW Mikrowatt (1 μW = 10^{-6} W)
m. W. meines Wissens; mit Worten
MW Mannesmannröhren-Werke *B*; Megawatt (1 MW = 10^6 W = 10^3 kW); Mittelwelle[n]; Motorenwerk[e]
mWb Milliweber (1 mWb = 10^{-3} Wb)
MWG Montanwissenschaftliche Gesellschaft der DDR
MWh Megawattstunde (1 MWh = 10^6 Wh = 10^3 kWh)
MWIA *e* Medical Women's International Association = Internationale Vereinigung der Ärztinnen
mWS Meter Wassersäule (1 mWS = 10^{-1} at = 9,80665 · 10^3 Pa)
MWS, MWSt Mehrwertsteuer
MWT Ministerium für Wissenschaft und Technik

m. W. v. mit Wirkung vom
m. Z. mit Zubehör, Zusätzen
Mz Marschrichtungszahl; Mehrzweck...
MZ Maß-, Meßzahl; Mehrzweck...; Moskauer Zeit; VEB Motorradwerk Zschopau
MZD maximal zulässiger Dosiswert (einer Strahlung)
MZFR Mehrzweckforschungsreaktor *B*
MZG Mehrzweckgaststätte
MZK maximal zulässige Konzentration
MZM maximal zulässige Menge
Mzp. Münzparität
Mzs. Monatszeitschrift, *Plur* **Mzss.**

N

n Nano... (= 10^{-9}; vor Maßeinheiten ein Milliardstel dieser Einheit, z. B. 1 nm = 10^{-9} m); negativ; Neutron; normal
n. nach; nächste[r, -s]; namens, namentlich; *l* natus = geboren; netto; neu; nicht; nimm!; nördlich; nur
N Nahgüter-, Nahschnellverkehrszug; Neudruck, -stadt usw.; Newton (SI-Einheit der Kraft; 1 N = 1 m · kg/s²); *Element l* Nitrogen[ium] = Stickstoff; Nord[en]; Norm, Norm[al]zustand, normal; *Kfzk* Norwegen; Notation; Nukleon
na., n. a. nebenamtlich
nA Nanoampere (1 nA = 10^{-9} A)
n. A. nach Antrag; neue[r] Art; neue Auflage, Ausgabe
Na *Astronomie* Nadir; *Element* Natrium
Na. Nebraska (Staat der USA)
NA Nebenanschluß; Neuauflage, -ausgabe; Notausgang
n. a. a. nicht anderweitig angegeben, an-, aufgeführt
NAA *e* North Atlantic Assembly = Nordatlantische Versammlung (Organisation)
NAACP *e* National Association for the Advancement of Colored People = Nationale Vereinigung zur Förderung der farbigen Bevölkerung (USA)
NAAFI *e* Navy, Army and Air Force Institutes (Truppenbetreuungseinrichtung der britischen Streitkräfte)
NAC Neuer Deutscher Automobilclub *B*; *e* North Atlantic Council = Nordatlantikrat (der NATO)
Nachdr. Nachdruck
Nachf. Nachfolger[in]; Nachforschung[en]
Nachl. Nachlaß
nachm. nachmittags
Nachn. Nachnahme
Nachr. Nachricht[en...]
nachst. nachstehend
nachtlg. nachteilig
nachtr. nachträglich
Nachtr. Nachtrag, Nachträge
Nachw. Nachweis; Nachwort; Nachwuchs
Nachz. Nachzahlung; Nachzügler
NADEFCOL *e* NATO Defence College = NATO-Verteidigungsakademie
NADIS Nachrichtendienstliches Informationssystem (des BfV)
n. a. g. nicht anderweitig genannt
NAGEMA *ehem* VVB Nahrungsmittel-, Genußmittel- und Verpackungsmaschinen, *heute* VEB Kombinat NAGEMA
NAIEM *f* Nouvelle association internationale d'essais de matériaux = Neuer Internationaler Verband für Materialprüfung
nam. namens, namentlich

NAM *e* National Association of Manufacturers = Nationaler Unternehmerverband (USA)
näml. nämlich
NAN Nachauftragnehmer
NARVA (Nitrogenium + Argon + Vakuum) (Warenzeichen der DDR-Glühlampenwerke)
NASA *e* National Aeronautics and Space Administration = Nationale Luft- und Raumfahrtbehörde (sog. Weltraumbehörde der USA)
nat. national[istisch]; naturalisiert; naturalistisch; natürlich, natur...
Nat. Nation[alität], National...; Natur[al...]
NATIS *e* North Atlantic Treaty Information Service = NATO-Informationsdienst
NATO *e* North Atlantic Treaty Organization = [Nord-]Atlantikpakt[-Organisation]
NatSchG Naturschutzgesetz
nat[ur]w. naturwissenschaftlich
n. a. v. nicht anderweitig vorgesehen
Nav. Navigation, Navigator
NAVIGA *f* Fédération mondiale de modélisme nautique et de sport-modélisme nautique = Weltorganisation für Schiffsmodellbau und Schiffsmodellsport
Nav-km Navigationskilometer
NAVNORTH *e* Allied Naval Forces, Northern Europe = Alliierte Seestreitkräfte Nordeuropa (der NATO)
NAVSOUTH *e* Allied Naval Forces, Southern Europe = Alliierte Seestreitkräfte Südeuropa (der NATO)
NAW Nationales Aufbauwerk (*heute* VMI)
nb. neben[an]; nichtbeamtet
n. B. nach Bedarf
n. B., n. Br. nördliche[r] Breite
Nb Nebenbahn; *Element* Niob[ium]
Nb. Nachbildung; Neubau
NB, NB. *l* notabene = beachte!, übrigens; Anmerkung, Fußnote
NBC *e* National Broadcasting Corporation (Rundfunk-und-Fernseh-Gesellschaft der USA)
Nbf Nebenbahnhof
NBf Nachnahmebrief
NBI Neue Berliner Illustrierte
NBS *e* National Bureau of Standards = Staatlicher Normenausschuß (USA)
n. B. u. Z. nach Beginn unserer Zeitrechnung
N. C., N. Car. *e* North Carolina = Nordkarolina (Staat der USA)
Nchf. Nachfolger[in]
n. Chr. nach Christus
n. Chr. G. nach Christi Geburt
nCi Nanocurie (1 nCi = 10^{-9} Ci = 37 Bq)
NC-Maschine ⟨*e* numerical[ly] control[led]⟩ numerisch gesteuerte Maschine
NCNA *e* New China News Agency (Nachrichtenagentur der VR China)
Nd *Element* Neodymium
Nd. Niederschlag, Niederung, Nieder-...
ND Nenn-, Niederdruck; Neues Deutschland (Zeitung); Normdosis; Nutzungsdauer
N. D., N. Dak. *e* North Dakota = Norddakota (Staat der USA)
ndb. niederbay[e]risch
ndd. niederdeutsch
NDG Neue Deutsche Gewerkschaften *B*
ndl. nördlich
Ndl. Niederlage, -lassung
NDPD National-Demokratische Partei Deutschlands
Ndr. Nachdruck; Nieder...
NDR Norddeutscher Rundfunk *B*
Nds., Ndschr. Niederschrift
NDU Nationaldemokratische, Niederdeutsche Union *B*

n. d. Z. nach der Zeit[en]wende, Zeitrechnung
n. E. nach Eingang, Erhalt
Ne Naheilgüterzug; *Element* Neon; Nutzeffekt
NE Nachrichteneinheit
NEA *e* OECD Nuclear Energy Agency = Kernenergie-Agentur der OECD
NEATO *e* North-East Asia Treaty Organization = Nordostasienpakt[-Organisation]
Neb[r]. Nebraska (Staat der USA)
neg. negativ
NEM Nährmittel-, Nahrungseinheit Milch
NE-Metalle Nichteisenmetalle
Neudr. Neudruck
Neuf. Neufassung
neur. neurologisch; neurotisch
Neur. Neurolog[i]e
neutr. neutral[isiert], neutralistisch
neuw. neuwertig
neuz. neuzeitlich
Nev. Nevada (Staat der USA)
nf. nachfolgend; naturfarben
n.f. nicht für; nur für
nF Nanofarad ($1\,nF = 10^{-9}\,F$)
n. F., N. F. neue Fassung, Folge, Form
Nf. Nachfolger[in], *Plur* Nff.
NF Nationale Front; Neues Forum; Niederfrequenz
n. f. D. nur für den Dienstgebrauch
NFG Nationale Forschungs- und Gedenkstätten, Weimar
Nfl. Nebenfluß
Nfz Nutzfahrzeug
ng Nanogramm ($1\,ng = 10^{-9}\,g$)
n. Gew. nach Gewicht
NGG Gewerkschaft Nahrung – Genuß – Gaststätten *B*
n. Gr. nach, natürliche Größe
NGW Nahrungsgüterwirtschaft
NH, N. H. Normalhöhe[npunkt] (*heute* HN)
N. H. New Hampshire (Staat der USA)
nhd. neuhochdeutsch
Nhz Niederdruckdampfheizung
Ni *Element* Nickel
NIAG *e* NATO Industrial Advisory Group = Industrielle Beratergruppe der NATO
NIATM *e* New International Association for Testing Materials = Neuer Internationaler Verband für Materialprüfung
niem. niemals; niemand
n. i. H. nicht im Handel, Hause
Nirosta nichtrostender Stahl
Niv. Niveau; Nivellier[ungs]...
n. J. nächsten Jahres
N. J., N. Jer. New Jersey (Staat der USA)
NKFD Nationalkomitee „Freies Deutschland" (1943–45)
Nkm Nutzkilometer
nkr norwegische Krone
n. l. nicht löslich
NL *Kfzk* Niederlande; Niederlassung; Niederlausitz
nm Nanometer ($1\,nm = 10^{-9}\,m$)
nm. nachmittags; namens, namentlich
n. M. nach Meinung, Muster; nächsten Monats
Nm Newtonmeter ($1\,Nm = 1\,J$)
N/m Newton je Meter ($1\,N/m = 1\,kg/s^2$)
N/m² Newton je Quadratmeter ($1\,N/m^2 = 1\,Pa$)
NM Nennmaß
N. M., N. Mex. *e* New Mexico = Neumexiko (Staat der USA)
n. M. v. nach Meinung, Mitteilung von, vom
n. n. nicht nachweisbar
NN, N. N. Normalnull[punkt]; „irgend jemand"
n. n. bez. nicht näher bezeichnet
NNO Nordnordost[en]
NNW Nordnordwest[en]

no. netto
nö. niederösterreichisch; nordöstlich
n. ö. nicht öffentlich
n. O. neue[r] Ordnung
No *Element* Nobelium
No. *i* Numero = Nummer (Zahl)
NO Nordost[en]
NOK Nationales Olympisches Komitee
NÖP Neue Ökonomische Politik (UdSSR 1921—36)
NORAD *e* North American Air Defense Command (Luftverteidigungssystem der USA und Kanadas)
norm. normal[erweise], normalisiert; normativ, normiert
NORTHAG *e* Northern Army Group, Central Europe = Armeegruppe Nord, Mitteleuropa (der NATO)
not. notariell (beglaubigt *usw.*); notiert; notorisch
Not. Notar[iat]; Notiz[en], Notiz...
NO z N Nordost zu Nord
NO z O Nordost zu Ost
n. P. nach Paragraph, Punkten
Np Neper (1 Np = 20/ln 10 = 8,686 dB); *Element* Neptunium
NP Nordpol; Normalpaket, -profil; Nullpunkt
NPD *neofaschist* Nationaldemokratische Partei Deutschlands *B*
NPG *e* Nuclear Planning Group = Nukleare Planungsgruppe (der NATO)
NPkt Nachnahmepaket
npl., nplm. nichtplanmäßig
NPn Nachnahmepäckchen
n. Pr. nach Probe, Prüfung; neue[r] Probe; neuer Preis
N.-Pr. Nettopreis; Neuprägung
NPT Nationalpreisträger[in]; Netzplantechnik
n. R. nach Rückgabe, Rückkehr, Rücksprache
n. R., N. R. neue Rechnung, Reihe

Nr. Nummer, *Plur* **Nrn.**
NR Nationalrat
n. R. m. nach Rücksprache mit
NRT Nettoregistertonne
ns Nanosekunde (1 ns = 10^{-9} s)
n. S., N. S. neue Serie
Ns Naturseide; Newtonsekunde (1 Ns = 1 m · kg/s); Niederspannung
NS Nachsatz, -schrift; Natronsalpeter; Normschliff; Nukleinsäure; Nummernschalter
NSA *e* National Security Agency = Amt für nationale Sicherheit (USA)
NSchVO Naturschutzverordnung
NSDAP *faschist* Nationalsozialistische Deutsche Arbeiterpartei
NSdg Nachnahmesendung
NSG Naturschutzgebiet
n. St. neuer Stil, neuen Stils (nach dem Gregorianischen Kalender)
NSt Nebenstelle
NSTE natürliche Standorteinheit
NSU *ehem* Vereinigte Fahrzeugwerke AG Neckarsulm, *später* NSU Motorenwerke AG *D/B*
NSW nichtsozialistisches Wirtschaftsgebiet
Nt Nahschnellverkehrs-Triebwagen
NT Nachrichtentechnik; Normaltarif; Normteil
N. T. Neues Testament
NTB *no* Norsk Telegrambyrå (norwegische Nachrichtenagentur)
Ntkm Nettotonnenkilometer
nto netto
Nto Nahschnellverkehrs-Schienenomnibus
Ntr. Nachtrag, -träge
NTS NATO-Truppenstatut *B*
NTSC *e* National Television System Committee = Staatlicher Fernseh-Ausschuß (USA)
NTUF *e* Nigerian Trade Union Federation = Nigerianische Gewerkschaftsvereinigung
ntw. naturwissenschaftlich

Ntzg. Nutzung
Ntzl. Nutzlast
num. numeriert; numerisch; numismatisch
NUNW *e* National Union of Namibian Workers (Gewerkschaftsbund Namibias)
N-U-R Neckermann und Reisen GmbH & Co. KG *B*
NUTA *e* National Union of Tanzania Workers = Nationalunion der Werktätigen Tansanias
n. u. Z. nach unserer Zeitrechnung
n. v. nicht veröffentlicht, verwendungsfähig, vorhanden
n. V. nach Vereinbarung, Verlängerung, Verzicht, Vorschrift
NV Nationalversammlung; Niedervolt...; Notverordnung *D*
NVA Nationale Volksarmee
NVO Neuererverordnung
NVP Niedersächsische Volkspartei *B*
NVP[D] Nationale Volkspartei [Deutschlands] *B*
NVV *n* Nederlands Verbond van Vakverenigingen = Niederländischer Gewerkschaftsbund
n. W. nächster Woche
Nw. Nachweis, -wort, -wuchs; Neuwert
NW Nebenwerkstatt, -werkstätte; Nennweite; Neptun-Werft, Rostock; Neuwert; Nordwest[en]
NWE Nährwerteinheit
nwsl. nachweislich
NW z N Nordwest zu Nord
NW z W Nordwest zu West
N. Y.[S.] *e* New York [State] = [Staat] New York (Staat der USA)
n. Z. nach Zeichnung; nach der Zeit[en]wende, Zeitrechnung; nach Zusage
NZ Natron-, Neutralisations-, Norm[al]zahl; Normalzeit
nzl. neuzeitlich
N z O Nord zu Ost
n. Ztr. nach der Zeitrechnung
n. Ztw. nach der Zeit[en]wende
n. zul. nicht zulässig
n. Zw. nach der Zeit[en]wende
N z W Nord zu West

O

o. oben; oder; ohne; ordentlich
ö. öffentlich; örtlich; östlich
O Omnibus; Ort[s...]; Ost[en]; *Element l* Oxygen[ium] = Sauerstoff
Ω Ohm (SI-Einheit des elektrischen Widerstandes; $1\,\Omega = 1\,V/A$)
O. Ohio (Staat der USA)
o. a. oben angeführt, angegeben; oder andere, ander[e]s
o. ä. oder ähnlich[e, -es]
o. A. ohne Adresse, Akten, Angabe[n], Anhang, Anlage[n], Anzeige[n], Auftrag
ö. A. öffentliche Anstalt
OA Oberarzt; Offizier[s]anwärter; Ortsamt, -ausschuß
ÖA Öffentlichkeitsarbeit
ÖAAB Österreichischer Arbeiter- und Angestelltenbund
ÖAC Österreichischer Automobil-Club
ÖAMTC Österreichischer Automobil-, Motorrad- und Touring-Club
OANA *e* Organization of Asian News Agencies = Organisation der asiatischen Nachrichtenagenturen
OAPEC *e* Organization of Arab Petroleum Exporting Countries = Organisation der arabischen erdölexportierenden Länder
OAS *e* Organization of American States = Organisation der amerikanischen Staaten
OATUU *e* Organization of African Trade Union Unity = Organisation

der afrikanischen Gewerkschaftseinheit
OAU *e* Organization of African Unity = Organisation der afrikanischen od. für afrikanische Einheit
ÖAV Österreichischer Alpenverein
ob. oben; ober[e, -er, -es]; oberhalb
ö. b. öffentlich bestellt
o. B. ohne Beanstandung[en], Befund, Beiwagen, Bekenntnis, Beleg[e], Bericht, Beruf, Besonderheiten, Billigung
Ob. Ober; Oberin; Oberst; Obligo; Obligation[en]
OB Oberbefehlshaber; Oberbürgermeister
OBAEDR Oberste Bauleitung für Automatisierung und Elektrifizierung der Deutschen Reichsbahn
obb. oberbay[e]risch
OBB Oberste Bergbehörde der DDR
ÖBB Österreichische Bundesbahnen; Österreichischer Bauernbund
obd. oberdeutsch
Obf Omnibushof
Obf[d]w. Oberfeldwebel
OBG Oberstes Bundesgericht *B*
obh. oberhalb
ÖBH Österreichisches Bundesheer
ÖBJR Österreichischer Bundesjugendring
Obl. Obligo; Obligation[en]
OBL Oberbau-, Oberbetriebsleitung, Oberste Bauleitung
Oblt., Ob. Lt. Oberleutnant
Obm. Obmann; Obermeister
OBM Oberbürgermeister
OBR Oberbau-, Oberberg-, Oberbibliotheksrat
Obs. Observatorium
Obst. Oberst
Obstlt[n]. Oberstleutnant
Obus Oberleitungs[omni]bus
obw. obwaltend; obwohl
Obw Oberbauwerk
OCAMM *f* Organisation commune africaine, malgache et mauricienne = Gemeinsame Organisation Afrikanischer Staaten, Madagaskars und der Insel Mauritius
OCAS *e* Organization of Central American States = Organisation der mittelamerikanischen Staaten
OCIC *f* Office catholique international du cinéma = Internationales Katholisches Filmbüro
OCTI *f* Office central des transports internationaux par chemins de fer = Zentralbüro für internationale Eisenbahntransporte
od. oder
o. D. ohne Datum, Dividende
ODECA *sp* Organización de Estados Centroamericanos = Organisation der mittelamerikanischen Staaten
OdF Opfer des Faschismus (*heute* VdN)
Odl Oberdispatcherleitung
ODS Organisations- und Datenverarbeitungsstation
o. e. obenerwähnt
o. E. ohne Erfolg, Extras
OECD *e* Organization for Economic Co-operation and Development = Organisation für wirtschaftliche Zusammenarbeit und Entwicklung
OEPP *f* Organisation européenne [et méditerranéenne] pour la protection des plantes = Europäische [und Mittelmeerländische] Pflanzenschutzorganisation
OERTC *f* Organisation européenne de recherche sur le traitement du cancer = Europäische Gesellschaft für Krebsforschung
o. erw. obenerwähnt
OEZ osteuropäische Zeit
of. ortsfest
o. F. ohne Faktur, Fehler, Fortsetzung
OF Operationsforschung; Originalfassung

ÖFB Österreichische Frauenbewegung; Österreichischer Fußball-Bund
ÖFeB Örtliches Fernsprechbuch
off. offiziell; offizinal, offizinell
öff[tl]. öffentlich
Off[z]. Offizier
ÖFG Österreichische Friedensgesellschaft
ÖFI Ökonomisches Forschungsinstitut bei der Staatlichen Plankommission
OfL Organisation freiwilliger Luftschutzhelfer
ÖFL Ökonomische Forschungsstelle der Leichtindustrie
OFm. Oberforstmeister
OFoR Oberforstrat
Ofw., O. Fw. Oberfeldwebel
o. g. obengenannt
oG ohne Gepäck[beförderung]
o. G. ohne Garantie, Gewähr
OG Obergeschoß; Oberstes Gericht; Ortsgruppe
ÖGB Österreichischer Gewerkschaftsbund
Ogbf Ortsgüterbahnhof
O. Gefr., O. Gfr. Obergefreiter
o. gen. obengenannt
ÖGJ Österreichische Gewerkschaftsjugend
o. Gl. ohne Glas
OGL Ortsgewerkschaftsleitung
OGO Ortsgewerkschaftsorganisation
OGZ Entscheidungen des Obersten Gerichts der DDR in Zivilsachen
ÖHfK Österreichischer Hauptverband für Körpersport
OHG Offene Handelsgesellschaft
OIC *f* Conférence des organisations internationales catholiques = Konferenz internationaler katholischer Organisationen; *f* Organisation internationale du commerce = Internationale Organisation der Handelsverbände

OIE *f* Office international des épizooties = Internationale Tierseuchen-Vereinigung
OIML *f* Organisation internationale de métrologie légale = Internationale Organisation für gesetzliches Meßwesen
OIRT *f* Organisation internationale de radiodiffusion et télévision = Internationale Rundfunk- und Fernsehorganisation
o. J. ohne Jahr[esangabe]
ÖJHW Österreichisches Jugendherbergswerk
OJM Olympiade Junger Mathematiker
ÖJRK Österreichisches Jugendrotkreuz
o. J. u. O. ohne Jahr[es-] und Ort[sangabe]
ök., ökol. ökologisch
ök., ökon. ökonomisch
ök., ökum. ökumenisch
o. k. *e* okay = [alles] in Ordnung
o. K. ohne Kommentar, Kosten
Ök., Ökon. Ökonom[ie]
Okl., O.-Kl. Ortsklasse
Okla. Oklahoma (Staat der USA)
OKR Oberkirchen-, Oberkonsistorialrat
OKW Oberkommando der Wehrmacht *D*
ö. L. östliche[r] Länge
OL Oberlausitz; Oberlehrer; Oberliga
OLAS *sp* Organización Latinoamericana de Solidaridad = Lateinamerikanische Solidaritätsorganisation
OLG[er.] Oberlandesgericht *D/B/Ö*
OLGR Oberland[es]gerichtsrat
OLKR Oberlandeskirchenrat
OLR, OLwR Oberlandwirtschaftsrat
Olt., O. Lt[n]. Oberleutnant
OMEP *f* Organisation mondiale pour l'éducation préscolaire = Weltorganisation für Vorschulerziehung

Omn. Omnibus
OMPI *f* Organisation mondiale de la propriété intellectuelle = Weltorganisation zum Schutze des geistigen Eigentums
OMR Obermedizinalrat
O. Mstr. Obermeister
O. Mt. Obermaat
OMT *f* Organisation mondiale du tourisme = Weltvereinigung für Tourismus
O. Mtr. Obermatrose
ÖMünz öffentliche Sprechstelle mit Münzfernsprecher
o. N. ohne Namen, Nummer
On. Oregon (Staat der USA)
On., ON Ortsname
ON optimierte Nahrung (Warenzeichen); Ordnungsnummer; Orts[fernsprech]netz; Österreichisches Normungsinstitut
o. n. A. ohne nähere Angabe[n]
ÖNB Österreichische Nationalbank, Nationalbibliothek
ONO Ostnordost[en]
ÖNORM Österreichische Norm
oö. oberösterreichisch; ordentlich-öffentlich
o. O. ohne Obligo (unverbindlich); ohne Ort[sangabe]
ÖOC Österreichisches Olympisches Comité
o. O. u. J. ohne Ort[s-] und Jahr[esangabe]
op. operativ
op., Op. *l* opus = Werk, Kunstwerk, *Plur* **opp., Opp.** opera
Op., OP Operation[s...]
OP, O. P. Originalpackung
OPAm Oberpostamtmann
op. cit. *l* opere citato = im erwähnten Werk
OPD Oberpostdirektion *B*; Operativdienst
ÖPD Österreichischer Pressedienst
OPEC *e* Organization of the Petroleum Exporting Countries
= Organisation der erdölexportierenden Länder
OPF *f* Organisation panafricaine des femmes = Panafrikanische Frauenorganisation
OPhR Oberpharmazierat
OPI Oberpostinspektor
OPM Oberpostmeister
OPO Ortsparteiorganisation
op. posth. *l* opus posthumum = nachgelassenes Werk
OPR Oberpostrat
Op/s Operationen [= Arbeitsgänge] pro Sekunde
OPS Oberpostsekretär
opt. operativ; optimal, optimiert; optisch
OPW *r* Obschtschi park wagonow = Gemeinsamer Güterwagenpark (innerhalb der OSSD)
or. orientalisch; orthodox
ö. r. öffentlich-rechtlich
öR öffentlichen Rechts
o. R. ohne Rechnung, Recht, Religion, Rinde
Or. Oregon (Staat der USA)
OR Oberreferent; olympischer Rekord
ord. ordentlich; *l* ordinarius = regelmäßig, zuständig
Ord. Order; Ordnung
Ore[g]. Oregon (Staat der USA)
ORF Österreichischer Rundfunk
org. organi[satori]sch, organisiert
Org. Organ[ismus]; Organisation[s...]; Organist[in]; Orgel
Org., Orig. Original
ORIT *sp* Organización Regional Interamericana de Trabajadores = [Inter-]Amerikanische Regionalorganisation der Arbeiter
ÖRK Ökumenischer Rat der Kirchen
orth. orthodox; orthographisch; orthopädisch
ORWO ⟨Original Wolfen⟩ (Warenzeichen für Film- und Fotomaterial)

ORZ Organisations- und Rechenzentrum
Os *Element* Osmium
OS Ober-, Offiziersschule; ohne Schaffner; Olympiasieger[in]
Osch. Ortschaft
OSO Ostsüdost[en]
o. sp. oder später
OSPAAAL *sp* Organización de Solidaridad de los Pueblos de Africa, Asia y América Latina = Solidaritätsorganisation der Völker Afrikas, Asiens und Lateinamerikas
OSR Obersanitätsrat
OSS Olympische Sommerspiele; *r* Organisazija sotrudnitschestwa sozialistitscheskich stran w oblasti elektritscheskoi i potschtowoi swjasi = Organisation für die Zusammenarbeit der sozialistischen Länder auf dem Gebiet des Post- und Fernmeldewesens
OSSD, OSShD *r* Organisazija sotrudnitschestwa shelesnych dorog = Organisation für die Zusammenarbeit der Eisenbahnen (der sozialistischen Länder)
ö. St. öffentliche Stellung
OStA Oberstaatsanwalt, -stabsarzt
OStD Oberstudiendirektor
OSTIV *f* Organisation scientifique et technique internationale du vol à voile = Internationale wissenschaftlich-technische Organisation für Segelflug
OStR Oberstudienrat, -rätin
o. st. V. ohne stillschweigende Verlängerung
ÖSU Österreichische Studentenunion
ÖSV Österreichischer Skiverband
OT, O. T. Ortsteil
OTA *f* Organisation mondiale du tourisme et de l'automobile = Welt-Touring-und-Automobil-Verband
OTAK Organisation der technischen Aufsichts- und Kontrollorgane (Dachorganisation der schiffbaubetreibenden sozialistischen Staaten)
ÖTelex öffentliche Telexstelle
OTln Ortsteilnehmer
ÖTV Gewerkschaft Öffentliche Dienste, Transport und Verkehr *B*
OTZ orthopädietechnisches Zentrum
o. U. ohne Umsatzsteuer, Unterschied, Untersuchung
o. u. O. ohne unser Obligo (unverbindlich)
o. V. ohne Verfasser[angabe], Verpflegung, Verspätung/Verzögerung/Verzug, Vertrag, Vertretung, Verzicht, Vorgang
OV Oberveterinär; Ortsverband, -verein[igung]
ÖVA Öffentliche Versicherungsanstalt *D/B*
O. v. B. Offizier vom Bereitschaftsdienst
ÖVB Österreichisches Verkehrsbureau
O. v. D. Offizier vom Dienst
OVG[er.] Oberverwaltungsgericht *D/B*
ÖVP Österreichische Volkspartei
OVR Oberveterinärrat
ÖVW örtliche Versorgungswirtschaft
o. W. oder Wert; ohne Wert
OW Oberwasser[spiegel, -stand]; Ortswerkstatt, -werkstätte
OWG Gesetz zur Bekämpfung von Ordnungswidrigkeiten
Owm. Oberwachtmeister
OWM Oberwerkmeister
OWS Olympische Winterspiele
Oxfam *e* Oxford Committee for Famine Relief = Oxford-Ausschuß zur Linderung des Hungers
oz., *Plur auch* ozs. *e* ounce = Unze (1 oz. = 28,35 g)

o. Z. ohne Zahlung, Zeichnung
Oz. Ozean
OZ Oktan-, Ordnungs-, Ortszahl; Ortszeit, -zuschlag; Ostseezeitung
O z N Ost zu Nord
O z S Ost zu Süd
OZWI Organisation für die Zusammenarbeit in der Wälzlagerindustrie (der RGW-Länder)

P

p paarig; Pari-, Nennwert; *Währungen* Penny/Pence, Peseta, Peso; Piko... (= 10^{-12}; vor Maßeinheiten ein Billionstel dieser Einheit, z. B. 1 pF = 10^{-12} F); Pond (1 p = $9,80665 \cdot 10^{-3}$ N); positiv; Proton; typographischer Punkt (1 p = 0,3759 mm)
p. *l* pagina = Seite; *l* pro = für, je; primär; *l* purus = rein
P Panzer...; Papier; Parkplatz; Peil...; Personenzug; Peta... (= 10^{15}; vor Maßeinheiten das Trillionenfache dieser Einheit, z. B. 1 Pg = 10^{15} g); *Element* Phosphor; Poise (1 P = 10^{-1} Pa·s); Pol[arisation]; *Kfzk* Portugal; Post
P. Paar; Pastor, Pater; Punkt
p. a. *l* per annum = jährlich; *l* pro analysi = für die Analyse [geeignet], d. h. höchst rein
p. A., p. Adr. per Adresse, d. h. abzugeben, wohnhaft bei ...
Pa Pascal (SI-Einheit des Drucks, der Spannung; 1 Pa = 1 m^{-1}·kg ·s^{-2}); *Element* Protactinium, Protaktinium
Pa. *e* Pennsylvania = Pennsylvanien (Staat der USA)
PA Personalausweis; Post[scheck]amt; Produktionsabgabe
PAC *e* Pan-African *bzw.* Pan-American Congress = Panafrikanischer *bzw.* Panamerikanischer Kongreß
päd. pädagogisch
PAF Polyamidfaser[stoffe]
PAHO *e* Pan-American Health Organization = Panamerikanische Gesundheitsorganisation
PAIGC *pt* Partido Africano da Independencia do Guiné e Cabo Verde = Afrikanische Unabhängigkeitspartei von Guinea und den Kapverden
Pak Panzerabwehrkanone
PAL-System ⟨*e* phase alternation line = Phasenumkehr in der Zeile⟩ (BRD-Variante des NTSC-Farbfernsehsystems)
PAm Postamtmann
PAMA *e* Pan-American Medical Association = Panamerikanische Medizinische Vereinigung
PAMF Mischpolyamidfaser
PAMS Mischpolyamidseide
Pan, PAN Polyakrylnitril
PAN Postabrechnungsnummer
PANA *e* Pan-African News Agency = Panafrikanische Nachrichtenagentur
PAN AM *e* Pan-American [World] Airways (Luftverkehrsgesellschaft der USA)
PAng Postangestellter
PA[N]JU *e* Pan-African Journalist's Union = Panafrikanische Journalistenvereinigung
PAnw Postanweisung
PAO Preisanordnung
PAP *p* Polska Agencja Prasowa (polnische Nachrichtenagentur)
par. parallel; paritätisch
Par. Paragraph
Parsec Parallaxensekunde (1 Parsec = $30,857 \cdot 10^{15}$ m)
part. parteiisch, parteilich; parterre; partial, partiell; partiarisch; partikular[istisch]

Parz. Parzelle
Pa · s Pascalsekunde (1 Pa · s = 1 Ns/m²)
PAS Paraaminosalizylsäure; Polyamidseide; Prüfungsausschuß für Standardisierung
PASC *e* Pan-American Standards Commission = Panamerikanischer Normenausschuß
PASO *e* Pan-American Sports Organization = Panamerikanische Sportorganisation
pass. passiv[isch]
Pass. Passage; Passagier; Passiva; Passiv[um]
PAss[n] Postassistent[in]
pat. patentiert; patiniert
Pat. Patent; Patient[in]
path. pathologisch (krankhaft)
PAU *e* Pan-American Union = Panamerikanische Union
PAWA *e* Pan-American Women's Association = Panamerikanische Frauenvereinigung
PAWC *e* Pan-African Workers Congress = Panafrikanischer Arbeiterkongreß
Pb *Element l* Plumbum = Blei
PB Politbüro
PBA Politischer Beratender Ausschuß (der Warschauer Vertragsstaaten)
Pbd. Pappband
Pbf Personen-, Postbahnhof
PBG Preisbildungsgesetz
PBSt Postbezirksstelle
PBZA Post- und Binnenzollamt
pc Parallaxensekunde (1 pc = 30,857 · 10¹⁵ m)
p.c. *l* pro centum = Prozent; *l* pro copia = für die Richtigkeit der Abschrift
p.C., p.Chr. *l* post Christum = nach Christus
PC Personalcomputer
PCF Prager Christliche Friedenskonferenz
p.Chr.n. *l* post Christum natum = nach Christi Geburt
Pck., Pckg. Packung
PCK Petrolchemisches Kombinat
p.C.n. *l* post Christum natum = nach Christi Geburt
PCSWA *e* Pugwash Conference[s] on Science and World Affairs = Pugwash-Konferenz[en] für Wissenschaft und internationale Beziehungen
PCT *f* Parti congolais du travail = Kongolesische Partei der Arbeit (VR Kongo)
p.d. *l* per diem, pro die = pro Tag; *l* pro dosi = pro Dosis, Einzelgabe
Pd *Element* Palladium
PdA Partei der Arbeitslosen *B*
PDA Produktions- und Dienstleistungsabgabe
PdAA Partei der Arbeit Albaniens
PdAK Partei der Arbeit Koreas (KDVR)
PdA[S] Partei der Arbeit [der Schweiz]
PDB Polizeigewerkschaft im Deutschen Beamtenbund *B*
PDG *f* Parti démocratique de Guinée = Demokratische Partei Guineas
PDHA Produktions-, Dienstleistungs- und Handelsabgabe
PDI Pressedienst Demokratische Initiative *B*
PdN Pressedienst der Nation *S*
PDSt Postdienststelle
PDVO Post-Dienst-Verordnung
PdVP Präsidium der Volkspolizei
PE Paß-, Penizillin-, Produktions-, Programmeinheit; Polyäthylen
PEF Polyesterfaser[stoffe]
PEM VVB Plast- und Elastverarbeitungsmaschinen
PEN-Club *e* International Association of Poets, Playwrights, Editors, Essayists and Novelists

= Internationale Vereinigung von Dichtern, Bühnenautoren, Herausgebern, Essayisten und Romanschriftstellern
Penn[a]. *e* Pennsylvania = Pennsylvanien (Staat der USA)
Pens. Pension[är], Pensionat, Pensionierung
per. periodisch
perf. perfekt; perforiert
pers. persönlich
Pers. Person[en], Personal
PERT *e* Program Evaluation and Review Technique (Methode zur Berechnung und Kontrolle des Arbeitsablaufs)
PES Polyesterseide
pF Pikofarad (1 pF = 10^{-12} F)
Pf Pfennig
Pf. Pfarrer; Pfund; Postfach
Pfarb Postfacharbeiter
Pfbr. Pfandbrief
Pfd. Pfund
Pfg Pfennig
Pfl. Pflanze; Pflege[r, -rin]
Pfr. Pfarrer
pg. paginiert (mit Seitenzahlen)
Pg Petagramm (1 Pg = 10^{15} g)
Pg. *faschist* Parteigenosse, *Plur*
Pgg., Pgs.; Pergament[band]
PG Patent-, Postgesetz; Produktionsgenossenschaft
PGH Produktionsgenossenschaft des Handwerks
Pgt Postgut
Pgt. Pergament[band]
pH Pikohenry (1 pH = 10^{-12} H)
Ph Pferde[leistungs]stunde
PH pädagogische Hochschule
P.H. *l* Pharmacopoeia Helvetica = Schweizerisches Arzneibuch
PHB Posthaushaltsbestimmungen
PhR Pharmazierat
PHS Parteihochschule
phys. phys[ikal]isch; physiologisch; physiognomisch
Pi Pionier...

PI pädagogisches, polytechnisches Institut; Photo International (Bildorganisation der sozialistischen Nachrichtenagenturen)
PIANC *e* Permanent International Association of Navigation Congresses = Internationaler Ständiger Verband für Schiffahrtskongresse
PIARC *e* Permanent International Association of Road Congresses = Internationaler Ständiger Verband für Straßenkongresse
Pk Postkarte
PKB Projektierungs- od. Planungs- und Konstruktionsbüro
PKG Phonokardiogramm
PKK pädagogisches Kreiskabinett; Parteikontrollkommission
PKLA Produktionskontroll- und -lenkungsanlage (der EDV)
Pkm Personenkilometer
PKM Projektierungs-, Konstruktions- und Montagebüro, -betrieb
PKO Preiskoordinierungsorgan
PKP *p* Polskie Koleje Państwowe = Polnische Staatseisenbahnen; Portugiesische Kommunistische Partei
Pkt Paket
Pkt. Punkt, *Plur auch* **Pkte**
Pktk Paketkarte
Pkw Postkraftwagen
PKW, Pkw Personenkraftwagen
PKZ Personenkennzahl
pl. planmäßig; plastisch
Pl. Plan, Planung[s...]; Plastikband; Platte; Platz; Plenum, Plenar...; Preisliste
PL *Kfzk* Polen; *sp* Prensa Latina (kubanische Nachrichtenagentur)
pld. plattdeutsch
PLG Postleitgebiet
Plkm Platzkilometer
plm. planmäßig
PLO *e* Palestine Liberation Organization = Palästinensische Befreiungsorganisation

Pl.St. Planstelle
Plv. Pulver
Plz., PLZ Postleitzahl
p. m. *l* post meridiem = nachmittags, d. h. zwischen 12 und 24 Uhr; *l* pro memoria = zur Erinnerung; *l* pro mille = Promille; *l* propria manu = eigenhändig
Pm Prämie; *Element* Promethium
PMB Postnietbehälter
Pmg Personenzug mit Gepäckwagen
PMVR Provisorischer Militärischer Verwaltungsrat (Äthiopien)
pn. pneumatisch
p-n positiv-negativ
Pn Päckchen
Pn., PN Personenname
PNF Postnormformat
PNS peripheres Nervensystem
Po *Element* Polonium; Postzug
PO Parteiorganisation; Post-, Prüfungsordnung
POAm Postoberamtmann
P.O.B., P.O. Box *e* post-office box = Post[schließ]fach
pol. polar[isiert]; polemisch; poliert; politisch; polizeilich
Pol. Polarität, Polarisation[s...]; Police; Politik[er]; Politur; Polizei, Polizist[in]
pol. Ök. politische Ökonomie
pop. populär[wissenschaftlich]
pos. positiv
Pos. Position
POS polytechnische Oberschule
Postf. Postfach
POW *e* prisoner of war = Kriegsgefangener
pp. *l* paginae = Seiten; *l* perge, perge! = usw.
p. p., ppa., p. pa. *i* per procura = in Vollmacht; in Stellvertretung
Pp. Pappband
P.P. *l* praemissis praemittendis = *etwa* statt Anrede und Titel
PPA Progress-Presse-Agentur *B*

Ppb., Ppbd. Pappband
PPO progressive Pflegeordnung
PPP Parlamentarisch-Politischer Pressedienst *B*
ppt. prompt
PPW *r* Prawila polsowanija wagonami = Internationales Wagenabkommen (der OSSD)
Pr *Element* Praseodymium
Pr. Praxis; Preis; Probe; Professor; Prüf[ungs]...
PR *e* public relations = Öffentlichkeitsarbeit
PrAO Preisanordnung
Präp. Präparat
Präz. Präzision[s...]
prbw. probeweise
PREB Parlamentarischer Rat der Europäischen Bewegung
PRELA *sp* Prensa Latina (kubanische Nachrichtenagentur)
prim. primär; primitiv
prinz. prinzipiell
priv. privat[im]
Pr.-Nr. Privat-, Probe-, Prüf[ungs]nummer
prod. produktiv; produziert
Prod. Produkt[ion], Produktiv[itäts]..., Produzent
prof. profiliert; profitabel
Prof. Professor
Profi ⟨*e* professional⟩ (Berufssportler, Berufs...)
prog., progn. prognostisch
prog., progr. programmatisch, programmiert; progressiv
Proj. Projekt[ant], Projektierung[s...]; Projektion[s...], Projektor
Prok. Prokura; Prokurist
prom. promoviert
prop. proportional; proportioniert
proph. prophylaktisch
prot. protestantisch; protokollarisch, protokolliert
Prot., Protok. Protokoll[ant]
prov. provinziell; provisorisch

Proz. Prozent[e]; Prozeß
Prst. Preisstufe
Ps. Pseudonym
PS *f* Parti socialiste = Sozialistische Partei (z. B. Frankreich); Pferdestärke (1 PS = 75 kpm/s = 735,49875 W); Postsache[n], -scheck; *l* Postskript[um] = Nachschrift, Nachtrag
PSA Postscheck-, Postsparkassenamt
PSch Postscheck
PSchA Postscheckamt
PSchK[to] Postscheckkonto
PSchO Postscheckordnung
PSD *pt* Partido Social-Democrático = Sozialdemokratische Partei (Portugal)
PSE Periodensystem der Elemente
Pseud. Pseudonym
PSF *f* Parti socialiste français = Französische Sozialistische Partei; Postschließfach
PSI *i* Partito Socialista Italiano = Italienische Sozialistische Partei
PSK Postscheckkonto, -sparkasse
PSM Pflanzenschutz- und Schädlingsbekämpfungsmittel
PSOE *sp* Partido Socialista Obrero Español = Spanische Sozialistische Arbeiterpartei
PSpA Postsparkassenamt
PSpB Postspar[kassen]buch
PSpK Postsparkasse
PSp[K]D Postsparkassendienst
PSp[K]O Postsparkassenordnung
Pst., P.-St. Poststempel
PSt Poststelle
PStG Personenstandsgesetz
PSU *f* Parti socialiste unifié = Vereinigte Sozialistische Partei (Frankreich)
PSW Pumpspeicherwerk
psych. psych[iatr]isch, psychologisch
Pt *Element* Platin
PT *e* Press Telegraph (norwegische Nachrichtenagentur)

P.T. *l* pleno titulo = mit vollem Titel, d. h. statt des Titels
PTB Physikalisch-Technische Bundesanstalt *B*
PTI *e* Press Trust of India (indische Nachrichtenagentur)
PTL Physikalisch-Technische Lehranstalt *B*; Propeller-Turbinen-Luftstrahltriebwerk (Turboproptriebwerk)
ptr. parterre
PTR Physikalisch-Technische Reichsanstalt (1887–1945)
PTS Prüfdienststelle *bzw.* Prüfzeichen für technische Schiffsausrüstung
PTT *f* Postes, Télégraphes et Téléphones/Postes et Télécommunications = Post- und Fernmeldeamt *bzw.* -wesen
PTTK *p* Polskie Towarzystwo Turystyczno-Krajoznawcze = Polnischer Touristikverband
PTZ Physikalisch-Technisches Zentralinstitut; polytechnisches Zentrum; Posttechnisches Zentralamt *B*
Pu *Element* Plutonium
PU polytechnischer Unterricht
PU Polyurethan
Publ. Publikation, Publizist[ik]
PUF Polyurethanfaser
pur. *l* purus = rein; **puriss.** *l* purissimus = ganz rein, reinst
PUR Polyurethan
PUS Polyurethanseide
PV Personenverkehr; Polizeiverordnung, -verwaltung; Postverkehr, -vermerk, -vertrag
PVA Polyvinylalkohol, -azetat
PVAP Polnische Vereinigte Arbeiterpartei (1948–1990)
PVC Polyvinylchlorid
PVCF PVC-Faser
PVCS PVC-Seide
PvdA *n* Partij van de Arbeid = Partei der Arbeit (Niederlande)

PVG Presse-Vertriebs-Gesellschaft mbH *B*
PVI Planmäßig vorbeugende Instandhaltung
PVO Patent-, Preisverordnung
PVRB Partei der Volksrevolution von Benin
PVÜ Pariser Verbandsübereinkunft zum Schutz des gewerblichen Eigentums
PVYF Polyakrylnitrilfaser[stoffe]
PVYS Polyakrylnitrilseide
pw. paarweise
Pw Pack-, Personen-, Postwagen
PW Papierwährung; Postwert; Pressedienst Wien *Ö*; *e* prisoner of war = Kriegsgefangener
PwF, PWF Produktionsgenossenschaft werktätiger [See- und Küsten- bzw. Binnen-]Fischer
PWG Parteifreie Wählergemeinschaft *B*
PwP Produktionsgenossenschaft werktätiger Pelztierzüchter
PwSdg Postwurfsendung
PWT Plan Wissenschaft und Technik
PwZ Produktionsgenossenschaft werktätiger Zierfischzüchter
PWz Postwertzeichen
PX *e* Post Exchange = Marketenderei (US-Militäreinkaufsläden usw.); Pressemeldung
Pz. Panzer; Platzziffer
PZ Pionierzug; Portlandzement; Prüfziffer (der EDV)
PZA Postzeitungs-, Postzollamt
PZG Postzeitungsgut
PZL Postzeitungsliste
PZO Postzollordnung
PZV Postzeitungsvertrieb
PZVO Postzeitungsvertriebsordnung

Q

q Quintal, Doppelzentner
Q Qualität; Quantität; Quarantäne
QS Quecksilbersäule
QSS Qualitätssicherungssystem
Qu. Quartal; Quartier; Quelle; Querschnitt; Quittung
qual. qualifiziert; qualitativ
Qual. Qualifikation[s...], Qualifizierung[s...]; Qualität
quant. quantitativ
Quant. Quantität
Quart. Quartal; Quartier

R

r. rechts; rund
R Rabatt; Radikal; Radio...; rar; Rat; Reaumur; rechter Winkel; *Rezept l* recipe! = nimm!; *f* recommandé = eingeschrieben, Einschreiben; Registratur, Register...; registriertes Warenzeichen; Regulierungsposten; Reichs...; Relais; Rest; *Uhr f* retard = Verzögerung, d. h. langsamer; Roggenmehl; Röntgen (1 R = $258 \cdot 10^{-6}$ C/kg); Rostschutz[anstrich, -mittel]; Rückseite, -sprache; *Kfzk* Rumänien; Rundfunk[...]
Ra *Element* Radium
rad Radiant (1 rad = 1 m/1 m)
Radar *e* radio detection and ranging = Funkortung, Funkmeßgerät
RAF *e* Royal Air Force (britische Luftstreitkräfte)
raff. raffiniert
RAI *i* Radiotelevisione Italiana (italienische Rundfunk-und-Fernseh-Gesellschaft)
Rak. Rakete[n...]

RA[nw.] Rechtsanwalt, -anwältin
RAO Rechtsan[walts]ordnung
rat. ratenweise; ratifiziert; rational[isiert], rationell; rationiert
Rat. Ratifikation[s...], Ratifizierung[s...]; Ration[ierung], Rationalisierung[s...]
Raw, RAW Reichsbahnausbesserungswerk
Rb *Element* Rubidium
Rb- Reichsbahn...
RB Radio Bremen *B*; Ritzaus Bureau (dänische Nachrichtenagentur)
Rba Reichsbahn[betriebs]amt
RBauD Reichsbahnbaudirektion
Rbd, RBD Reichsbahndirektion
Rbf Rangierbahnhof
RBI Radio Berlin International
Rbkw Reichsbahnkraftwerk
Rbl. Rubel
RBO Rahmenbenutzungsordnung
RBR Reichsbahnrat
RBÜ Revidierte Berner Übereinkunft zum Schutze der Werke der Literatur und Kunst
RBW Reichsbahn-Werbung; relative biologische Wirksamkeit
Rc. *Rezept l* recipe! = nimm!
RC Rad[fahrer]-, Reit-, Ruderklub; Republikanischer Club *B*
RCA *e* Radio Corporation of America (US-Konzern für Elektrotechnik und Elektronik)
RCDS Ring Christlich-Demokratischer Studenten *B*
rd ⟨*e* roentgen od. radiation absorbed dose = absorbierte Röntgen- od. Strahlungsdosis⟩ Rad (1 rd = 10^{-2} Gy)
rd. reduziert; rund
Rd. Rand; Reede; Runde
RDA *f* République démocratique allemande = Deutsche Demokratische Republik
R. d. B. Rat des Bezirks
Rdbr. Rundbrief

Rdf Rundfunk
Rdfr. Rundfrage
R. d. G. Rat der Gemeinde
R. d. K. Rat des Kreises
RDS Reichsbahndienstsache
Rdsch. Rundschau
Rdschr. Rundschreiben
R. d. St. Rat der Stadt
RDT Reichsbund Deutscher Technik *D*
Re Rechner; Regler; Reynoldssche Kennzahl; *Element* Rhenium
RE Rechnungs-, Reparatureinheit; Rechtsentscheid[ung]; Roh-, Rundeisen; Rückerstattung
real. realisiert; realistisch
Rec. *Rezept l* recipe! = nimm!
Rechn. Rechnung[s...]
red. redaktionell; redigiert; reduziert
Red. Redakteur[in]; Redaktion; Reduktion[s...]; Reduplikation
ref. referiert; reformiert
Ref. Referat; Referendar; Referent[in]; Reform[ation]
REFA Reichsausschuß für Arbeitszeitermittlung, *später* für Arbeitsstudien (1924—45); Verband für Arbeitsstudien REFA eV *B*
reg. regelmäßig; regeneriert; regierend; regional; registriert; regulär; reguliert
Reg. Regeneration[s...], Regenerierung[s...]; Regent[in], Regentschaft[s...]; Regierung[s...]; Regiment; Region[al...]; Regie, Regisseur; Registratur, Register...; Registrier[ungs...]; Regulier[ungs...]
Reg.-Bez. Regierungsbezirk *D/B*
Reg.-Nr. Registriernummer
reg. Wz. registriertes Warenzeichen
REI Rat der Europäischen Industrieverbände
rel. relativ; religiös
rem *e* roentgen equivalent man = biologisches Röntgen-Äquivalent (1 rem = 10^{-2} Gy)

Rem. *l* remanentia = Rest; *l* remedium = Heilmittel
ren. renoviert
rep *e* roentgen equivalent physical = physikalisches Röntgen-Äquivalent (1 rep = 8,38 · 10⁻³ Gy)
rep. repariert; *l* repeatur = zu wiederholen
Rep. Reparation[s...]; Reparatur; Repertoire; Repetition; Report[age], Reporter[in]; Republik
rep. bed. reparaturbedürftig
Repr. Reproduktion
Repro... Reproduktions...
res. reserviert
Res. Reserve; Reservist; Reservoir; Residenz; Resolution[s...]; Resultat; Resümee
RES Reichsbahnentwicklungsstelle; retikuloendotheliales System
resp. respektive (beziehungsweise)
Ress. Ressort; Ressource[n]
restl. restlich; restlos
rev. reversibel (umkehrbar); revidiert; revolutionär
Rev. Revier; Revision; Revisor; Revolution; Revue
REW Rheinische Elektrizitätswerke *B*
rez. rezensiert
Rez. Rezensent[in]; Rezension; Rezept[ur]; Rezidiv (Rückfall); Rezitation; Rezitativ; Rezitator
rf. rechnungsführend
Rf Rundfunk
RFB Roter Frontkämpferbund (1924—29; illegal bis 1933)
RFFU Rundfunk-Fernseh-Film-Union *B*
Rfn. Rufname; Rufnummer
RFT volkseigene Betriebe für Radio- od. Rundfunk- und Fernmeldetechnik
Rfz Rufzeichen
RFZ Rationalisierungs- und Forschungszentrum; Rundfunk- und Fernsehtechnisches Zentralamt

Rg. Rang
RG Reichsgericht, -gesetz *D*; Renn-, Rudergemeinschaft; Rührgerät
RGBl. Reichsgesetzblatt *D*
RGE Rat der Gemeinden Europas
RGI Rote Gewerkschaftsinternationale (1921—38)
Rgl. Rangliste
rGmbH registrierte Genossenschaft mit beschränkter Haftung
RGO VVB Regelungstechnik, Gerätebau und Optik; Reichsgewerbeordnung *D*; Revolutionäre od. Rote Gewerkschaftsopposition (1929—33)
Rgt. Regiment
RGV Rauhfutter verzehrende Großvieheinheit
RGW Rat für Gegenseitige Wirtschaftshilfe
rh Rhesus-negativ (Rhesusfaktor)
Rh Rhesus-positiv (Rhesusfaktor); *Element* Rhodium; Roßhaar
rha Realhektar
RHD Rote Hilfe Deutschlands (1924—33; illegal bis 1945)
Rhj. Rechnungshalbjahr
RHS retikulo-histiozytäres System
Ri Richt[ungs]..., Richtlinie[n]
R. I. Rhode Island (Staat der USA)
Rias, RIAS Rundfunk im amerikanischen Sektor (Westberlin)
RIC *i* Regolamento Internazionale per Carozze = Übereinkommen über die gegenseitige Benutzung der Personen- und Gepäckwagen im internationalen Verkehr
Richtl. Richtlinie[n]
R. I. P. *l* requiescat in pace = er [od. sie, es] ruhe in Frieden!
RIV *i* Regolamento Internazionale per Veicoli = Übereinkommen über die gegenseitige Benutzung der Güterwagen im internationalen Verkehr

Rj. Rechnungsjahr
rk. rechtskundig
r.-k. römisch-katholisch
RK Reformkali; Revisionskommission; Rotes Kreuz
RKP Rumänische Kommunistische Partei
rkr. rechtskräftig
RKV Rahmenkollektivvertrag
RKW Rationalisierungs-Kuratorium der Deutschen Wirtschaft *B*; Reichsbahnkraftwerk
RLN Rat für landwirtschaftliche Produktion und Nahrungsgüterwirtschaft
RM Rechnungsmonat; Reichsmarine *D*; Reichsmark (bis 1948); Richtmaß; Rudermaschine
RMBl. Reichsministerialblatt *D*
Rn *Element* Radon
RND Restnutzungsdauer
R.-Nr. Rechnungs-, Registriernummer
RNS Ribonukleinsäure
ROH *č* Revoluční odborové hnutí (Gewerkschaftsbund der ČSSR)
röm.-kath. römisch-katholisch
rororo Rowohlts Rotations-Romane *B*
Ro-Ro-Schiff ⟨*e* roll-on/roll-off = rolle auf [das Schiff] und [wieder] herunter⟩ (nach der Form des Be- und Entladens)
ROW Rathenower Optische Werke
Rp. *Rezept l* recipe! = nimm!
RP Reichspost (1924—45)
RPA Reichspatentamt, -postamt *D*
RPD Reichspostdirektion *D*
Rpf Reichspfennig (1924—48)
RPG Reichspostgesetz (1871)
RPJ Ring Politischer Jugend *B*
r. p. m. *e* revolutions per minute = Umdrehungen pro Minute
RPM Reichspostministerium *D*
Rpr. Rechnungsprüfer; Reproduktion; Richtpreis
RPR *f* Rassemblement pour la République = Sammlungsbewegung für die Republik (Partei; Frankreich)
RPZ Reichspostzentralamt *D*
RR Rechnungs-, Regierungs-, Reichsbahnrat; ⟨*nach* Riva-Rocci⟩ (Maßzahl des Blutdrucks)
Rs. Rückseite
R/s Röntgen je Sekunde ($1\,R/s = 258 \cdot 10^{-6}\,A/kg$)
RS Rad-, Raupenschlepper
Rsb. Reisebüro
RS-Boot Raketenschnellboot
RSC *Boxen e* referee stops contest = Ringrichter beendet den Kampf
RSch Postreisescheck
RSF Rauh- und Saftfutterfläche
RSFSR Russische Sozialistische Föderative Sowjetrepublik
RSI Rote Sportinternationale (1921—33)
RSM *Kfzk* [Republik] San Marino
RSO Rundfunk-Sinfonieorchester
Rspr. Rücksprache
RST Reparaturstützpunkt
RStBl. Reichssteuerblatt *D*
RStG Reichssteuergesetz *D*
RStGB Reichsstrafgesetzbuch (1871)
RStPO Reichsstrafprozeßordnung *D*
RStVO Reichsstraßenverkehrsordnung *D*
RSV Rasen-, Reitersportverein
Rt. Rat; Raumteil[e]; Rente[n...]
RT Raumteil[e]; Regelungstechnik; Registertonne; Reichstag *D*
Rtm. *ehem* Rittmeister
RtM *ehem* Rentenmark
Rtn. Rentner[in]
RTO Reichstarifordnung *D*
RTS Reparatur-Technische Station (1959 bis ca. 1963, *dann* KfL)
RTV Rahmentarifvertrag
Ru *Element* Ruthenium

rückw. rückwärts, -wärtig, -wirkend
R & L Verlag Rütten & Loening
RUST Rechnungsführung und Statistik
R. v. Rücksendung vorbehalten
RV Radfahr-, Regatta-, Reiter-, Rodel-, Ruderverein
RVA Reichsversicherungsanstalt *D*
RVBl. Reichsverkehrs-, -versorgungs-, -verwaltungsblatt *D*
RVD Reichsverkehrsdirektion *D*
RVG Rauhfutter verzehrende Großvieheinheit
Rvj. Rechnungsvierteljahr
RVO Reichsversicherungsordnung *D*
RVS Rollfuhr- od. Rollgut-Versicherungsschein
RWE Rheinisch-Westfälisches Elektrizitätswerk AG *B*
Rz Rufzeichen
RZ Rechenzentrum; Restzahl
RZA Reichsbahnzentralamt *D*
RzAnw Rückzahlungsanweisung
RzS Rückzahlungsschein

S

s Sekunde
s. sachlich; schwer; seit; sekundär; semi- (halb); sich; sieh[e]!; südlich; symmetrisch
S Saldo[betrag]; Schein; Schilling; Schnellstraße; *Kfzk* Schweden; Sehschärfe, -leistung; Seide; selbständig; Sender, Sendung, Sende...; Siemens (SI-Einheit des elektrischen Leitwerts; $1 S = 1 A/V$); *Uhr e* slow[er] = langsam[er]; Sonderklasse; Städteschnellverkehrszug; Steig[e]leitung; Süd[en]; *Element l* Sulfur = Schwefel
S. Sachsen; Sankt = der, die heilige ...; Seine[r Exzellenz, Majestät]; Seite; Serie; Sopran[stimme]; Sortiment
s.a. sieh[e] auch; *l* sine anno = ohne Jahr[esangabe]
Sa. Sachsen; Sammlung, Sammel...; Samstag, Sonnabend; *l* Summa = Summe, insgesamt
SA Sammel-, Selbstanschluß; Sonnenaufgang; *faschist* Sturmabteilung
S. A. *f* Société anonyme = Aktiengesellschaft; Sonderabdruck, -ausgabe
SAA *e* Syrian Arab Airlines (syrische Luftverkehrsgesellschaft)
SAAS Staatliches Amt für Atomsicherheit und Strahlenschutz der DDR
SAB Systematik für allgemeinbildende Bibliotheken
SABENA *f* Société anonyme belge d'exploitation de la navigation aérienne (belgische Luftverkehrsgesellschaft)
SAC *e* Strategic Air Command = Strategisches Kommando der US-Luftstreitkräfte
SACEUR *e* Supreme Allied Commander, Europe = Oberster Alliierter Befehlshaber Europa (der NATO)
sachk. sachkundig
Sachv. Sachverhalt, -verständige[r]
SACLANT *e* Supreme Allied Command, Atlantic = Alliiertes Oberkommando Atlantik (der NATO)
SACTU *e* South African Congress of Trade Unions = Südafrikanischer Gewerkschaftskongreß
SAE *e* Standard of Automotive Engineers = Kraftfahrzeugtechnische Norm (USA)
s. a. e. l. *l* sine anno et loco = ohne Jahr[es-] und Ort[sangabe]
SAFTU *e* South African Federation of Trade Unions = Südafrikanischer Gewerkschaftsbund

SAG Sowjetische, *später* Staatliche Aktiengesellschaft (1945–54); sozialistische Arbeitsgemeinschaft
SAI *ehem* Sozialistische Arbeiterinternationale
SAIT *f* Société anonyme internationale de télégraphie sans fil = Internationale Funktelegrafie-Gesellschaft
SAJ Sozialistische Arbeiterjugend (1922–33)
SAK *fi* Suomen Ammattiyhdistysten Keskusliitto = Zentralverband der finnischen Gewerkschaften
SALT *e* Strategic Arms Limitation Talks = Verhandlungen über die Beschränkung der strategischen Rüstung (UdSSR/USA)
SALV Schweizerischer Amateur-Leichtathletikverband
san. sanitär
San. Sanatorium; Sanierung[s...]; Sanitäts...
SANA *e* Syrian Arab News Agency (syrische Nachrichtenagentur)
SANAR VVB Sanitäre Einrichtungen und Armaturen
Sanbetsu *j* Zenkoku Sangyōbetsu Rōdō Kumiai Rengō = Nationale Föderation der Industriegewerkschaften (Japan)
SAnh Sattel[last]anhänger
Sanka, Sankra Sanitätskraftwagen
Sa.-Nr. Sammelnummer
SAR Syrische Arabische Republik
SARL *f* société à responsabilité limitée = Gesellschaft mit beschränkter Haftung, GmbH
s. a. S. sieh[e] auch Seite ...
SAS *e* Scandinavian Airlines [System] (gemeinsame Luftverkehrsgesellschaft Dänemarks, Norwegens und Schwedens)
SASI Sozialistische Arbeiter-Sport-Internationale (*seit* 1948 CSIT)

SAT *Esp* Sennacieca Asocio Tutmonda (Weltbund der Arbeiter-Esperantisten)
SATUS Schweizerischer Arbeiter-Turn- und Sport-Verein
SAVA Schiffsabfallverbrennungsanlage
SAW Sächsische Akademie der Wissenschaften zu Leipzig
SAWA *e* Screen Advertising World Association = Weltvereinigung für Kinowerbung
sb Stilb (1 sb = 10^4 cd/m^2)
sb. selbständig; sublimiert
s. B. südliche[r] Breite
Sb *Element l* Stibium = Antimon
Sb. Sachbearbeiter[in]; Sammelband; Schaubild; Schwerbeschädigte[r]; Sonderband, -bericht[erstatter], -bezeichnung; Sitzungsbericht, *Plur* Sbb.
SB Sachbearbeiter[in]; Sammelband; schwer behindert; Selbstbedienung; Sonderband, -bericht[erstatter], -bezeichnung
SBA Staatliche Bauaufsicht der DDR; Straßenbauamt, -beauftragte[r]
S-Bahn Stadt-, Schnellbahn
SBB Schweizerische Bundesbahnen
SBBI Staatliches Büro für die Begutachtung von Investitionen
Sbd. Sammel-, Sonderband
SB[d]WJ Sozialistischer Bund der Werktätigen Jugoslawiens
SBE Sonderberichterstatter
SBG Schweizerische Bankgesellschaft
SBK Spezialbaukombinat
SBl. Sammel-, Sonderblatt
SBL Stadtbezirksleitung
SB-Laden Selbstbedienungsladen
S-Boot Schnellboot
SbPA Selbstbedienungspostamt
s. Br. südliche[r] Breite
SBR schneller Brutreaktor
sbst. selbständig

SBTK Straßen-, Brücken- und Tiefbaukombinat
SBV Schweizerischer Bankverein
S-Bw S-Bahn-Betriebswerk
SBW sozialistische Betriebswirtschaft
SBZ Sozialistische Bildungszentrale *Ö*
Sc *Element* Scandium, Skandium
SC Schlittschuh-, Schwimm-, Segel-, Segler-, Ski-, Sportklub
S. C., S. Car. *e* South Carolina = Südkarolina (Staat der USA)
SCAR *e* Scientific Committee on Antarctic Research = Wissenschaftliches Komitee für Antarktikforschung
Sch. Schachtel; Scheck; Schein; Scheinergrad; Schilling
schem. schematisch
SchG Schieds-, Schöffengericht
Schlj. Schuljahr
Schl.-Nr. Schlüsselnummer
Schp. Schwerpunkt
schr. schriftlich
Schr. Schreiben, Schrift[en...]
SchRegO Schiffsregisterordnung
Schr.-R. Schriftenreihe
Schtl. Schachtel
schw. schwach; schwer
Schw. Schätzwert; Schwager, Schwägerin; Schwester; Schwund
SchwG Schwurgericht
Schwp. Schwerpunkt
schw.-w. schwarz-weiß (Film usw.)
SchZO Schiffszollordnung
SCI *f* Service civil international = Internationaler Zivildienst
Sck. Sack
SCK Staatliches Chemie-Kontor
SCOPE *e* Scientific Committee on Problems of the Environment = Wissenschaftlicher Ausschuß für Umweltprobleme
SCOR *e* Scientific Committee on Oceanic Research = Wissenschaftliches Komitee für Ozeanforschung

sd. seitdem; siedend
s. d. sieh[e] dies, dort!; *l* sine dato/die = ohne Tag/Datum[sangabe], auf unbestimmte Zeit
Sd. Sonder...
SD *faschist* Sicherheitsdienst
S. D., S. Dak. *e* South Dakota = Süddakota (Staat der USA)
SDA Schweizerische Depeschenagentur
SDAG Sowjetisch-Deutsche Aktiengesellschaft
SDAJ Sozialistische Deutsche Arbeiterjugend *B*
SDAPR(B) Sozialdemokratische Arbeiterpartei Rußlands (Bolschewiki; 1898–1918)
SdB Sonderbericht[erstatter], -bezeichnung
Sdbd. Sonderband
Sdf. Sonderfahrt
Sdg Sendung
SDG Sektion Dienst- und Gebrauchshunde
SDI *e* Strategic Defense Initiative = Strategische Verteidigungsinitiative
sdl. südlich
S. d. N., SDN *f* Société des Nations = Völkerbund (1919–46)
SDO Sonderdienstordnung
Sdp. Siedepunkt
SDP Sozialdemokratische Partei (1989/90, *dann* SPD)
Sdr. Sammel-, Sonderdruck
SDR Süddeutscher Rundfunk *B*
SDS Seedienstschlüssel; Sozialistischer Deutscher Studentenbund *B*
Sdt. Soldat
Sdz Sonderzug
Se *Element* Selen; Sender, Sendung, Sende...
Se. Seine [Exzellenz, Majestät]
SE Schutzeinheit; Sekundärelektron[en], -emission; Senderempfänger
S. E. Seine Eminenz, Exzellenz

SEATO *e* South-East Asia Treaty Organization = Südostasienpakt [-Organisation] (1954—77)
SEC *f* Société européenne de culture = Europäische Kulturgesellschaft
SECAM-System (*f* séquentielle à mémoire = aufeinanderfolgend zur Speicherung) (französisches Farbfernsehsystem)
SED Sozialistische Einheitspartei Deutschlands (1946—1989)
SED-PDS Sozialistische Einheitspartei Deutschlands — Partei des Demokratischen Sozialismus
Se. E. Seine Eminenz, Exzellenz
seef. seefest, -fertig
seem. seemännisch
See[m]O Deutsche Seemannsordnung
s. e. e. o. *l* salvo errore et omissione = Irrtum und Auslassung vorbehalten
sek. sekundär
Sekr. Sekretär[in]; Sekretariat
Sekt. Sektion[s...]; Sektor
SELA *sp* Sistema Económico Latinoamericano = Lateinamerikanisches Wirtschaftssystem
selbst. selbständig
selbstv. selbstverständlich
Sem. Semester; Seminar
Se. M. Seine Majestät
sen. *l* senior = der Ältere
Sen. Senat; Senator
sep. separat (abgesondert, einzeln)
Ser. Serie[n...]
Serg., Sergt. Sergeant
Ser.-Nr. Seriennummer
SERO Sekundärrohstofferfassung
SEV Schienenersatzverkehr
sf. seefest, -fertig
SF Schließfach; Seefunk[-Festtagstelegramm]; Selbstfahrer, -fahr..., -finanzierung; *Kfzk fi/s* Suomi/Finland

SFA Staatliches Filmarchiv der DDR; Steinkohlen-Filterasche
SFB Sender Freies Berlin (Berlin [West]); Sozialer Frauenbund *B*
SFE *f* Société financière européenne = Europäische Finanzierungsgesellschaft
SFF Staatlicher Futtermittelfonds
SFG Studien- und Förderungsgesellschaft
Sfk Seefunkgespräch
SFL Selbstfahrlafette
Sfm Signalfernmeldemeisterei
SFm Schichtfestmeter
SFO Seefrachtordnung
sfr Schweizer Franken
SFRJ Sozialistische Föderative Republik Jugoslawien
SFV Schweizerischer Fußballverband; Selbstfahrvermietung; Staatliche Flughafenverwaltung
Sfz Sonderfahrzeug
s. g. staatlich geprüfte[r, -s] ...
Sg Saat-, Schnellgut; Schnellgüterzug; Segeltuch
Sg. Sachgebiet[s...]; Seitengebäude
S. g. Sehr geehrte[r, -s] ...
SG Schülergemeinschaft; Seminargruppe; Soldatengesetz *B*; Sondergüte; Spiel-, Sport-, Studiengemeinschaft
SGB Schweizerischer Gewerkschaftsbund; sozialistischer Großhandelsbetrieb
SGD stellvertretender Generaldirektor
SGE Saatgutgetreideeinheit
SGJ Schweizerische Gewerkschaftsjugend
SGK Staatliches Getränkekontor
SGL Schul-, Sektionsgewerkschaftsleitung
Sgt Schnellgut
Sgt. Sergeant
s. h. sieh[e] hinten!
Sh Schlepperstunde; Schutzhalt[e]signal

Sh. Seehöhe
SHAPE *e* Supreme Headquarters of the Allied Powers in Europe (NATO-Hauptquartier in Europa)
Shb. Seehandbuch
SHB Sozialdemokratischer, Sozialistischer Hochschulbund *B*
SHD Seehydrographischer Dienst
SHG Soforthilfegesetz *B*
SHG, SHpflG Gesetz über die Haftpflicht der Eisenbahnen und Straßenbahnen für Sachschaden
SHK Staatliches Holz-Kontor
SHR Schwermaschinenbau „Heinrich Rau", Wildau; VEB Seehafen Rostock
SHS Schweizerischer Heimatschutz
SHSG Seehandelsschiffahrtsgesetz
SHVP Schleswig-Holsteinische Volkspartei *B*
SHW Schleswig-Holsteinische Wählervereinigung *B*; Soldatenhilfswerk der Bundeswehr *B*
SHZ Sulfathüttenzement
SHZO Seehafenzollordnung
Si Sicherung; *Element* Silicium, Silizium
SI Sozialistische Internationale; *f* Système international d'unités = Internationales Einheitensystem
SIAT Sozialistische internationale Arbeitsteilung
SIB *f* Société internationale de biométrie = Internationale Biometrische Gesellschaft; *s* Statens Informationsbyrå (schwedische Nachrichtenagentur); Sowjetisches Informationsbüro (Berlin 1945—46); VEB Straßeninstandhaltung Berlin
SIC *f* Société internationale de chirurgie = Internationale Gesellschaft für Chirurgie
SICA *f* Société internationale de coopératives agricoles = Internationale Vereinigung der landwirtschaftlichen Genossenschaften

Sich. Sicherheit[s...], Sicherung[s...]
SID *e* Society for International Development = Gesellschaft für internationale Entwicklung; Sport-Informationsdienst *B*
Sifa Sicherheitsfahrschaltung
SIG Schweizerische Industrie-Gesellschaft
Sigm Signalmeisterei
Sign. Signal; Signatur
SIHM *f* Société internationale d'histoire de la médecine = Internationale Gesellschaft für Geschichte der Medizin
SIMG *l* Societas Internationalis Medicinae Generalis = Internationale Gesellschaft für Allgemeinmedizin
sinng., sinngem. sinngemäß
SIP *sp* Sociedad Interamericana de Prensa = [Inter-]Amerikanischer Presseverband
SIPRI *e* Stockholm International Peace Research Institute = Stockholmer Internationales Friedensforschungsinstitut
SITA *f* Société internationale de télécommunications aéronautiques (internationale Vereinigung für den Nachrichtenverkehr in der Zivilluftfahrt)
SITC *e* Standard International Trade Classification = Internationale Warenklassifikation
SJD Sozialistische Jugend Deutschlands, ‚Die Falken' *B*
SJÖ Sozialistische Jugend Österreichs
SJU Schweizerische Journalisten-Union
SJV Sozialistischer Jugendverband *D*
SJW Soziales Jugendwerk *B*
sk Skot (1 sk = $0{,}318 \cdot 10^{-3}$ cd/m² bei 2 360 K)
sk. sachkundig

Sk Skale
Sk. Skizze; Skonto
SK Schieß-, Schützen-, Schwimm-, Ski-, Sportklub; Segerkegel; Sonderkommission, -korrespondent
SKA Schweizerische Kreditanstalt
SKAB Ständiges Konsultations- und Auftragszentrum des Binnenhandels
SKAV Staatliches Komitee für Aufkauf und Verarbeitung landwirtschaftlicher Erzeugnisse
SKB Ständige Kommission Bauwesen; Steinkohlenbergwerk
SKDA *r* Sportiwny komitet drushestwennych armii = Sportkomitee der befreundeten Armeen
SKDL *fi* Suomen Kansan Demokraattinen Liitto = Finnische Volksdemokratische Union
SKE Steinkohleneinheit
SKET Schwermaschinenbau-Kombinat „Ernst Thälmann", Magdeburg
SKF Staatliches Komitee für Fernsehen, für Forstwirtschaft; *s* Svenska Kullagerfabriken = Schwedische Kugellagerfabrik[en]
SKfz Sattelkraftfahrzeug
SKK Staatliches Kohlekontor
SKK[D] Sowjetische Kontrollkommission [in Deutschland] (1949—53)
SKL VEB Schwermaschinenbau „Karl Liebknecht", Magdeburg; Staatliches Komitee für Landtechnik [und materiell-technische Versorgung der Landwirtschaft]
skr schwedische Krone
SKR Staatliches Komitee für Rundfunk
SKS Ständige Kommission für Standardisierung (des RGW)
Skt Skalenteil
Skt. Sektion[s...]; Sektor
SKUS Staatliches Kontor für Unterrichtsmittel und Schulmöbel

Skw Skalenwert
s. l. schwer löslich; *l* sine loco = ohne Ort[sangabe]
SL sozialistische Länder
s. l. a. n. *l* sine loco, anno vel nomine = ohne Ort[s-], Jahr[es-angabe] und Namen [des Druckers]
SLAVJ Sozialistische Libysche Arabische Volksjamahiriya
SLB Sächsische Landesbibliothek, Dresden; Sozialistischer Lehrerbund *B*; Start- und Landebahn
SLE *l* Societas Linguistica Europaea = Europäische Linguistische Gesellschaft
s. l. e. a. *l* sine loco et anno = ohne Ort[s-] und Jahr[esangabe]
Slg. Sammlung
SLI Staatliche Luftfahrtinspektion
s. l. l. sehr leicht löslich
SLM *e* synthetic leather material = synthetisches Ledermaterial
s. l. n. d. *l* sine loco nec dato = ohne Ort[s-] und Zeit[angabe]
Slw. Sammelwerk
SLW Schwerlastwagen
sm Seemeile (1 sm = 1 852 m)
Sm *Element* Samarium
S/m Siemens je Meter (1 S/m = 1/Ω · m)
SM VEB Schiffsmaklerei
S. M. Seine Majestät
SMA[D] Sowjetische Militäradministration [in Deutschland] (1945—49)
SMD Schiffsmeldedienst
sMG schweres Maschinengewehr
SMGS *r* Soglaschenije o meshdunarodnom shelesnodoroshnom grusowom soobschtschenii = Abkommen über den internationalen Eisenbahngüterverkehr (der sozialistischen Länder)
sm/h Seemeile[n] in der Stunde (1 sm/h = 1 kn = 1,852 km/h)
SMH Schnelle medizinische Hilfe
SMK Segelflugmedizinische

Kommission; Staatliches Maschinen-, Metallkontor
SML synthetisches Material mit Ledereigenschaften
Smlg., Smmg. Sammlung
SM-Ofen Siemens-Martin-Ofen
Smp. Schmelzpunkt
SMPS *r* Soglaschenije o meshdunarodnom passashirskom soobschtschenii = Abkommen über den internationalen Eisenbahnpersonenverkehr
S.M.S. *ehem* Seiner Majestät Schiff
SMV Sowjetische Militärverwaltung (1945–49)
s.n. *l* sine nomine = ohne Namen [des Druckers], ohne Titel
Sn *Element l* Stannum = Zinn
SNB Sowjetisches Nachrichten-Büro (Berlin 1945–46)
SNCF *f* Societé nationale des chemins de fer français (französische Staatseisenbahnen)
S.n.P. Sieger nach Punkten
S.-Nr. Sammel-, Seriennummer
sö. südöstlich
s.o. sieh[e] oben!; *l* sine obligo = unverbindlich
So. Sonntag
SO Seemanns-, Seestraßen-, Signalordnung; Südost[en]
SOC Schweizerisches Olympisches Comité
sof. sofern; sofort[ig]
sog., sogen. sogenannt
sogl. sogleich
SOHYO *j* Nihōn Rōdō Kumiai Sōhyōgikai = Generalrat der Gewerkschaften Japans
sol. solange; solidarisch; solide
Sol. Solidarität[s...]; Solist[in]
SOLAS *e* International Convention for the Safety of Life at Sea = Internationales Übereinkommen zum Schutz des menschlichen Lebens auf See

sonst. sonstig[e, -es]
Sort. Sortiment
SOS internationales Seenotzeichen
souv. souverän
sow. soweit
Sowchos *r* sowjetskoje chosjaistwo (staatlicher landwirtschaftlicher Großbetrieb der UdSSR)
soz. sozial[isiert], sozialistisch; soziologisch; sozusagen
SO z O Südost zu Ost
SO z S Südost zu Süd
sp. spät[er]; speziell; spezifisch; spezifiziert
Sp. Spalte; Sparkasse; Speicher; Spiel[er], Spielerin; Sport[ler], Sportlerin
SP Schiffs-, Seitenpeilung; *e* Security *bzw.* Spezial *bzw.* Shore Police = Sicherheits- *bzw.* Sonder- *bzw.* Marinepolizei; Sozialdemokratische *bzw.* Sozialistische Partei; Südpol
SPA Sonderpostamt
SpB Spar[kassen]buch
SPD Sozialdemokratische Partei Deutschlands
Sped. Spediteur; Spedition
spez. speziell; spezifisch; spezifiziert
Spez. Spezial...; Spezialist[in]; Spezialität[en], Spezialitäts...
spf. superfein
Spfr. Sportfreund
SpK Sparkasse
SPK *Khmer* Saporamean Kampuchea (kambodschanische Nachrichtenagentur); *ehem* Staatliche Plankommission
SpKO Sparkassenordnung
Spl. Supplement (Ergänzung[sband]; Nachtrag)
SPÖ Sozialistische Partei Österreichs
Spowa Sport- und Wanderbedarf
spr. sprachlich; sprich!
...spr. ...sprachig

Spr. Sperr...; Sprache, Sprech...
SpS Spielschein (Lotto usw.)
SPS Schubpferdestärke; Sozialdemokratische Partei der Schweiz
SpV[g], Spvg[g] Spiel-, Sportverein[igung]
SPW Schützenpanzerwagen
SpWo Spielwoche (Lotto usw.)
SPWz Sonderpostwertzeichen
SPz Schützenpanzer
SQK statistische Qualitätskontrolle
sr Steradiant (1 sr = 1 m²/1 m²)
sr. *l* senior = der Ältere
Sr Sirene; *Element* Strontium
Sr. Seiner [Exzellenz, Majestät]; *l* soror = Schwester
SR Saarländischer Rundfunk *B*; Sanitäts-, Schulrat; Sozialistische Republik
SRG Schweizerische Radio- und Fernsehgesellschaft
SRK Schweizerisches Rotes Kreuz
SRO Schiffsregisterordnung
SRSP Somalische Revolutionäre Sozialistische Partei
SRV Sozialistische Republik Vietnam
s. S. sieh[e] Seite ...
SS Schubschiff; *faschist* Schutzstaffel; Sommersemester
S/S Segelschiff; *e* steamship = Dampfschiff, Dampfer
SSC Schwimmsportklub
SSG Sauerstoffschutzgerät; Schulsportgemeinschaft
SSL Schule der Sozialistischen Landwirtschaft
SSM *č* Socialistický svaz mládeže = Sozialistischer Jugendverband (ČSSR)
SSO Seestraßenordnung; Staatliches Sinfonieorchester; Südsüdost[en]
SSR Seeschiffsregister; Slowakische Sozialistische Republik; Sozialistische Sowjetrepublik

SSS Segelschulschiff
SSSR *r* Sojus Sowjetskich Sozialistitscheskich Respublik = Union der Sozialistischen Sowjetrepubliken
Sst. Sonderstempel
S. St. Sammelstelle
SST *e* supersonic transport [aircraft] = Überschallverkehrsflugzeug
SSUB staatlicher Straßenunterhaltungsbetrieb
SSV Sport- und Spielverein
SSVO Strahlenschutzverordnung
SSW Südschleswiger Wählerverband *B*; Südsüdwest[en]
st. selbsttragend; staatlich; städtisch; ständig; stark; starr; stationär, stationiert; stat[ist]isch; statt
s. t. *l* sine tempore = ohne das akademische Viertel, d. h. zur angegebenen Zeit; *l* sine titulo = ohne Titel[angabe, -seite]
s. T. sieh[e] Tarif
St Städteschnellverkehrstriebwagen; Stahl; Stat (1 St = 13,468 · 10³ Bq); Stelle; Stokes (1 St = 10⁻⁴ m²/s); Stückgut
St. Sankt; Staats...; Stab[s...]; Stadt; Stadium; Staffel; Stamm; Station[s...]; Stelle; Stellung; Steuer...; Stock[werk]; Straße[n...]; Stück; Stunde (*besser* h)
ST Sächsisches Tageblatt; Schnelltransport[er]; Stereo...
S. T. *l* sine titulo = ohne [den gebührenden] Titel [anzuführen]
StA Staatliches Aufkommen; Staatsangehörigkeit, -anleihe, -anwalt[schaft], -archiv]; Standesamt
staatl. staatlich
Stad. Stadion; Stadium
stat. stationär; stationiert; statisch; statistisch; statu[t]arisch
Stat. Station[s...]; Statut
St[at]BA Statistisches Bundesamt *B*

Stb. Staatsbank der DDR; Stammbaum
StB schwerst behindert
StBA Staatliche Bauaufsicht der DDR
Stbez. Stadtbezirk
Stck. Stück
Stckpr. Stückpreis
Stckz. Stückzahl
std., stdg. ständig
Std. Stand[ard]; Stunde
stdl. stündlich
StE Stärkeeinheit
StEG Strafrechtsergänzungsgesetz
stellv. stellvertretende[r]
Stellv. Stellvertreter[in]
sten. stenografisch
stf., stfr. steuerfrei
StFB staatlicher Forstwirtschaftsbetrieb
Stfw. Stabsfeldwebel
stg. steigend
StGB Strafgesetzbuch
Stgefr. Stabsgefreiter
StGG Staatsgrundgesetz *Ö*
STH somatotropes Hormon
StHG Staatshaftungsgesetz
stil. stilisiert; stilistisch
Stj. Sterbe-, Steuer-, Studienjahr
St. Jb. Statistisches Jahrbuch
StKAV Staatliches Komitee für Aufkauf und Verarbeitung landwirtschaftlicher Erzeugnisse
StKl Steuerklasse
Stkr. Stadtkreis
stl. staatlich
Stm Starkstrommeisterei
Stm. Steuermann
St. Mtr. Stabsmatrose
StNr, St.-Nr. Steuernummer
Sto Städteschnellverkehrs-Schienenomnibus
St. O. Stabsoffizier; Standort
STOL *e* short take-off and landing = Kurzstart und -landung; Kurzstartflugzeug
St. O. Mstr. Stabsobermeister

Stp. Steuerpult; Stützpunkt
stpfl. stempel-, steuerpflichtig
StPO Strafprozeßordnung
Str. Straße[n...]; Strecke[n...]; Strophe; Struktur
StR Staats-, Stadt-, Steuer-, Studienrat
strat. strategisch
StR[eg]G Strafregistergesetz
StrFG Straffreiheitsgesetz
Strg. Streichgarn
StrK Strafkammer
STT-FNB *fi-s* Suomen Tietotoimisto − Finska Notisbyrån (finnische Nachrichtenagentur)
StTO Stückgut-Transport-Ordnung
stud. studentisch; *l* studiosus = Studierender, Student
Stud. Student[en..., -in], Studie[n...]
stv. stellvertretende[r]
Stv. Stadtverordnete[r]; Stellvertreter[in]
StV Staatliche Versicherung der DDR; Staatsvertrag
StVA Strafvollzugsanstalt
StVG Staatliches Vertragsgericht
StVO Straßenverkehrs-Ordnung
StVZO Straßenverkehrs-Zulassungs-Ordnung
Stw Stellwerk
StW Stammwürzegehalt; Stärkewert
St. W. Statistisches Warenverzeichnis
Stwm. Stabswachtmeister
s. u. sieh[e] unten!; sieh[e] unter
SU Sonnenuntergang; Sowjetunion; Studenten-Union *B*
s. u. d. T. sieh[e] unter dem Titel
SuH VVB Schnittholz und Holzwaren
Sup., Supt. Superintendent
Supp., Suppl. Supplement (Ergänzung[sband]; Nachtrag)
susp. suspendiert
s. v. sieh[e] vorn!

SV Sachverhalt, -verständiger; Schach-, Schwimm-, Segler-, Ski-, Spiel-, Sportverband, -verein[igung]; Sozialversicherung; Strafvollzug
sva. soviel als
SVA Sozialversicherungsanstalt *D/B*; Strafvollzugsanstalt
SVB Sozialversicherung Bezirksverwaltung
SVD Straßenverkehrsdirektion
SVG Staatliches Vertragsgericht
SVK Sozialversicherung Kreisgeschäftsstelle
SVO Sozialversicherungsordnung
SVP Schweizerische Volkspartei; Staatliches Veterinärmedizinisches Prüfungsinstitut
SVR Sozialistische Volksrepublik
SVRA Sozialistische Volksrepublik Albanien
SVT Sozialversicherungsträger
svw. sinnverwandt; soviel wie
SVWG Strafvollzugs- und Wiedereingliederungsgesetz
SVZ Schweriner Volkszeitung; Sozialversicherung Zentralverwaltung
sw. schwach; sowie
s/w schwarz-weiß (Film usw.)
SW Südwest[en]
SWAPO *e* South-West African People's Organization [of Namibia] = Südwestafrikanische Volksorganisation [Namibias]
SWF sozialistische Wirtschaftsführung; Südwestfunk *B*
SWF[D] Selbstwählferndienst
SWFV Selbstwählfern[sprech]verkehr
s.w.h. sieh[e] weiter hinten!
Swk. Sammelwerk
SWK Selbstwählkennzahl
s.w.l. sehr wenig löslich
s.w.o. sieh[e] weiter oben!
SWO Seewasserstraßenordnung
s.w.u. sieh[e] weiter unten!

s.w.v. sieh[e] weiter vorn!
SW z S Südwest zu Süd
SW z W Südwest zu West
sym. symbolisch; symmetrisch
SYMAP Symbolsprache zur maschinellen Programmierung numerisch gesteuerter Werkzeugmaschinen
syn. synonym[isch]; synoptisch
syn., synchr. synchron[isch, -isiert]
syn., synth. synthetisch
syst., system. systematisch
s.Z. seinerzeit
Sz. Seitenzahl; Szene
SZ Säurezahl; Sommerzeit
SŽD* *r* Sowjetskije shelesnyje dorogi = Sowjetische Eisenbahnen
SZG Spezialzuchtgemeinschaft
S z O Süd zu Ost
SZO Seefischereizollordnung
SZOT *u* Szakszervezetek Országos Tanácsa = Zentralrat der Gewerkschaften (Ungarn)
SZR Sonderziehungsrecht[e]
szs. sozusagen
SZS Staatliche Zentralverwaltung für Statistik
s.Zt. seinerzeit
S z W Süd zu West

T

t Tonne (1 t = 10^3 kg); Triebwagen; Triton
t. tief; *l* tomus = Band, Abschnitt
T Takt; Tank[er, -schiff, -stelle]; Tara; Tauchtiefe; Tausend; Telefon; Telegraf[ie]; Telegramm; *e* tele-

---

* Die Abkürzung ist in dieser Form (= bibliothekarische Transkription) im Deutschen üblich. Der Klartext hat die im Wörterbuch sonst verwendete Duden-Umschrift.

type[writer] = Fernschreib[er]...;
⟨*l* tempus = Zeit⟩ Zeitaufnahme;
Tera... (= 10^{12}; vor Maßeinheiten
das Billionenfache dieser Einheit,
z. B. 1 TV = 10^{12} V); Termin; Tesla
(SI-Einheit der magnetischen
Flußdichte; 1 T = 1 Wb/m²);
Thomasstahl; Tief[druckgebiet];
Tiefgang; *l* tomus = Band, Abschnitt;
Tourenzahl; Touristenklasse;
Transistor; Triebwagen; Trit[er]ium;
Typ[e], Typus
T. Takt; Tarif; Teil; Tenor[stimme];
Text; Typ[e], Typus
Ta *Element* Tantal; Tara
TA technische[r] Angestellte[r],
Assistent[in], Ausschuß; Teil-,
Telegrafenamt; Tierarzt; Tonabnehmer;
Telegrammanschrift
Tab. Tabelle; Tabulator
TAB Technisches Außenbüro
Tabl. Tablette[n]
Taf. Tafel
TÄH, TAeH Tierärztliche Hochschule *Ö*
TAKRAF VVB Tagebauausrüstungen, Krane und Förderanlagen
TAN technisch begründete
Arbeitsnorm[en]
Tanjug *sk* Telegrafska Agencija
Nova Jugoslavija (jugoslawische
Nachrichtenagentur)
TAP *f* Tunis-Afrique Presse
(tunesische Nachrichtenagentur)
Tar. Tarif
TAROM *rum* Transporturile
Aériene Romîne (rumänische Luftverkehrsgesellschaft)
TASS *r* Telegrafnoje agentstwo
Sowjetskowo Sojusa (Nachrichtenagentur der UdSSR)
tats. tatsächlich
TauVoK Tauglichkeitsvorschrift
zum Führen von Kraftfahrzeugen
tax. taxiert (geschätzt)
Tb *Element* Terbium; Tuberkulose

Tb Taschenbuch; Tatbestand
TB technisches Büro; Tiefbau;
Tonband[gerät]; Touring-, Touristenbund
Tbc, Tbk Tuberkulose
TBCFB tuberkulosefreier Bestand
(an Vieh)
TBK Tiefbaukombinat
Tbl. Tablette[n]; Titelblatt
TBS technische Betriebsschule
Tbw Triebwagenbetriebswerk
Tc *Element* Technetium
TC Tennis-, Touringklub;
Transcontainer; *e* traveller's
cheque = Reisescheck
td., t. d. tropen-, truppendiensttauglich
Td *f* Titer denier (1 Td = 1 den =
1 g/9 000 m = 1/9 tex)
TD Tagesdosis; Tankdampfer;
Technische[r] Daten, Dienst, Direktor;
Transportdienst
TDM Tausend DM *B*
tdu., t. d. u. tropen-, truppendienstuntauglich
tdw, TDW *e* ton[s] deadweight =
Tonne[n] Trag-, Ladefähigkeit
Te *Element* Tellur; Tratte
TE Technische, Teil-, Transfusionseinheit
TEAM *e* Top European
Advertising Media (Werbevereinigung westeuropäischer Spitzenzeitungen)
techn. technisch; technologisch
TEE *f* Trans-Europ[e]-Express
(internationale Schnellzüge)
Teel. Teelöffel
TEEM *f* Trans-Europ[e]-Express-Marchandises (internationale
Schnell-Güterzüge)
TEFm Tausend Erntefestmeter
Teilh. Teilhaber[in], Teilhaberschaft
Teiln. Teilnahme, -nehmer[in]
teilw. teilweise
Teilz. Teilzahlung[s...]

TEJO *Esp* Tutmonda Esperanto-Junulara Organizo = Weltbund der Esperanto-Jugend
tel. telefonisch; telegrafisch
Tel. Telefon; Telegraf[ie]; Telegramm
Teled 〈Textil + Leder〉 (veredelte Textilien)
Telex *e* teleprinter od. teletype exchange = Teilnehmer-Fernschreibdienst
TEM Transeuropamagistrale
Temp. Temperatur
Ten[n]. Tennessee (Staat der USA)
TENO Technische Nothilfe *D*
term. terminlich; terminologisch
Terr. Territorium, Territorial...
TES Turboelektroschiff
test. testamentarisch; testiert
tex [internationaler] Titer tex (1 tex = 9 den = 1 g/1 000 m = 10^{-6} kg/m)
Tex. Texas (Staat der USA)
TEXTIMA VVB Textilmaschinenbau
TF-Boot Tragflächen-, -flügelboot
Tfl. Tafel
Tfz Triebfahrzeug
Tg. Tag[e]; Tagung
TG Tagegeld; Tarif-, Tennis-, Transport-, Turngemeinschaft
TGA VEB Technische Gebäudeausrüstung
Tgb. Tagebuch
TGeb Telefon-, Telegrafengebühr
TGH Transportgemeinschaft Handel
tgl. täglich
TGL *urspr* Technische Normen, Gütevorschriften und Lieferbedingungen, *heute* Symbol für die DDR- und Fachbereichsstandards
TGSt Tarif für den Güterverkehr-Stückguttransport
th. theoretisch; thermisch
Th *Element* Thor[ium]; Traktor[en]stunde

Th. Teilhaber[in], Teilhaberschaft; Theater; Thema; Thermometer[stand]
TH technische, tierärztliche Hochschule
THC Technische Hochschule für Chemie
THD Tierärztlicher Hygienedienst
them. thematisch
ther., therap. therapeutisch
Therm. Thermometer[stand]
THM Textilhilfsmittel
THW Technisches Hilfswerk *B*
THY *türk* Türk Hava Yollari (türkische Luftverkehrsgesellschaft)
Ti Tiegelstahl; *Element* Titan[ium]
Ti. Titel, Titular...
TI Technische Inspektion; Techn[olog]isches Institut
TiP Theater im Palast (der Republik, Berlin)
TIR *f* transport international de marchandises par la route = internationaler Warentransport auf bestimmten Leitwegen
TISK *türk* Türkiye Işçi Sendikalari Konfederasyonu = Bund der türkischen Arbeitergewerkschaften
tit. tituliert
Tit. Titel, Titular...
TKB Technisch-kommerzielles Büro
TKBA Tierkörperbeseitigungsanstalt (Abdeckerei)
TKC Textilkombinat Cottbus
TKD technischer Kundendienst
tkm Tonnenkilometer
t/km Tonne[n] je Kilometer
Tkm Tausend Kilometer
TKM Tausendkornmasse
TKO Technische Kontrollorganisation (Gütekontrolle)
TKW, Tkw Tankkraftwagen
t.l. teilweise löslich
Tl *Element* Thallium
Tl. Teil, *Plur auch* Tle.
TL technische[r] Leiter, Leitung, Lieferbedingungen; Teelöffel;

Turbinen-Luftstrahltriebwerk (Strahlturbine); Turbolok[omotive]
TLF Tanklöschfahrzeug
...tlg. ...teilig
TLI Technisches Lehr-Institut *B*
Tln. Teilnahme, -nehmer[in]
tls. teils
tlw. teilweise
tm. teilmotorisiert
Tm Terameter (1 Tm = 10^{12} m); *Element* Thulium
TM Tausend Mark; Trockenmasse; Turbomotor
T. M. Tank-, Turbinenmotorschiff; *e* trade-mark = Warenzeichen
TMD Tagesmaximaldosis
TME Tausendstel atomare Masseeinheit; technische Masseeinheit
TMS Tank-, Turbinenmotorschiff
TMZ *e* three mile zone = Dreimeilenzone
TN Tagesnorm; Technische Nothilfe *D*; Telefonnummer
TND Tiroler Nachrichtendienst *Ö*
TNT Trinitrotoluol
to, To Schienenomnibus
TO Tages-, Tara-, Tarif-, Telegrafenordnung; technische Oberschule *B*; Technischer Offizier
TΩ Teraohm (1 TΩ = 10^{12} Ω)
TOG Transportordnung für gefährliche Güter
TÖK technisch-ökonomische Kennziffer[n]
Tol. Toleranz
tom. *l* tomus = Band, Abschnitt
TOM technisch-organisatorische Maßnahmen
top. topographisch
TOP Tagesordnungspunkt
TÖR Technisch-Ökonomischer Rat
Torr (1 Torr = 133,3224 Pa)
TOS Tagesoberschule
tot. total
Tot. Totalisator, Toto
TÖZ technisch-ökonomische Zielstellung

T. p., T. P. *l* titulo pleno = mit vollem Titel, d. h. statt des Titels
TP, T. P. trigonometrischer Punkt
TPa Terapascal (1 TPa = 10^{12} Pa)
TPD Technischer Pressedienst *B*; Traktorenprüfdienst
TPW technisch-physikalische Werkstätten
tR, t. R. tierische Rohstoffe
Tr Transistor; Transformator
Tr. Tratte; Tropfen; Trupp[e], Truppen...
TR transferabler Rubel; Trockenrasierapparat; *Kfzk* Türkei
trad. traditionell
Trafo Transformator
TRbl. Tausend Rubel
Trh Traktor[en]stunde
TRO Transformatorenwerk [Berlin-]Oberschöneweide
TS Talsperre; Tank-, Transport-, Turbinenschiff; Tarifsammlung; Trockensubstanz
TSB, TS-Boot Torpedoschnellboot
TSC Turn- und Sportklub
Tsd. Tausend
TSE Tierseuchenentschädigung
TSG Tierschutzgesetz; Turn- und Sportgemeinschaft
TSt Tausend Stück; Telegrafenstelle; Thomasstahl
TST *fi* Työväen Sanomalehtien Tietotoimisto (finnische Nachrichtenagentur)
TSV Technische Sicherheitsvorschriften; Turn- und Sportverein
Tt Tariftonne; Tausend Tonnen
TT *f* Télégraphes et Téléphones/ Télécommunications = Fernmeldeamt *bzw.* -wesen; *e* teletype[writer] = Fernschreib[er]...; *s* Tidningarnas Telegrambyrå (schwedische Nachrichtenagentur); Tischtennis; Turbinentanker
T. T. *l* toto titulo = mit ganzem Titel, d. h. statt des Titels
TTC Tischtennisklub

TTH Tieftemperatur-Hydrierung
TTK Tieftemperatur-Konservierung
Ttkm Tariftonnenkilometer
TTT Tischtennis-Turnier der Tausende
TTV Tischtennisverein[igung]
Tu Turbine[n...]; Turbo...
TU technische Universität; Telegraphen-Union (1913–33); *f* Temps universel = Weltzeit
TÜA Technisches Überwachungsamt *B*
TUAC-OECD *e* Trade Union Advisory Committee to the OECD = Gewerkschaftlicher Beratungsausschuß bei der OECD
TUC *e* Trade[s] Union Congress *bzw.* Council = Gewerkschaftskongreß *bzw.* -rat
TÜD Technischer Überwachungsdienst *B*
TUI Touristik-Union International GmbH *B*
TUR Transformatoren- und Röntgenwerk Dresden
TUS Technisches Universalsystem (der Klassifikation); technische Unteroffiziersschule
TÜV Technischer Überwachungsverein *B*
TV Tarifvertrag; technische Verwaltung, Vorschrift; *e* television = Fernsehen; Tennisverein; Teravolt (1 TV = 10^{12} V); Touristen-, Turnverband, -verein[igung]
TVA Tarif- und Verkehrsanzeiger; technische Versuchsanstalt
TVI Textilveredlungsindustrie
TVO Tarifvertragsordnung; Technische Durchführungs-, Transportverordnung
TVP *p* Telewizja Polska = Polnisches Fernsehen
TVS Transport-und-Verarbeitungs-Schiff
tw. teilweise
Tw Transportwagen; Triebwerk
Tw. Tages-, Taxwert
TW Tankwagen; Teilnehmer-Wähltelegrafie, -Wählfernschreibdienst; Terawatt (1 TW = 10^{12} W)
TWA *e* Trans World Airlines (Luftverkehrsgesellschaft der USA)
Twb. Taschenwörterbuch
TWB Temperaturwechselbeständigkeit
TWF Trinkwasserfluoridierungsanlage
TWh Terawattstunde (1 TWh = 10^{12} Wh = 10^9 kWh)
TWK technisch-wirtschaftliche Kennziffer[n]
TWL Technische Werkleitung
TWS Traktorenwerk Schönebeck
TWU *e* Transport Workers' Union of America = Amerikanischer Transportarbeiterverband (USA)
TWZ technisch-wissenschaftliche Zusammenarbeit
TWZA Technisch-Wissenschaftliches Zentralamt
Tx, TX = Telex
Tx. Texas (Staat der USA)
TxAs Telexanschluß
typ. typ[ograf]isch; typisiert
Tz. Tanz; Textziffer
TZ Tara-, Teuerungszuschlag; technische[r] Zeichner[in]; technisches Zeichnen; technische Zentral[stell]e; technisches Zentrum; Teilzahlung[s...]; Tourenzahl; Trainingszentrum; Transportzentrale

U

u. und; unpaginiert (ohne Seitenzahlen); unten; unter[e, -er]
ü. über[all]; übrig
U Ultra...; Umdrehung[en]; Union; *Element* Uran[ium]; *e* urgent = dringend, Eil...; Urschrift

u. a. und and[e]re[s]; unter ander[e]m, ander[e]n
u. ä. und ähnliche[s]
u. A. unter Abschnitt, Anweisung, Anzeige, Aufgabe
u. Ä. unserer Ära (Zeitrechnung)
UA Unterabschnitt, -abteilung, -ausschuß; Untersuchungsamt, -ausschuß; Uraufführung
u. a. a. und alle anderen, und alles andere
u. a. a. O. und am angeführten, angegebenen Ort[e]; und an anderen Orten
UAEE *f* Union des associations européennes d'étudiants = Vereinigung Europäischer Studentenverbände
UAI *f* Union académique internationale = Internationale Akademische Union; *f* Union des associations internationales = Union der Internationalen Verbände
UAIA *f* Union des agences d'information africaines = Verband der afrikanischen Nachrichtenagenturen
u. a. m. und and[e]re[s] mehr
u. ä. m. und ähnliche[s] mehr
u. a. O. und anderen Orts
UAP Unabhängige Arbeiterpartei *B*
u. a. s. und andere solche
UASA Union der afrikanischen Studierenden und Arbeitenden in der DDR
UASt Umsatzausgleichsteuer
UATI *f* Union des associations techniques internationales = Union der internationalen technischen Vereinigungen
u. a. ü. und alle übrigen, und alles übrige
UAW *e* United Automobile Workers of America = Amerikanischer Automobilarbeiterverband (USA)
u. A. w. g. um Antwort wird gebeten
üb. über[all]; übrig
u. B., U. B. unser Bild

Üb. Übung[s...]; Übersetzer[in], -setzung, -sicht, -trag[ung], -weisung
UB Universitätsbibliothek, -bücherei
UBAE *f* Union des banques arabes et européennes = Union der arabischen und europäischen Banken
U-Bahn Untergrundbahn
überf. überfällig, -führt
überh. überhaupt
übers. übersetzt, -sichtlich
Übers. Übersetzer[in], -setzung, -sicht
Übertr. Übertrag[ung]
überw. überwiegend, -wiesen
Überw. Überweisung
überz. überzählig, -zeugend, -zeugt, -zogen
übh. überhaupt
üblw. üblicherweise
U-Boot Unterseeboot
übpl. überplanmäßig
Übs. Übersetzer[in], -setzung, -sicht
UBS *e* United Bible Societies = Weltbund der Bibelgesellschaften
übsch. überschüssig
Übtr. Übertrag[ung]
UCD *sp* Unión de Centro Democrático = Union des Demokratischen Zentrums (Partei; Spanien)
UCI *f* Union cycliste internationale = Internationale Radsport-Union
u. D. unseres Dafürhaltens
u. d. ä. und dem ähnliche[s]
UDEAC *f* Union douanière et économique de l'Afrique centrale = Zentralafrikanische Zoll- und Wirtschaftsunion
u. d. f. und das folgende, und die folgenden
u. dgl. [m.] und dergleichen [mehr]
UDK Universelle od. Universal-Dezimalklassifikation
u. d. L. unter der Leitung
u. d. M. unter dem Meeresspiegel, Mikroskop

ü. d. M. über dem Meeresspiegel
UDPM *f* Union démocratique du peuple malien = Demokratische Union des Volkes von Mali (Partei)
u. d. R. unbeschadet des Rechts
UdSSR Union der Sozialistischen Sowjetrepubliken
u. d. T. unter dem Titel
ue. unehelich
u. E. unseres Erachtens, Ermessens; unter Einschränkung
UE Gewerkschaft Unterricht und Erziehung; Unbedenklichkeitserklärung
u. e. a. und einige[s] and[e]re
UEA *f* Union des états africains = Union Afrikanischer Staaten; *f* Union européenne de l'ameublement = Europäischer Möbel-Verband; *Esp* Universala Esperanto-Asocio = Esperanto-Weltbund
UEAC *f* Union des états de l'Afrique centrale = Union der zentralafrikanischen Staaten
u. e. a. m. und einige[s] and[e]re mehr
UEB Universelles Einheitsbaukastensystem
UEBL *f* Union économique belgo-luxembourgeoise = Wirtschaftsunion Belgien-Luxemburg
UEC *f* Union européenne des experts comptables économiques et financiers = Europäischer Wirtschaftsprüfer-Verband
UECB[V] *f* Union européenne de commerce du bétail et de la viande = Europäische Vieh- und Fleischhandels-Union
UEDC *f* Union européenne démocrate-chrétienne = Europäische Union Christlicher Demokraten
UEF *f* Union européenne des fédéralistes = Union Europäischer Föderalisten; *f* Union européenne féminine = Europäische Frauen-Union

UEFA *e* Union of European Football Associations = Europäische Union der Fußball-Verbände
UEMS *f* Union européenne des médecins spécialistes = Europäische Vereinigung der Fachärzte
UER *f* Union européenne de radiodiffusion = Europäischer Rundfunkverein
u. f. und die folgende [Seite], und das folgende [Jahr]; und ferner
Ufa, UFA Universum-Film AG *D/B*
UF[C] *e* United Fruit [Company] (Südfrüchtekonzern der USA)
UFER *f* Mouvement international pour l'union fraternelle entre les races et les peuples = Internationale Bewegung für eine brüderliche Vereinigung der Rassen und Völker
u. ff. und die folgenden [Seiten, Jahre]
Uffz. Unteroffizier
UFI *f* Union des foires internationales = Internationale Messe-Union
UFO *e* unknown flying object = unbekannter Flugkörper, „fliegende Untertasse"
UFP Unabhängige Frauenpartei *B*; unveränderlicher Festpreis
Ufw Umformerwerk
Ufw., U. Fw. Unterfeldwebel
ü. G. über Grund (= Erdboden)
UG Untergeschoß; Urheberrechtsgesetz
ÜG Übergangs-, -leitungsgesetz
UGL Universitätsgewerkschaftsleitung
U. g. R. Urschrift gegen Rückgabe
UGTA *f* Union générale des travailleurs algériens = Allgemeiner Verband der algerischen Werktätigen
UGTM *f* Union générale des travailleurs du Maroc = Allgemeiner Verband der Werktätigen Marokkos
UGTT *f* Union générale tunisienne du travail = Allgemeiner tunesischer Gewerkschaftsbund

U/h Umdrehung[en] je Stunde

UHF *e* ultra-high frequency = ultrahohe od. Dezifrequenz

UHV Ultrahochvakuum

UIA *f* Union internationale des architectes = Internationaler Architektenverband; *f* Union internationale des avocats = Internationale Anwalts-Union

UIAA *f* Union internationale des associations d'alpinisme = Internationale Union der Alpinistik-Verbände; *f* Union internationale des associations d'annonceurs = Internationale Vereinigung der Werbeagenturen

UIAPME *f* Union internationale de l'artisanat et des petites et moyennes entreprises = Internationale Gewerbeunion

UIBWM *e* Trade Unions' International of Workers of the Building, Wood and Building Materials Industries = Internationale Vereinigung der Arbeiter der Bau-, Holz- und Baustoffindustrie

UICC *f* Union internationale contre le cancer = Internationale Union gegen den Krebs

UIC[F] *f* Union internationale des chemins de fer = Internationaler Eisenbahnverband

UICT *f* Union internationale contre la tuberculose = Internationale Union gegen die Tuberkulose

UIDA *f* Union internationale des arts = Internationale Kunstunion

UIES *f* Union internationale d'études sociales = Internationale Vereinigung für Sozialforschung

UIL *i* Unione Italiana del Lavoro = Italienischer Arbeiterverband

UIM *f* Union internationale motonautique = Internationale Motorwassersport-Union

UINF *f* Union internationale de la navigation fluviale = Internationale Binnenschiffahrts-Union

UIPE *f* Union internationale de protection de l'enfance = Internationale Vereinigung für Jugendhilfe

UIPMB *f* Union internationale de pentathlon moderne et biathlon d'hiver = Internationale Union für Modernen Fünfkampf und Biathlon

UIPPI *f* Union internationale pour la protection de la propriété industrielle = Internationale Union zum Schutz des gewerblichen Eigentums

UIRD *f* Union internationale de la résistance et de la déportation = Internationale Union der Widerstandskämpfer und der Deportierten

UISA *f* Union internationale des sciences agricoles = Internationale Vereinigung für Landwirtschaftswissenschaften

UISAE *f* Union internationale des sciences anthropologiques et ethnologiques = Internationale Union der anthropologischen und ethnologischen Wissenschaften

UISM *f* Union internationale des syndicats des mineurs = Internationale Vereinigung der Bergarbeitergewerkschaften

UISP *f* Union internationale des sociétés de la paix = Internationale Vereinigung der Friedensgesellschaften

UISTC *f* Union internationale des syndicats des travailleurs du commerce = Internationale Berufsvereinigung der Beschäftigten im Handel

UIT *f* Union internationale des télécommunications = Internationale Fernmelde-Union, Internationaler Fernmeldeverein; *f* Union internationale de tir = Internationale Schützen-Union

UITP *f* Union internationale des

transports publics = Internationaler Verband für öffentliches Verkehrswesen
UIWA *e* United Industrial Workers of America (Industriegewerkschaft der USA)
u. k. *ehem* unabkömmlich
UK Unter[suchungs]kommission
UKML Ultrakurz-, Kurz-, Mittel- und Langwellen[bereich]
UKR Uhrenkombinat Ruhla
UKW Ultrakurzwelle[n]
ul. unlöslich
ULA Union der leitenden Angestellten *B*
U. Ltn. Unterleutnant
u. m. und mehr
u. M. unter dem Meeresspiegel
ü. M. über dem Meeresspiegel
Umb. Umbau; Umbuchung
UMB *f* Union mondiale de billard = Weltverband für Billard
UMDC *f* Union mondiale démocrate-chrétienne = Christlich-Demokratische Weltunion
umf. umfassend
Umf. Umfang
UMF Uhren- und Maschinenfabrik Ruhla (*heute* UMK)
umg. umgangssprachlich; umgeändert; umgearbeitet; umgehend (prompt)
U/min Umdrehung[en] je Minute
Umk. Umkehr[ungs]...
UMK Uhren- und Maschinenkombinat Ruhla
Umkr. Umkreis
Uml. Umlauf; Umleitung
u. M. n. unserer Meinung nach
UMOA *f* Union monétaire ouest-africaine = Westafrikanische Währungsunion
UMOSEA *f* Union mondiale des organismes pour la sauvegarde de l'enfance et de l'adolescence = Weltverein der Organisationen für den Kinder- und Jugendschutz

Umr. Umrandung; Umrechnung[s...]; Umriß
ums. umseitig; umsichtig; umsonst
Ums. Umsatz; Umsicht
UMSN *f* Union mondiale de ski nautique = Weltunion für Wasserski
UMT *f* Union marocaine du travail = Marokkanischer Gewerkschaftsbund
u. M. v. unter Mitarbeit von
Umw. Umwandlung; Umwechslung; Umwertung; Umweg
UMW[A] *e* United Mine Workers of America = Amerikanischer Bergarbeiterverband (USA)
u. N. unter Naturschutz [stehend]; unter Normal; unter Null
UN *e* United Nations = Vereinte Nationen
UNACAST *e* United Nations Advisory Committee on the Application of Science and Technology for Development = Beratendes Komitee der Vereinten Nationen zur Anwendung von Wissenschaft und Technik für Entwicklungsfragen
Unalog-System Universelles Niederdruck-, Analog- und Logiksystem
unb., unbek. unbekannt
unbed. unbedenklich; unbedeutend; unbedingt
unber. unberechenbar; unberechtigt; unberichtigt
unbesch. unbeschadet; unbeschädigt; unbeschäftigt; unbescholten
unbest. unbeständig; unbestätigt; unbestimmt; unbestreitbar
unbr. unbrauchbar; unbrennbar
UNCITRAL *e* United Nations Commission on International Trade Law = Kommission der Vereinten Nationen für internationale Handelsgesetzgebung
UNCTAD *e* United Nations Conference on Trade and Development = Konferenz der

Vereinten Nationen für Handel und Entwicklung (Welthandelskonferenz)
UNDC *e* United Nations Disarmament Commission = Abrüstungskommission der Vereinten Nationen
UNDOF *e* United Nations Disengagement Observer Force = Beobachter der Vereinten Nationen zur Überwachung der Truppenentflechtung [im Nahen Osten]
UNDP *e* United Nations Development Programme = Entwicklungsprogramm der Vereinten Nationen
UNDPI *e* United Nations Department of Public Information = Informationsabteilung der Vereinten Nationen
UNDRO *e* United Nations Disaster Relief Coordinator's Office = Koordinierungsamt der Vereinten Nationen für Katastrophenhilfe
UNEF *e* United Nations Emergency Force = Notstands-Truppe od. -Streitkräfte der Vereinten Nationen
uneig. uneigennützig
unentg. unentgeltlich
UNEP *e* United Nations Environment Programme = Umweltprogramm der Vereinten Nationen
unerl. unerläßlich; unerlaubt; unerledigt
UNESCO *e* United Nations Educational, Scientific, and Cultural Organization = Organisation der Vereinten Nationen für Erziehung, Wissenschaft und Kultur
UNEUROP (*e* United Europe = Vereinigtes Europa; = *e*) European Economic Association = Europäischer Wirtschaftsbund
unf. unfähig; unfehlbar; unfertig; unförmig
UNFICYP *e* United Nations [Peace-Keeping]Force in Cyprus = Friedensstreitkräfte der Vereinten Nationen auf Zypern
UNFPO *e* United National Front Political Organization = Vereinigte Politische Organisation Nationale Front (VDRJ)
unfr. unfrankiert; unfruchtbar
ung. ungefähr; ungenau; ungültig
ungebr. ungebräuchlich, ungebraucht
ungek. ungekündigt
ungel. ungelernt; ungelöst
ungen. ungenannt; ungenau; ungenießbar; ungenügend; ungenutzt
unges. ungesättigt; ungesetzlich
ungew. ungewiß; ungewöhnlich
ungl. ungleich[mäßig]
UNHCR *e* United Nations High Commissioner for Refugees = Hoher Kommissar der Vereinten Nationen für Flüchtlinge
UNIC *e* United Nations Information Centre = Informationszentrum der Vereinten Nationen
UNICA *f* Union internationale du cinéma d'amateurs = Internationaler Verband der Filmamateure
UNICE *f* Union des industries de la Communauté européenne = Industrieverband der Europäischen Gemeinschaft
UNICEF *e* United Nations [bis 1953 International] Children's [Emergency] Fund = Welt-Kinderhilfswerk der Vereinten Nationen
UNIDO *e* United Nations Industrial Development Organization = Organisation der Vereinten Nationen für industrielle Entwicklung
unif. unifiziert (vereinheitlicht); uniformiert
UNIFIL *e* United Nations Interim Forces in Lebanon = Zeitweilige Truppen der Vereinten Nationen in Libanon
UNIMA *f* Union internationale des

grands magasins = Internationale Warenhausvereinigung; *f* Union internationale des marionettes = Internationale Vereinigung des Puppenspiels
UNIP *f* United National Independence Party = Vereinigte Partei für nationale Unabhängigkeit (Sambia)
UNIS *e* United Nations Information Service = Informationsdienst der Vereinten Nationen
UNISIST *e* United Nations International System of Information on Science and Technology = Internationales wissenschaftlich-technisches Informationssystem der Vereinten Nationen
UNITAR *e* United Nations Institute for Training and Research = Ausbildungs- und Forschungsinstitut der Vereinten Nationen
univ. universal, universell
unk. unkenntlich; unkündbar; unkundig
unl. unlängst; unlauter; unlimitiert (unbeschränkt); unlöslich
UNMEM *e* United Nations Middle East Mission = Mittelost-Mission der Vereinten Nationen
UNMOGIP *e* United Nations Military Observer Group for India and Pakistan = Militärische Beobachtergruppe der Vereinten Nationen für Indien und Pakistan
ü. NN. über Normalnull
UNO *e* United Nations Organization = Organisation der Vereinten Nationen
UNPA *e* United Nations Postal Administration = Postverwaltung der Vereinten Nationen
unpag., unpg. unpaginiert (ohne Seitenzahlen)
unpf. unpfändbar
unr. unrationell; unreal[istisch]; unreell; unrentabel; unrichtig
unr., unreg. unregelmäßig

UNREF *e* United Nations Refugee [Emergency] Fund = Flüchtlingsfonds der Vereinten Nationen
UNRISD *e* United Nations Research Institute for Social Development = Forschungsinstitut der Vereinten Nationen für soziale Entwicklung
UNRRA *e* United Nations Relief and Rehabilitation Administration = Hilfs- und Wiedergutmachungs-Kommission der Vereinten Nationen (1943—47)
UNRWA *e* United Nations Relief and Works Agency for Palestine Refugees in the Near East = Hilfswerk der Vereinten Nationen für die Palästinaflüchtlinge im Nahen Osten
uns. unsicher; unsymmetrisch
UNSCC *e* United Nations Standards Coordinating Committee = Normen-Koordinierungsausschuß der Vereinten Nationen
UNSTB *f* Union nationale des syndicats des travailleurs du Bénin = Nationaler Gewerkschaftsbund der Werktätigen Benins
unstr. unstreitig
unt. unten; unter[e, -er, -es]; unterhalb
UNTA *pt* União nacional de trabalhadores de Angola = Nationalverband der Werktätigen Angolas
UNTM *f* Union nationale des travailleurs du Mali = Nationaler Bund der Werktätigen Malis
untr. untrennbar; untrüglich
UNTSO *e* United Nations Truce Supervision Organization = Organisation der Vereinten Nationen zur Überwachung des Waffenstillstands [im Nahen Osten]
unv. unverändert; unvollständig
unv., unverb. unverbindlich
unw. unwegsam; unwesentlich; unwirksam

unz. unzählig
unzul. unzulänglich; unzulässig
u. o. und oft
u. ö. und öfter
u./o. und/oder
up. unpaginiert (ohne Seitenzahlen)
UPI *e* United Press International (USA-Nachrichtenagentur)
UPP unveränderlicher Planpreis
UPU *f* Union postale universelle = Weltpostverein
u. R. unter Rückerbittung, Rückgabe; urschriftlich gegen Rückgabe
UR ultrarot; Ungarische Republik; Urkundenregister
Urf. Urfassung; Urform
URF *f* Union des services routiers des chemins de fer européens = Verband der Straßenverkehrsdienste der europäischen Eisenbahnen
UrhG, URG Urheberrechtsgesetz
URI *f* Union radioélectrique internationale = Internationaler Funkverein
urk., urkdl. urkundlich
Urk. Urkunde
Url. Urlaub
ÚRO *č* Ústřední rada odborů = Zentralrat der Gewerkschaften (ČSSR)
Urs. Ursache
URS Universelles Regelungs- und Steuerungssystem
Ursamat Universelles System von Geräten und Einrichtungen für die Automatisierung technologischer Prozesse
URSI *f* Union radioscientifique internationale = Internationale Funkwissenschaftliche Vereinigung
urspr. ursprünglich
Urt. Urteil[s...]; Urtext
URTNA *f* Union des organisations de radiodiffusion et télévision nationales africaines = Vereinigung der nationalen afrikanischen Organisationen des Rundfunks und Fernsehens

U/s Umdrehung[en] je Sekunde
US Ultraschall; *e* United States = Vereinigte Staaten [von Amerika]
USA *e* United States of America = Vereinigte Staaten von Amerika
USAF *e* United States Air Force = US-Luftstreitkräfte
USAFE, USAFEUR *e* United States Air Force in Europe = US-Luftstreitkräfte in Europa
ÜSAG überbetriebliche sozialistische Arbeitsgemeinschaft
USAID *e* U.S. Agency for International Development = US-Amt für internationale Entwicklung
USC Universitätssportklub
usf., u. s. f. und so fort
USI *e* United Schools International = Internationale Föderation der vereinten Schulen
USIC *f* Union sportive internationale des cheminots = Internationale Eisenbahner-Sport-Union
USIS *e* United States Information Service = US-Informationsdienst
USJ Unabhängige Sozialistische Jugend *B*
USM *f* Union des syndicats de Moçambique = Gewerkschaftsbund Moçambiques; *e* United States Mail *bzw.* Marine = US-Post *bzw.* -Marine
üsMG überschweres Maschinengewehr
USN *e* United States Navy = US-Kriegsmarine od. -Flotte
u. sp. und später
USP Ungarische Sozialistische Partei
U. S. P. *e* United States Patent *bzw.* Pharmacopoeia = US-Patent *bzw.* -Arzneibuch[vorschrift]
USPD Unabhängige Sozialdemokratische Partei Deutschlands (1917–20/22)
USS *e* United States Ship *bzw.* Standard = US-Schiff *bzw.* -Norm

US $ US-, USA-Dollar
USSB Unabhängiger Sozialistischer Schülerbund *B*
USt[G] Umsatzsteuer[gesetz]
usw., u. s. w. und so weiter
Ut. Utah (Staat der USA)
UTA *f* Union de transports aériens (franz. Luftverkehrsgesellschaft)
UTP Unterrichtstag in der Produktion
UTZ *f* Union nationale des travailleurs zaïrois = Nationalunion der Werktätigen von Zaïre
u. U. unter Umständen
u. u. R. urschriftlich unter Rückerbittung
u. ü. V. unter üblichem Vorbehalt
uv. unverkäuflich; unverlosbar
u. V. unter Vorbehalt
UV ultraviolett; Unfallversicherung; Unterverband
ÜV Überleitungsverordnung
u. V. a. unter Verzicht auf
u. v. a. [m.] und viele[s] andere [mehr]
U. v. D. Unteroffizier vom Dienst
Uviol ultraviolett
UVSt Umverteilstelle
u. W. unseres Wissens
ü. W. über Wasser
UW Umspannwerk; Unterwasser[spiegel, -stand]
Ü-Wagen Übertragungswagen
UWAS *Schiff e* United West Africa Service = Vereinigter Westafrika-Dienst
UWG Unabhängige Wählergemeinschaft *B*; Gesetz gegen den unlauteren Wettbewerb
u. z. und zwar; unten zitiert; urschriftlich zurück
u. Z. unsere[r] Zeit[rechnung]
UZ Uhrzeit; Umschlagszahl; Universitätszeitung; Unsere Zeit (Zeitung der DKP); Ursprungszeugnis, -zertifikat
u. zw. und zwar

V

v. *l* versus = gegen; *l* verte! = [bitte] wenden!; *l* vide! = sieh[e]!; vom; von; vor; vorn
V *Element* Vanadium, Vanadin; *Kfzk* Vatikanstadt; Verband; Verdrängung; Verein[igung]; Vergrößerung; Verordnung; Versicherung[s...]; Versuch[s...]; Versorgung[s...]; *l* Visus = Sehschärfe; Volt (SI-Einheit der elektrischen Spannung; 1 V = 1 W/A); Vorderseite
V. Verfassung; Verfügung; Verlag[s...]; *l* volumen = Band, Rauminhalt; Vers; Vorschrift
va. veraltet
v. a. von allen; vor allem
Va. *e* Virginia = Virginien (Staat der USA)
VA Verkaufs-, Verkehrsabteilung; Verlagsanstalt, -auslieferung; Versicherungsamt, -anstalt; Versuchsanstalt; Verwaltungsausschuß; Voltampere (1 VA = 1 W); Voranmeldung
VAE Vereinigte Arabische Emirate
V. a. G. Verein auf Gegenseitigkeit
Vak. Vakuum
val Val = Grammäquivalent
Val. Valuta
VAN Vereinigte Arbeitsgemeinschaft der Naziverfolgten *B*; vorläufige Arbeitsnorm[en]
VAP Verein der Auslandspresse *B*; Verlagsabgabepreis
var (*e* volt-ampere reactive = Blind-Voltampere) Var (1 var ≡ 1 W)
var. variabel; Varietät (Abart)
Var. Varia; Variable; Variante; Variation
VAs Voltamperesekunde (1 VAs = 1 J)
VAT *e* value added tax = Mehrwertsteuer
v. aut. vollautomatisch

VAV Verwaltungsamt für Verkehr *B*
VAVO Verordnung über die Erhebung von Verbrauchsabgaben
v. A. w. von Amts wegen
VB Verkehrs-, Versorgungs-, Versuchs-, Verwertungsbetrieb; Verwaltungsbezirk; Völkerbund (1919–46); Volksbücherei; Vollzugsbestimmung[en]
VbE, VBE Vollbeschäftigteneinheit
Vbf Verschiebebahnhof
VBK Verband Berliner Konsumgenossenschaften
VBK-DDR Verband Bildender Künstler der DDR
VBl. Verordnungsblatt
vBP vereidigter Buchprüfer
vBR vereidigter Bücherrevisor
v. B. u. Z. vor Beginn unserer Zeitrechnung
VCH Verband Christlicher Hospize
v. Chr. vor Christus
v. Chr. G. vor Christi Geburt
v. d. von dem, der; vor dem, der
v. D. vom Dienst
VD Versorgungsdepot, -dienst; Vertrauliche Dienstsache; Vorankündigungsdienst
v. d. A. vor der Ausfertigung
VDA Verband der Automobilindustrie *B*; Verband Deutscher Arbeitgeber *B*
VdAK Verband der Angestellten-Krankenkassen *B*
VDE Verband, Vorschriftenwerk Deutscher Elektrotechniker *D/B*
VdgB Vereinigung der gegenseitigen Bauernhilfe
VDI Verein Deutscher Ingenieure *D/B* [DDR
VdJ Vereinigung der Juristen der
VDJ Verband der Journalisten der DDR; Vereinigung Demokratischer Juristen [in der BRD]
VdK Verband der Konsumgenossenschaften der DDR
VDK Verband des Kraftfahrzeughandels [und -gewerbes] *B*
VDL Verband Deutscher Lehrer *B*
VDMA Verein, *früher* Vereinigung Deutscher Maschinenbau-Anstalten *D/B*
VdN Verfolgte[r] des Naziregimes; Verlag der Nation
VDP Verband der Deutschen Presse (1945–59); Vorschrift[en] der Deutschen Post
VDR Volksdemokratische Republik
VDRJ Volksdemokratische Republik Jemen
VDRL Volksdemokratische Republik Laos
VdS Vereinigung der Sprachmittler der DDR
VDS Verband Deutscher Sportpresse *B*; Vereinigte Deutsche Studentenschaften *B*; Vereinigung Demokratischer Studenten Österreichs
VDSt Verein Deutscher Studenten *D*
VDT Verband Deutscher Techniker *B*
VDW Vereinigung Deutscher Wissenschaftler *B*
v. d. Z. vor der Zeit[en]wende, Zeitrechnung
VE Verkehrs-, Verrechnungseinheit; volkseigene[r, -s]
VEAB volkseigener Erfassungs- und Aufkaufbetrieb für landwirtschaftliche Erzeugnisse
VEAHB volkseigener Außenhandelsbetrieb
VEB volkseigener Betrieb
VEBA Vereinigte Elektrizitäts- und Bergwerks-AG *D/B*
VEB(B) volkseigener Betrieb (bezirksgeleitet)
VEB(G) volkseigener Betrieb (gemeindegeleitet)
VEB(K) volkseigener Betrieb (kreisgeleitet)

VEB(Ö) volkseigener Betrieb (örtlich geleitet)
VEB(St) volkseigener Betrieb (städtisch geleitet)
VEB(Z) volkseigener Betrieb (zentral geleitet)
VEG volkseigenes Gut
VEG(P) volkseigenes Gut (Pflanzenproduktion)
VEG(T) volkseigenes Gut (Tierproduktion)
VEH volkseigener Handel
VEI volkseigene Industrie
VEK volkseigenes Kombinat, Kontor
VEKH volkseigenes Kontor Handelstechnik
VELA Vereinigung leitender Angestellter *D/B*
VELK[D] Vereinigte Evangelisch-Lutherische Kirche Deutschlands *B*
VELK DDR Vereinigte Evangelisch-Lutherische Kirche in der DDR
VEM VVB Elektromaschinenbau
VEP Verkaufseinzel[handels]-, Verbraucherendpreis
ver. vereinigt
Ver. Vermont (Staat der USA)
Ver., Verein. Vereinigte ...
VER volkseigener Rennstall
verb. verbal; verbessert; verbindlich; verboten; verbunden
Verb. Verband; Verbesserung[s...]; Verbindlichkeit[en]; Verbindung, Verbund
Verbr. Verbrauch[er], Verbrauchs...
verd. verdichtet; verdünnt
verf. verfaßt; verfügt
Verf. Verfahren; Verfasser[in], Verfassung[s...]; Verfügung
verg. vergangen; vergoldet; vergütet
vergr. vergriffen; vergrößert
verh. verheiratet
Verh. Verhalten[s...], Verhältnis; Verhandlung
verk. verkauft; verkehrt; verkündet, verkündigt; verkürzt

Verk. Verkauf[s...], Verkäufer[in]; Verkehr[s...]; Verkünd[ig]ung; Verkürzung
verkl. verkleinert
verl. verladen; verlagert; verlängert; verletzt; verliehen; verlobt; verloren
Verl. Verladung, Verlade...; Verlag[s...], Verleger; Verlängerung; Verletzung; Verlust...
verm. vermählt; vermehrt; vermerkt; vermessen; vermietet; vermindert; vermischt; vermißt; vermittelt; vermutlich
Verm. Vermerk; Vermessung[s...]; Verminderung; Vermittler, Vermittlung[s...]; Vermögen[s...]
Verm. Vermont (Staat der USA)
Veröff. Veröffentlichung
verp. verpachtet; verpackt
verr. verrechnet; verringert
vers. versandt; versehen[tlich]; versetzt; versichert; versilbert; versorgt; versiert
Vers. Versammlung[s...]; Versand; Versehrte[r]; Versicherung[s...]; Versorgung[s...]; Versuch[s...]; Version
versch. verschieden[tlich]; verschifft; verschollen; verschuldet
verst. verstärkt; verstorben; verstümmelt
vert. vertagt; *l* verte! = [bitte] umdrehen!; vertikal
vertr. verträglich; vertraulich
Vertr. Vertrag[s...]; Vertreter, Vertretung[s...]; Vertrieb
vertrw. vertretungsweise
verv. vervielfältigt
verw. verwahrt; verwaist; verwaltet; verwandt; verwendbar, verwendet; verwertbar, verwertet; verwiesen; verwitwet; verwundet
Verw. Verwalter, Verwaltung[s...]; Verwandte[r]; Verweis[ungs...]; Verwendung[s...]; Verwertung[s...]
verz. verzeichnet; verzerrt; verzichtet; verziert; verzinslich; verzogen; verzögert; verzollt

Verz. Verzeichnis; Verzinsung; Verzögerung; Verzug[s...]
VES Versuchs- und Entwicklungsstelle
Vet. Veteran; Veterinär...
VEW volkseigene Wirtschaft
VEZ Verkehrserziehungszentrum
Vf. Verfasser[in]; Verfassung; Verfügung
V. f. Vorschrift[en] für ...
VfB Verein für Ball-, Bewegungsspiele
VFF Verband der Film- und Fernsehschaffenden der DDR
Vfg. Verfügung
VfK Verein für Kraftsport
VfL Verein für Leibesübungen, Leichtathletik
VFm Vorratsfestmeter
VfR Verein für Rasenspiele
vg. vorig
Vg. Vorgang
VG Verbundglas; Vereins-, Verlags-, Versicherungs-, Vertrags-, Vollzugsgesetz
VGE Vereinigte Gesundheitseinrichtungen
VGF Vereinigte Glanzstoff-Fabriken AG (Chemiefaserkonzern) *B*
v. G. G. *ehem* von Gottes Gnaden
VGH Verfassungs-, Verwaltungsgerichtshof *B*
vgl. vergleiche!; verglichen
vgl. a. vergleiche auch
Vgt.-Gr., VGr Vergütungsgruppe
v. g. u. vorgelesen, genehmigt, unterschrieben
VGW Valutagegenwert; Verband der Deutschen Gas- und Wasserwerke *B*
vh. verheiratet
v. h. von hinten
vH, v. H. vom Hundert (= Prozent)
v. H. vom Hause
Vh, VH Volkshochschule
VH Versandhaus
vha Viertelhektar (1 vha = 2 500 m²)

VHB volkseigener Handelsbetrieb
VHF *e* very high frequency = sehr hohe od. Meterwellen-Frequenz
VHI Verkehrshygieneinspektion; Veterinärhygiene-Inspektion, -Institut
v. h. n. v. von hinten nach vorn
VHS Volkshochschule
VHVD Veterinärhygienischer Verkehrsüberwachungsdienst
VHW Vereinigte Holzveredlungswerke Leipzig
VHZ volkseigene Handelszentrale
Vi. Vignette
VI Vereinigung INTERHOTEL
V. I. Verlagsinstitut
VIAG Vereinigte Industrie-Unternehmungen AG *D/B*
viell. vielleicht
VIF Viskosefaser
VIK Vereinigtes Institut für Kernforschung (Dubna bei Moskau)
VIP *e* very important person[s] = sehr wichtige Person[en] (VIP-Raum = Sonderraum)
Vir. *e* Virginia = Virginien (Staat der USA)
VIS Viskoseseide; Volkswirtschaftliches Informationssystem
Vit. Vitamin
vj. vierteljährig, -jährlich
v. J. vergangenen, vorigen Jahr[e]s; vom Jahr[e]
Vj. Viertel-, Vorjahr[es...]
Vjber. Vierteljahresbericht
Vjh. Vierteljahresheft
Vjs., Vjschr. Vierteljahresschrift
Vk., VK Volkskorrespondent[in]
VK Vektorkardiograph; Vergaserkraftstoff; Versorgungskontor; Vitalkapazität; Volkskammer der DDR; Vollkräfte
VKA Vereinigte Kletterabteilung (antifaschist. Widerstandsgruppe 1933–43); Vereinigung der kommunalen Arbeitgeberverbände *B*; Volkskontrollausschuß

VKG Vektorkardiogramm
VKH Versorgungskontor für Handelsausrüstungen
VKJO Verband Katholischer Jugendorganisationen *B*
VKM Verband der Komponisten und Musikwissenschaftler der DDR; Verbrennungskraftmaschine; Versorgungskontor für Maschinenbauerzeugnisse
VKP Verkaufspreis
VKPD Vereinigte Kommunistische Partei Deutschlands (1920–21)
VKSK Verband der Kleingärtner, Siedler und Kleintierzüchter der DDR
vl. verlängert; vorläufig; vorliegend
v. l. von links
VLB Vereinigte Lotteriebetriebe
vlf. vorläufig
vlg. verlängert; vorläufig; vorliegend
Vlg. Verlag[s...]; Verlängerung
VLG Verband ländlicher Genossenschaften *Ö*
vll. vielleicht
v. l. n. r. von links nach rechts
VLV Vordruck-Leitverlag
vm. = verm.; vormittags
v. M. vergangenen, vorigen Monats
Vm. Vermerk; Vollmacht
V/m Volt je Meter (1 V/m = 1 m · kg · s^{-3} · A^{-1})
VM Valutamark; Volksmarine; Voltmeter (Spannungsmesser)
V-Mann Vertrauens-, Verbindungsmann (Agent, Spitzel)
VMD Verkehrsmedizinischer Dienst
VMI Vereinigte Möbelindustrie; volkswirtschaftliche Masseninitiative
VMünz Vertrauensmünzfernsprecher
VMZ Verkehrsmedizinisches Untersuchungs-, Begutachtungs- und Informationszentrum
Vn. Vorname

VN Vereinte Nationen (UNO)
VNA *e* Vietnam News Agency = Vietnamesische Nachrichtenagentur
VNL Verlag Neues Leben
v. o. von oben
VO Vergleichs-, Vergütungs-, Verkehrs-, Vollzugsordnung; Verordnung
VOB Vereinigung organisationseigener Betriebe
VOBl. Verordnungsblatt
VÖEST[-Alpine] Vereinigte Österreichische Eisen- und Stahlwerke[-Alpine Montan AG]
VÖI Verband Österreichischer Industrieller *bzw.* Ingenieure
vok. vokalisch
Vok. Vokabel[n], Vokabular; Vokal
VOK Vereinigtes Oberkommando
VOKA Kabelwerk Plauen/Vogtland
vol., Vol. *l* volumen = Band, Rauminhalt
Vol.-% Volum[en]prozent[e]
voll. vollendet
vollst. vollständig
vollz. vollzählig
Vol. T. Volumenteil[e]
v. o. n. u. von oben nach unten
vor. vorig; vorrangig; vorrätig
vorb. vorbehaltlich; vorbeugend
Vordr. Vordruck
vorg. vorgenannt; vorgesehen
Vorg. Vorgang; Vorgesetzte[r]
vorh. vorhanden; vorher[gehend]
vorl. vorläufig; vorliegend
Vorl. Vorlage
vorm. vormalig, vormals; vormittags
vorr. vorrangig; vorrätig
Vorr. Vorrat[s...]; Vorrede; Vorrichtung
Vors. Vorsicht[s...]; Vorsitz[ender]
vorschm. vorschriftsmäßig
vorschw. vorschriftswidrig
Vorst. Vorstadt; Vorstand[s...], Vorsteher; Vorstellung; Vorstufe
vorw. vorwärts; vorwiegend

Vorw. Vorwahl; Vorwerk; Vorwort
vorz. vorzeitig; vorzüglich
VöV, VÖV Verband öffentlicher Verkehrsbetriebe *B*
VP Verkaufspreis; Versuchsperson, -produkt; Volkspolizei
VPA Verlagspostamt
VPB Volkspolizei-Bereitschaft
VPD Volkspolizei-Dienststelle
vpf. verpfändet
VPG Gesetz über die Aufgaben und Befugnisse der Deutschen Volkspolizei
VPI Volkspolizei-Inspektion
VPK *s* Vänsterpartiet Kommunisterna = Linkspartei-Kommunisten (Schweden)
VPKA Volkspolizei-Kreisamt
VPR Volkspolizei-Revier
VPS Video-Programmierungssystem
v. r. von rechts
VR Verwaltungs-, Veterinärrat; Volksrepublik; Vorkaufsrecht
VRA Volksrepublik Angola
vrb. verbessert
VRB Volksrepublik Bangladesh, Benin
VRCh Volksrepublik China
vrf. verflossen[en Jahres, Monats]
Vrg. Vereinigung; Vorgang
VRG Verkehrsradargerät
vrgr. vergriffen; vergrößert
VRK Volksrepublik Kongo
vrm. = verm.
Vrm. = Verm.
VRM Volksrepublik Moçambique
v. r. n. l. von rechts nach links
VRRU Volksröntgenreihenuntersuchung
VRT Vereinigte Republik Tansania
v. R. w. von Rechtswegen
vs. väterlicherseits; *l* versus = gegen
Vs Voltsekunde (1 Vs = 1 Wb)
Vs. Vorderseite
VS Verband Deutscher Schriftsteller *B*; Verschlußsache; Versehrtenstufe; Volkssolidarität
VSA Vereinigung Schweizerischer Angestelltenverbände; Verkehrssicherheits-Aktiv
VSB Vereinigter Schienenfahrzeugbau der DDR (Warenzeichen); Volkseigene Saatgutbetriebe
v. S. d. von seiten der, des
VSG Volkssportgemeinschaft
vsl. voraussichtlich
VSP Verein der Schweizer Presse
VSS Verband der Schweizerischen Studentenschaften
VSSTÖ Verband Sozialistischer Studenten Österreichs
vst. verstärkt; vollständig
Vst Vorstand, Vorsteher; Vorstellung
VSt Verbindungs-, Verkaufs-, Vermittlungs-, Verteil[er]-, Verteilungsstelle; Vermögenssteuer
VSTOL *e* vertical and short take-off and landing = Senkrecht- und Kurzstart[flugzeug]
VStTW Fernschreib-, Telegrafie-Wählvermittlungsstelle, TW-Vermittlungsstelle
VStW Vereinigte Stahl-Werke, „Stahlverein" *B*
VSV Verordnung über die Sozialpflichtversicherung; Versehrtensportverband, -verein
vT, v. T. vom Tausend (= pro mille)
v. T. vom Tage
Vt. Vermont (Staat der USA)
VT Verband der Theaterschaffenden der DDR; Verfahrenstechnik; Verlag Technik; Versorgungsträger; Volumenteil[e]
VTA VEB Verlade- und Transportanlagen[bau]; Viehtransportanhänger
VTK Verkehrs- und Tiefbaukombinat
VTL vorläufige technische Lieferbedingungen
VTOL *e* vertical take-off and

landing = Senkrechtstart und -landung; Senkrechtstarter
VtSt Verteil[er]-, Verteilungsstelle
VTT Vereinigte Telephon- und Telegraphenwerke AG *Ö*
Vtz Vorortszug
v. u. von unten
v. u. Ä. vor unserer Ära (Zeitrechnung)
VUB Verkehrsunfallbereitschaft
v. u. n. o. von unten nach oben
v. u. Z. vor unserer Zeit[rechnung]
v. v. von vorn
VVaG Versicherungsverein auf Gegenseitigkeit
VVB Vereinigung Volkseigener Betriebe
VVDSt Verband der Vereine Deutscher Studenten *B*
VVEAB Vereinigung Volkseigener Erfassungs- und Aufkaufbetriebe landwirtschaftlicher Erzeugnisse
VVG Versicherungsvertragsgesetz
VVH Vereinigung Volkseigener Handelsbetriebe
VVK Verwaltung Vermessungs- und Kartenwesen; *ehem* Verwaltung Volkseigener Kraftfahrbetriebe
VVN Vereinigung der Verfolgten des Naziregimes
v. v. n. h. von vorn nach hinten
VVS vertrauliche Verschlußsache; *ehem* Verwaltung des Volkseigenen Seeschiffbaus
VVV *ehem* Vereinigung Volkseigener Verlage
VVW Vereinigung Volkseigener Warenhäuser; *ehem* Verwaltung der Volkseigenen Werften
v. W. vergangener, voriger Woche
VW Volkswagen[werk AG] *B*; Volkswirtschaft
VwA, VWA Verband der weiblichen Angestellten [Deutschlands] *B*
VWD Vereinigte Wirtschaftsdienste (Nachrichtenagentur) *B*
VWE Vergleichswohnungseinheit

v. w. o. verhandelt wie oben [verzeichnet]
VWR Verwaltung der Wirtschaftsbetriebe der Regierung der DDR; Volkswirtschaftsrat (1961–65)
VWS Verein Westdeutscher Sportpresse *B*
VWV Verlag Volk und Wissen Volkseigener Verlag
Vwz. Verwendungszweck
v. Z. vor der Zeit[en]wende, Zeitrechnung
Vz., VZ Vorauszahlung
VzPA Verzollungspostamt
v. Ztr. vor der Zeitrechnung
v. Ztw. vor der Zeit[en]wende

W

w. weiblich; wenden!; westlich; wöchentlich
W Währung[s...]; Wasserstand; Watt (SI-Einheit der Leistung; 1 W = 1 m^2 · kg · s^{-3}); Wechsel[strom]; weich; Weite; Weizenmehl; Werk; Wert; West[en]; *Element* Wolfram
WA Waschautomat; Wiederaufführung; wissenschaftlicher Ausschuß
WAAE *e* World Association for Adult Education = Weltvereinigung für Erwachsenenbildung
WAAP *e* World Association for Animal Production = Weltvereinigung für Tierzucht; *r* Wsessojusnoje agentstwo awtorskowo prawa = [Allunions-]Urheberrechtsagentur (UdSSR)
WAAS *e* World Academy of Art and Science = Weltvereinigung für Kunst und Wissenschaft
WAB VEB/VVB Wasserversorgung und Abwasserbehandlung
WACC *e* World Association for

Christian Communication = Weltvereinigung für christliche Kommunikation
wahrsch. wahrscheinlich
WAITRO *e* World Association of Industrial and Technological Research Organizations = Weltvereinigung der industriellen und technologischen Forschungsorganisationen
WAJ *e* World Association of Judges = Weltrichterbund
WAO wissenschaftliche Arbeitsorganisation
WAP Werk[s]abgabepreis
WAPOR *e* World Association for Public Opinion Research = Weltvereinigung für Meinungsforschung
WARC *e* World Alliance of Reformed Churches = Reformierter Weltbund
Was Wagenausbesserungsstelle
WAS waschaktive Substanz
Wasa Wasserstraßenselbstanschluß[anlage]
Wash. Washington (Staat der USA)
WASU *e* West African Students' Union = Westafrikanischer Studentenverband
WATA *e* World Association of Travel Agencies = Weltverband der Reisebüros
WAY *e* World Assembly of Youth = Weltjugendverband
Wb Weber (SI-Einheit des magnetischen Flusses; $1\,Wb = 1\,Vs = 1\,m^{-2} \cdot kg \cdot s^{-2} \cdot A^{-1}$)
Wb. Wörterbuch, *Plur* **Wbb.**
WB Wehrbezirk; Werkbericht; Werkbund *S*; Wirkungs-, Wirtschaftsbereich; Wohnbezirk
WBA Wirkungsbereichs-, Wohnbezirksausschuß; *e* World Boxing Association = Weltverband der Berufsboxer
WBBG Weltbund der Bibelgesellschaften
WBD Waggonbau Dessau
WBDJ Weltbund der Demokratischen Jugend
WBE *ehem* Weißbroteinheit
Wber. Wochenbericht
WBf Wertbrief
WBK Wohnungsbaukombinat
WBK, WBKdo. Wehrbezirkskommando
wbl. weiblich
Wbl. Wochenblatt, *Plur* **Wbll.**
WBO Wohnbezirksorganisation
WBS Warenbegleitschein; Wetterbeobachtungsschiff, -satellit; Wohnungsbauserie
WBV Wehrbezirksverwaltung
WC *e* water-closet = Wasser-, Spülklosett
WCC *e* World Council of Churches = Weltkirchenrat; *e* World Crafts Council = Weltrat des Handwerks
WCL *e* World Confederation of Labour = Weltverband der Arbeitnehmer
WCOTP *e* World Confederation of Organizations of the Teaching Profession = Weltvereinigung der Lehrerverbände
WCPT *e* World Confederation for Physical Therapy = Weltvereinigung für Physiotherapie
WCWB *e* World Council for the Welfare of the Blind = Weltvereinigung für Blindenhilfe
wd. wasserdicht
WD Wetter-, Wochendienst
Wdg. Wiedergabe
Wdh., Wdhlg. Wiederholung
WDR Westdeutscher Rundfunk *B*
WE Währungs-, *ehem* Wärme-, Wert-, Wohlgemut-, Wohn[ungs]einheit; Witterungseinflüsse
WEC *e* World Energy Conference = Weltenergiekonferenz
WEF *e* World Evangelical Fellowship = Evangelischer Weltbund

WEFL Westdeutscher Fußball- und Leichtathletik-Verband *B*
weil. weiland (vormals)
Wema Werkzeugmaschine[n...]
WERC *e* World Environment and Resources Council = Weltrat für Umwelt und Ressourcen
WERKIN VVB Werkzeuge und Instrumente
Werkst. Werkstatt, -stätte[n], -stoff
WES Wetterbild-Empfangssystem
WEU Westeuropäische Union
WEZ westeuropäische Zeit
wf. wasserfrei
WF Werk für Fernsehelektronik
WFB *e* World Fellowship of Buddhists = Buddhistischer Weltbund
WFC *e* World Food Council = Welternährungsrat
WFCY *e* World Federation of Catholic Youth = Weltbund der Katholischen Jugend
WFEA *e* World Federation of Education Associations = Weltvereinigung für Erziehung
WFEO *e* World Federation of Engineering Organizations = Weltvereinigung der Ingenieurverbände
WFF *e* World Friendship Federation = Weltfreundschaftsföderation
WFG Werkfahrgemeinschaft
WFMH *e* World Federation for Mental Health = Weltbund für psychische Gesundheit und Psychohygiene
WFOT *e* World Federation of Occupational Therapists = Weltvereinigung für Beschäftigungstherapie
WFPA *e* World Federation for the Protection of Animals = Welttierschutzbund
WFR Weltfriedensrat
WFSW *e* World Federation of Scientific Workers = Weltföderation der Wissenschaftler
WFUNA *e* World Federation of United Nations Associations = Weltföderation der UNO-Gesellschaften
WFV Weltfrontkämpferverband; Westdeutscher Fußballverband *B*
WFW Weltföderation der Wissenschaftler; Werk[s]feuerwehr
wg. wassergeschützt
Wg. Wagen; Waggon; Weg[e...]; Wohnung[s...]
WG Währungs-, Wechselgesetz; Wirtschaftsgruppe
WGA Wohngebietsausschuß
WGB Weltgewerkschaftsbund
WGFSK Wiener Gesellschaft zur Förderung der Schönen Künste
WGG Wohngebietsgruppe
WGK Wohnungs- und Gesellschaftsbaukombinat
Wgl. Wagen-, Waggonladung
WGM Wohnraum-Gestaltung [Staatlicher Handel] Möbel
WGMA [Wissenschaftlich-Technische] Gesellschaft für Meß- und Automatisierungstechnik
W.-Gr. Warengruppe
WGT Wirtschaftsgütertarif
WGV Wissenschaftliche Gesellschaft für Veterinärmedizin der DDR
wh. wiederholt
Wh Wattstunde (1 Wh = 10^{-3} kWh = $3,6 \cdot 10^3$ J)
Wh. Waren-, Wohnhaus; Wiederholung
WH Wirtschaftshochschule
Whg. Wohnung[s...]
WHO *e* World Health Organization = Weltgesundheitsorganisation
Whs. Waren-, Wohnhaus
Whz Warmwasserheizung
WIB wissenschaftlicher Industriebetrieb
WID Wirtschafts-Informationsdienst *B*

willk. willkürlich
WILPF *e* Women's International League for Peace and Freedom = Internationale Frauenliga für Frieden und Freiheit
WIMD Weltwirtschaftlicher Informations- und Marktdienst *B*
WIPO *e* World Intellectual Property Organization = Weltorganisation zum Schutze des geistigen Eigentums
Wiratex Exportgesellschaft für Wirkwaren und Raumtextilien mbH
Wis[c]. Wisconsin (Staat der USA)
wiss. wissenschaftlich; wissentlich
Wiss. Wissenschaft, Wissenschaftler[in]
Witt. Witterung[s...]
WIZ wissenschaftliches Informationszentrum
w. J. weibliche Jugend
Wj. Wirtschaftsjahr
WJB Weltjahresbestleistung
WJC *e* World Jewish Congress = Jüdischer Weltkongreß
Wk Werk
WK Wehrkreis; Wohnkomplex
WKA Wasserkraftanlage
WKJ Weltbund der Katholischen Jugend
WKK[do.] Wehrkreiskommando
Wkm Wagenkilometer
Wkm., Wkmstr. Werkmeister
Wkr. Wahl-, Wehrkreis
WKR Weltkirchenrat
Wkst. Werkstatt, -stätte[n], -stoff
WKW Wasserkraftwerk
Wkz., Wkzg. Werkzeug
wl. wasserlöslich
w. l. wenig löslich
w. L. westliche[r] Länge
WL *f* wagon-lit = Schlafwagen; Wellenlänge; Werkleiter, -leitung
WLK Wirtschaftszweiglohngruppenkatalog
WLKSM = Komsomol

WLO wirtschaftsleitendes Organ
wlösl. wasserlöslich
WLU *e* World Liberal Union = Liberale Weltunion
WLVO Wohnraumlenkungsverordnung
wm. weidmännisch
Wm Wagenmeisterei
Wm. Wacht-, Werkmeister; Weg[e]-, Wertmarke
WM Waschmaschine; Wechselstrommotor; Weg[e-], Wertmarke; Weißmetall; Weltmeisterschaft[en]
WMA Wiesenmeliorations-Abteilung; *e* World Medical Association = Welt-Ärztebund
WMC *e* World Methodist Council = Weltrat der Methodisten
WMCW *e* World Movement of Christian Workers = Weltbewegung der christlichen Arbeiter
WMK Werkzeugmaschinenkombinat
WMO *e* World Meteorological Organization = Weltorganisation für Meteorologie
WMW VVB Werkzeugmaschinen und Werkzeuge
w. n. wie nach-, nebenstehend
WN VVB Wälzlager und Normteile
W.-Nr. Waren-, Werk[stoff]nummer
WNW Westnordwest[en]
wö. wöchentlich
w. o. weiter oben; wie oben
Wo. Woche[n...]; Wohnung[s...]
WO Wechselordnung; wirtschaftsleitendes Organ
w. o. a. wie oben angegeben, angeführt
wöch. wöchentlich
WOGS Wirtschaftsvereinigung Obst, Gemüse, Speisekartoffeln
WOMAN *e* World Organization of Mothers of All Nations = Weltbund der Mütter aller Nationen
W. o. O. Werk ohne Opuszahl
WOZ wahre Ortszeit

WÖZ wissenschaftlich-ökonomisches Zentrum
WP Warenproduktion; Waren-, Werkstoffprüfung; Warschauer Pakt; Wertpapier; Wirtschaftspatent, -prüfer, -prüfung
WPA *e* World Psychiatric Association = Weltvereinigung für Psychiatrie
WPG Wirtschaftspostgut
WPI Wirtschaftlicher Presse- und Informationsdienst *Ö*
WPK Weltpostkongreß
WPkt Wertpaket
WPO Werk-, Wohn[gebiets]parteiorganisation
W.-Pr. Warenprobe
WPV Weltpostverein
WR *f* wagon-restaurant = Speisewagen; Währungsreform; Weltrekord; wissenschaftlicher Rat
WRD Wasserrettungsdienst
WRI *e* War Resisters' International = Internationale der Kriegsdienstgegner
WRK Westdeutsche Rektorenkonferenz *B*
Wrkg. Wirkung
Ws Wattsekunde (1 Ws = 1 J); Wechselstrom
Ws. Wochenschrift
WS Wassersäule, -schutzpolizei; Werkschutz; Wintersemester
WSA Wasserstraßenamt
WSC Wasser-, Wintersportklub
WSchP Wasserschutzpolizei
Wschr. Wochenschrift
WSD Wasserstraßendirektion; Wasser- und Schiffahrtsdirektion
WSdg Wertsendung
WSG Wasserschutzgebiet; Wassersport-, Wohn[gebiets]sportgemeinschaft
W.S.g.u. Wenden Sie gefälligst um!
WSI Wirtschafts- und Sozialwissenschaftliches Institut (der Gewerkschaften) *B*
WSP Wasserschutzpolizei
WSR Weltsicherheitsrat
wss. wässerig
WSSB Werk für Signal-und-Sicherungstechnik Berlin
Wst. Werkstatt, -stätte[n], -stoff
WSt, Wst. Werkzeugstahl
WStrVO, WStVO Wirtschaftsstrafverordnung
WSV Wasser-, Wintersportverband, -verein[igung]; Wasser- und Schiffahrtsverwaltung *B*
WSW Westsüdwest[en]
wt. waffentechnisch
WTA wissenschaftlich-technische Abteilung; wissenschaftlich-technische Assistentin
WTAO *e* World Touring and Automobile Organization = Welt-Touring-und-Automobil-Verband
Wtb. Wörterbuch
WtB Waren des täglichen Bedarfs
WTB Welttierschutzbund; Welttelegraphenbüro *S*; Wolffsches Telegraphenbüro (1849—1933)
WtF wissenschaftlich-technischer Fortschritt
WTG Welt-Tierärztegesellschaft; wissenschaftlich-technische Gesellschaft
WtK wissenschaftlich-technische Konzeption
wtl. wertlos; wörtlich
WTO *e* World Tourism Organization = Weltvereinigung für Tourismus
WTR wissenschaftlich-technischer Rat
WTZ wissenschaftlich-technisches Zentrum; wissenschaftlich-technische Zusammenarbeit
w.u. weiter unten; wie unten
w.ü. wie üblich
WUA Welturheberrechtsabkommen
WUJS *e* World Union of Jewish Students = Weltbund Jüdischer Studenten

WUS *e* World University Service = Welt-Universitäts[hilfs]dienst
Wust Warenumsatzsteuer
w. v. weiter, wieder vorlegen; wie vorstehend
WV Wandervogel *D*; Waren-, Wörterverzeichnis; Weiter-, Wiederverwendung; Wiedervorlage; Wirtschaftsverband, -verein[igung]
W. Va. *e* West Virginia = Westvirginien (Staat der USA)
WVA Waschvollautomat; Weltverband der Arbeitnehmer; *e* World Veterinary Association = Welt-Tierärztegesellschaft
WVH VVB Werkzeuge, Vorrichtungen und Holzbearbeitungsmaschinen
WVL Weltverband der Lehrer
WVOGS = WOGS
WVT Weltvereinigung für Tierzucht
Ww Weichenwerk
Ww., Wwe. Witwe
WW Warnowwerft Warnemünde; Wasserwerk[e]
WWA Wasserwirtschaftsamt
WWD Wasserwirtschaftsdirektion
WWF Westdeutsches Werbefernsehen GmbH *B*; *e* World-Wide Fund for Nature = Welt-Naturfonds
Wwr. Witwer
WWW Welt-Wetter-Wacht
Wy[o]. Wyoming (Staat der USA)
Wz Wähl-, Wasser-, Wertzeichen
Wz., WZ Warenzeichen
WZ Weltzeit; wissenschaftliches Zentrum; wissenschaftliche Zusammenarbeit
Wzg. Werkzeug
WZG Warenzeichengesetz *D/B*
WZM Werkzeugmaschine[n...]
WzN West zu Nord
WzS West zu Süd
WZSPS *r* Wsessojusny Zentralny Sowjet Professionalnych Sojusow = [Allunions-]Zentralrat der Gewerkschaften (UdSSR)

X

X, Xe *Element* Xenon
XE X-Einheit (1 XE = $1{,}00202 \cdot 10^{-13}$ m)

Y

Y *Element* Yttrium
Yb *Element* Ytterbium
yd., *Plur auch* **yds.** *e* yard = Elle (1 yd. = 0,9144 m)
YMCA *e* Young Men's Christian Association = Christlicher Verein Junger Männer
Yt *Element* Yttrium
YU *Kfzk* Jugoslawien
YWCA *e* Young Women's Christian Association = Christlicher Verein Junger Frauen und Mädchen

Z

z. zu, zum, zur
Z Zeichen; Zeitschrift; Zeitung; Zement; Zenit; Zentrale; Zentrum; Zoll[amt]; Zone; VVB Zucker- und Stärkeindustrie; Zug
Z. Zahl; Zeichen; Zeile; Zeit; Zeitenwende; Zeitrechnung, -schrift; Zeitung; Ziffer; Zimmer; Zone
z. A. zur Ansicht, Anstellung
ZA Zahlungs-, Zinsabkommen; Zahnarzt; Zentralabteilung, -amt, -anstalt, -archiv, -ausschuß; Zoll-, Zonenamt
ZAB VEB Zementanlagenbau
ZAF Zentralamt für Fernleitungsanlagen [-gruppe
ZAG zentrale Arbeitsgemeinschaft,

zahlr. zahlreich
ZAK zentraler Arbeitskreis
ZAM Zentralinstitut für Arbeitsmedizin der DDR
ZANU *e* Zimbabwe African National Union = Afrikanische Nationalunion von Simbabwe
ZAnw Zahlungsanweisung
ZAPU *e* Zimbabwe African People's Union = Afrikanische Volksunion von Simbabwe
ZAR Zentralafrikanische Republik
ZASK Zentraler Armeesportklub
ZASt Zentrale Auskunftsstelle *B*
ZAV Zentralstelle für Arbeitsvermittlung *B*
ZAW *ehem* Zentralamt für Werbung; Zentralausschuß der Werbewirtschaft *B*
z. B. zum Beispiel
ZB Zentralbatterie, -bibliothek, -bild, -büro; Zulassungs-, Zusatzbestimmung[en]; Zwischenbericht
ZBB Zentralstelle für Berufsförderung und Berufsbildung *B*
ZBE zwischenbetriebliche Einrichtung
Z-BfN Zentrales Büro für die Neuererbewegung
ZBG zentrale Betriebsgaststätte
ZBGL zentrale Betriebsgewerkschafts-, Betriebsgruppenleitung
ZBIE Zentralbüro für internationale Eisenbahntransporte
Zbl. Zentralblatt, *Plur* Zbll.
ZBl. *ehem* Zentralblatt der DDR
ZBO zwischengenossenschaftliche *bzw.* -betriebliche Bauorganisation
ZBR Zentralbankrat *B*
ZBS Zentrale Beschaffungsstelle
ZBST Zentralbüro für Standardisierung im Bauwesen
z. b. V. zur besonderen Verfügung, Verwendung
ZBV Zentrale Baustoffversorgung
z. D. zur Dienstleistung, Disposition (Verfügung)

ZD Zentraldirektion
z. d. A. zu den Akten [zu legen], d. h. erledigt
ZdA Zentralverband der Angestellten *D*
ZDF Zweites Deutsches Fernsehen *B*
ZDG Zivildienstgesetz *B*
ZDH Zentralverband des Deutschen Handwerks *B*
ZDI Zentralstelle der Deutschen Bundespost für Dokumentation und Information *B*
ZDK Zentralkomitee der Deutschen Katholiken *B*; Zentralverband deutscher Konsumgenossenschaften *B*
ZDKD Zentraler Diplomatischer Kurierdienst
ZDL Zentralausschuß der Deutschen Landwirtschaft *B*; Zentrale Drucksachen-Leitstelle; Zivildienstleistende[r] *B*
ZDV Zentrale Dispatcherverwaltung (der Vereinigten Energiesysteme des RGW)
ZDW Zentralamt des Deutschen Wetterdienstes *B*
ZDWV Zentralverband Demokratischer Widerstandskämpfer und Verfolgtenorganisationen *B*
z. E. zu Ehren; zum Exempel (Beispiel); zur Einsichtnahme
ZE Zahlungs-, Zeit-, Zentraleinheit; Zugkrafteinheit
ZEB Zentrales Einkaufsbüro
ZED Zentraler Ermittlungsdienst *B*
ZEG Zentrale Einkaufsgemeinschaft
zeitw. zeitweilig, -weise
ZEK Zentraler Entwicklungs- und Konstruktionsbetrieb; Zentrales Entwicklungs- und Konstruktionsbüro
ZEKIWA (Zeitzer Kinderwagenfabrik)
ZENRO[KAIGI] *j* Zen Nihon Rōdō Kumiai Kaigi = Alljapanischer Gewerkschaftskongreß
zentr. zentral[isiert, -istisch],

zentriert, zentrifugal, -petal, zentri[sti]sch
zers. zersetzlich
ZEVB Zentrales Einkaufs- od. Entwicklungs- und Vertriebsbüro
ZEW zwischengenossenschaftliche Einrichtung der Waldwirtschaft
z. F. zu Fuß
Zf Zugführer
Zf. Zinsfuß; Zusammenfassung
ZFA Zentrales Forschungsinstitut für Arbeit; Zentral-Fachausschuß
ZFB Zentralinstitut für Film und Bild in Unterricht, Erziehung und Wissenschaft
ZFD Zollfahndungsdienst
ZFE Zentralinstitut für Ernährung
ZFIV Zentrales Forschungsinstitut des Verkehrswesens der DDR
ZfK Zentralinstitut für Kernforschung
zfr. zins-, zollfrei
ZfS Zentralstelle für Standardisierung
ZFSt Zollfahndungsstelle
ZFV Deutsche Zentrale für Fremdenverkehr *B*
Zg Zug
ZG Zollgesetz
ZGA Zentraler Gutachterausschuß für Arzneimittelverkehr
ZGB Zivilgesetzbuch
ZGD Zollgrenzdienst *B*
ZGE zwischengenossenschaftliche Einrichtung
z. gefl. K., z. g. K. zur gefälligen Kenntnis[nahme]
Zgf Zugführer
zgl. zugleich
Zgm Zugmaschine
ZGO[L] zentrale Grundorganisation[sleitung]
z. g. R. zur gefälligen Rücksprache
z. gr. T. zum großen, größten Teil
zgs. zusammengesetzt
ZGS Zentrale Genehmigungsstelle

zgst. zusammengestellt
zgw. zugweise
z. g. w. V. zur gefälligen weiteren Veranlassung [Hälfte
z. H. zuhanden, zu Händen; zur
z. Hd., z. Hdn. zuhanden, zu Händen
ZHEB Zentraler Handels- und Entwicklungsbetrieb Kinder- und Jugendbekleidung
zhlr. zahlreich
ZHU Zentrales Konsum-Handels- und Produktionsunternehmen „konsument"
Zhz Zentralheizung
Zi. Ziffer; Zimmer
ZI Zentralinstitut
ZIA Zentralinstitut für Automatisierung
ZIAS Zentralinstitut für Arbeitsschutz
ZIB Zentralinstitut für Berufsbildung, für Bibliothekswesen
ZIBL Zentralinstitut des Ministeriums für Bezirksgeleitete Industrie und Lebensmittelindustrie
ZIDA Zentrum für Information und Dokumentation der Außenwirtschaft
ZIF Zentralinstitut für Fertigungstechnik des Maschinenbaues
Ziff. Ziffer
ZIG Zentralinstitut für Gießereitechnik
ZIID Zentralinstitut für Information und Dokumentation
ZIJ Zentralinstitut für Jugendforschung
ZIL Zentralinstitut für Literaturgeschichte
ZIS Zentralinstitut für Schweißtechnik
ZISW Zentralinstitut für Sprachwissenschaft
zit.[n.] zitiert [nach]
Zit. Zitat
ziv. zivil[isatorisch], zivilisiert, zivilistisch

ZIV Zentrale Informationsstelle für Verkehr *B*
z. K. zur Kenntnis[nahme]
Zk Zahlkarte
ZK zentrale Kommission; Zentralkatalog; Zentralkomitee
ZKD Zentraler Kurierdienst
ZK[f]SK Zentrale Kommission für Staatliche Kontrolle (*seit* 1963 ABI)
z. K. g. zur Kenntnis genommen
Zkw Zugkraftwagen
z. l. ziemlich löslich
Zł. Złoty
ZL Zentrallabor[atorium]; zentrale Leitung; zentrale Leitstelle
Zlg. Zahlung[s...]
ZLGID Zentrale Leitung für gesellschaftswissenschaftliche Information und Dokumentation
ZLID Zentrale Leitstelle für Information und Dokumentation
z. l. l. ziemlich leicht löslich
ZLMID Zentrale Leitstelle für medizinische Information und Dokumentation
zlö. ziemlich löslich
ZLP Zentrallaboratorium für Plastverarbeitung
ZLV Zentraler Leistungsvergleich
Zm Zugmaschine
ZMMM Zentrale Messe der Meister von morgen
ZMS *p* Związek Młodzieży Socjalistycznej = Sozialistischer Jugendverband (Polen)
Zn *Element* Zink
Zn. Zeichen; Zuname
ZNS Zentralnervensystem
ZNV Zentrale Naturschutzverwaltung
ZOAZ Zentrales Organisations- und Abrechnungszentrum [des Konsumgüterbinnenhandels]
z. P. zur Person
ZPA Zentrales Parteiarchiv (der SED); Zwischenstaatliche Presse-Agentur *B*

ZPD Zentralstelle für Primärdokumentation
ZPKK Zentrale Parteikontrollkommission
ZPL Zentrale Parteileitung; Zentrale Prüfstelle für Landtechnik
ZPN Zentrales Projektierungsbüro Nahrungsgüterwirtschaft
ZPO Zivilprozeßordnung
zr. zahlreich
Zr *Element* Zirconium, Zirkon[ium]
ZR Zentral-, Zollrat
ZRA Zeiss- od. Ziffern-Rechenautomat
ZRK Zentrale Revisionskommission
ZRS Zivilrechtssache
zs. zusammen; zusätzlich
z. S. zur Sache; zur See
Zs. Zeitschrift; Zusammensetzung; Zusatz
Z/s Zeichen, Zerfälle je Sekunde
ZS Zentralsekretariat, -stelle; Zivilschutz *B/S*; Zivilsache, -senat
ZSAG Zentrale Sozialistische Arbeitsgemeinschaft
ZSBB Zentrales Sonderbaubüro
Zsch Zugschaffner
Zschr. Zeitschrift
ZSD Ziviler Sicherheitsdienst *B*
ZSG Zentralsportgemeinschaft
ZSGL zentrale Schulgruppenleitung
ZSK zentraler Sportklub; Zivilschutzkorps *B*
ZSKA *r* Zentralny sportiwny klub armii = Zentraler Armeesportklub (UdSSR)
ZSL zentrale Sektionsleitung
Zss. Zeitschriften
Zss., Zssg. Zusammensetzung
Zst. Zusammen-, Zustellung
ZSt Zentral-, Zoll-, Zweigstelle
z. Stn. zur Stellungnahme
ZStVG Zentrales Staatliches Vertragsgericht
ZSW Zellstoffwatte; Zentral-

institut für sozialistische Wirtschaftsführung
z. s. Z., z. s. Zt. zu seiner Zeit
z. T. zum Teil; zum Termin
Zt. Zeit
ZT Zugtraktor; Zolltarif
ZTA Zentraler Transportausschuß
Ztg. Zeitung, *Plur* **Ztgn.**
ZTG Zolltarifgesetz
ztl. zeitlich, -los
ZTL Zweikreis- od. Zweistrom-Turbinen-Luftstrahltriebwerk
Ztr. Zeitrechnung; Zentner (*veraltet*; 1 Ztr. = 50 kg, Ö = 100 kg); Zentrale; Zentrum
z. tr. H. zu treuen Händen
Zts., Ztschr. Zeitschrift
ztw. zeitweilig, -weise
Ztw. Zeit[en]wende
z. U. zur Unterschrift, Untersuchung
Zub. Zubehör
zuf. zufällig; zufolge
zug. zugehörig; zugelassen; zugeteilt; zugewandert; zugewiesen
zugl. zugleich
zuk. zukünftig
zul. zulässig; zuletzt
Zul. Zulage; Zulassung[s...]
zun. zunächst; zunehmen[d]
Zun. Zunahme; Zuname
zur. zurück
zus. zusammen; zusätzlich
Zus. Zusammensetzung, -stellung
Zus. Zusatz, *Plur auch* **Zuss.**
Zuss. Zusammensetzung, -stellung
zust. zuständig
Zust. Zustand[s...]; Zusteller, Zustell[ung]...
zusth. zuständigkeitshalber
Zut. Zutaten; Zuteilung
zuw. zuweilen
Zuw. Zuwachs; Zuweisung; Zuwendung[en]
zuz. zuzüglich
z. v. zu verkaufen, vermieten
z. V. zum Verkauf, Vermerk, Vorgang; zur Verfügung, Verwendung, Vormerkung
ZV Zeitungsvertrieb; Zentralverband, -verwaltung, -vorstand; Zivilverteidigung
ZVA Zeitungsvertriebsamt
ZVB zentraler Versorgungsbetrieb
ZVdgB Zentralvorstand der Vereinigung der gegenseitigen Bauernhilfe
ZVEI Zentralverband der Elektrotechnischen Industrie *D/B*
ZVM Zentrale Verkaufsmesse
ZVOBl., ZVO Zentralverordnungsblatt (1945—49, *dann* GBl.)
ZVSt Zentralvermittlungsstelle
zw. zwar; zwecks; zwischen
Zw. Zeit[en]wende
Zwg. Zweig...
Zwgst. Zweigstelle
zwh. zweifelhaft
ZWK zentrales Warenkontor
z. w. l. ziemlich wenig löslich
ZwPA Zweigpostamt
ZwS, ZwSch Zwischenschein
ZWTR Zentraler Wissenschaftlich-Technischer Rat
z. w. V. zur weiteren Veranlassung, Verwendung
z. Wv. zur Wiederverwendung, Wiedervorlage
ZWV zentrale Wirtschaftsvereinigung
ZW[V]A zentrale Wasserversorgungsanlage
ZwW Zweigwerk
zyl. zylindrisch
Zyl. Zylinder
z. Z., z. Zt. zur Zeit
ZZ Zahlkarten und Zahlbox; Zentrale Zuchtkommission; Zickzack...; Zonenzeit
zzgl. zuzüglich
ZZL Zentralstelle für Zucht- und Leistungsprüfungen der Vollblut- und Traberpferde
ZZZ Zeitzonenzähler